사찰에 가면
문득
보이는
것들

일러두기

사찰에 가면
문득
보이는
것들

노승대 지음

사찰 속
흔하고
오래된 것들의
놀라운 역사

불광출판사

목차

I

돌의 나라를
꿈꾸다

마애불 · 12

석탑 · 86

석등 · 148

승탑 · 202

노주석 · 252

당간지주 · 274

II

모든 것에는
역사가 있다

수미단과 탁자 · 322

계단과 석축 · 342

해우소 · 358

사찰에 가면 문득 보이는 것들 · 388

절집 문패 · 389

연꽃 씨방 조각 · 392

통나무 계단 · 395

백자연봉 · 397

청자 기와·청기와 · 401

스투파 · 405

불기대 · 409

화재를 막아라 · 414

책머리에

.

불교문화에 대해 쓰고 싶었던 주제들의 책이 마지막으로 출간되었습니다. 이번에 출간된 『사찰에 가면 문득 보이는 것들』은 앞서 두 책(『사찰에는 도깨비도 살고 삼신할미도 산다』, 『사찰 속 숨은 조연들』)과 마찬가지로 우리 불교문화의 특징에 대해 그간 공부하고 정리한 내용을 담은 책입니다.

   이번 책은 절터나 사찰에 가면 으레 만날 수 있는 마애불과 석탑, 석등, 승탑을 비롯하여 눈여겨보지 않으면 지나치기 마련이지만 그것에 담긴 역사가 만만치 않은, 이를테면 노주석이나 수미단, 탁자(보탁), 계단과 석축 등에 대해 살펴보았습니다.

그동안 우리 불교문화의 특징과 관련하여 세간에서는 보통 '중국은 전탑의 나라, 일본은 목탑의 나라, 우리나라는 석탑의 나라'라고 이야기해 왔습니다. 다 제 나라의 풍토와 산물에 맞게 탑의 재료를 선정하다 보니 자연히 그러한 별명이 따라붙게 된 것입니다.

   그렇습니다. 한국은 질 좋은 화강암이 제일 흔한 나라입니다. 가장 쉽게 구할 수 있는 돌이 화강암입니다. 그렇다 보니 선사시대부터 돌을 다루기 시작해 오랫동안 노하우를 축적해 왔습니다. 청동기시대의 고인돌이 대표적입니다. 인근의 돌산에서 큰 석재들을 떼어 옮기고 가공해서 거대한 고인돌을 세운 것을 누구나 보았을 것입니다. 한반도에 남아 있는 고인돌은 4만여 기라고 합니다. 그것도 경지 정리나 도로 확장 등 여러 사유로 많이 없어졌는데도 그만큼 남아 있다는 것입니다. 한반도가 고인돌문화의 중심 지역이었으니 당연히 고창, 화순, 강화의 고인돌 밀집 지역이 유네스코 세계유산으로 등재되었습니다.

불교가 한반도에 들어온 후 불교문화도 자연스럽게 석조문화와 연결됩니다. 돌로 탑을 만들어 보니 벽돌탑처럼 붕괴의 위험이 없고, 목탑처럼 화재의 위험도 없었습니다. 화강암은 주위에서 쉽게 구할 수 있으니 석탑이 출현하는 것은 필연이었습니다.

석조 불교미술은 백제에서 싹텄습니다. 다 아시다시피 한반도 최초의 석탑은 익산 미륵사지 구층석탑(국보)입니다. 조성 연대까지 확실히 밝혀진 석탑입니다. 마애불, 석등, 석불도 백제에서 시작됐습니다. 특히 석등은 우리 불교문화의 특징적인 문화재로 중국이나 일본에서 쉽게 찾아보기 어렵고, 동남아 불교문화권에서도 볼 수 없는 문화재입니다. 석등이 우리 불교문화에서 나타난 것은 민족의 전통문화와도 깊은 연관이 있습니다. 마애불과 당간지주도 마찬가지입니다. 이번 책에서는 우리 불교문화에 나타난 석조문화의 연원을 두루 살펴보았습니다.

또한 시대에 따라서 달라지는 석조문화도 다뤄보았습니다. 석축과 돌계단도 시대에 따라서 변화하기 때문에 건물의 기단부를 살펴보면 건축 시기를 알아볼 수도 있습니다. 신라·고려·조선시대의 석축과 계단 양식이 다 다르기 때문입니다. 아울러 마당의 조명 시설인 노주석의 변천도 정리해 보았습니다.

이외에도 오랫동안 답사를 다니며 알게 된 내용도 이번 책에 실었습니다. 부처님 앞에 놓이던 탁자는 어떻게 수미단이 되었는지, 화재를 피하기 위해 그 묘책으로 어떤 상징물들을 두었는지, 사찰 가람의 필수 시설인 해우소는 왜 저렇게 지어졌는지, 숨바꼭질하듯 재미있게 찾아볼 수 있는, 숨어 있는 문화재는 무엇이 있는지도 함께 살펴보았습니다. 저도 재미있게 보았던 것들이라 독자들도 흥미롭게 읽어 주시리라 믿습니다.

다만 저의 저서가 학술적으로 보았을 때 매우 미흡할 수도 있습니다. 개인적 견해와 판단의 오류도 있을 것입니다. 그러나 제가 이러한 책을 쓰는 목적은 오랫동안 답사를 다니면서 제가 느꼈던 기쁨과 즐거움을 독자들에게 전달하고, 그로 말미암아 함께 불교문화를 이해하고 공부하는 계기가 되었으면 하는 바람이 있기 때문입니다. 미흡한 점에 대하여 넓은 양해를 구합니다.

이렇게 우리 불교문화에 대한 세 권의 책을 출간할 수 있었던 것은 저

혼자만의 힘으론 불가능했을 겁니다. 스승님들과 공동 답사를 다니며 함께 기뻐해 준 신도님들과 동호인들 덕분입니다.

특히 대한불교조계종 포교원장을 역임하시고 광명 금강정사의 회주로 계시는 지홍 스님의 배려를 잊을 수 없습니다. 지홍 스님은 2000년부터 18년 동안 제가 불교계에서 일할 수 있도록 항상 일자리를 마련해 주셨습니다. 안정된 직장이 있으므로 저는 마음 놓고 여러 단체를 인솔해서 답사를 다닐 수 있었습니다. 아마 스님의 배려가 없었다면 이러한 저서들은 출간하기가 어려웠을 것입니다. 현장을 많이 보는 것이 글쓰기의 기본이 되기 때문입니다. 다시 한 번 지홍 스님께 감사의 말씀을 올립니다. 또한 출간 때마다 혼신의 힘을 다해 준 불광출판사 임직원 여러분들께도 고마운 마음을 전합니다.

2023년 10월
노승대

I

돌의
나라를
꿈꾸다

마애불

머나먼 길

마애불(磨崖佛)은 노천에 드러난 바위 절벽에 새겨진 부처님 조각상이다. 한반도에는 1,000여 기에 달하는 마애불이 곳곳에 흩어져 있어 누구나 흔히 만날 수 있기 때문에 별 의미 없이 지나칠 수도 있지만 그 연원은 그리 만만치 않다. 더구나 한민족의 전통 신앙과도 깊은 연관이 있으므로 더욱 중요한 문화재이다.

마애불의 발생지는 인도다.

석가모니 부처님이 이 세상에 계실 때부터 우기철이 되면 승단의 스님들은 6개월간 일정한 장소에 모여 함께 수행해야만 했다. 인도를 포함한 동남아시아는 계절이 보통 건기와 우기로 나누어져 있고, 비가 많이 오는 우기에는 자유롭게 나다니고 만행하기가 어렵기 때문에 자연히 이러한 제도가 생겼다. 이를 보통 '안거(安居)'라고 부른다.

이러한 제도는 사계절이 뚜렷한 북방불교에도 그대로 적용되어 더운 여름 3개월과 추운 겨울 3개월은 절에서 안거를 지내야 한다. 여름 '하안거(夏安居)'와 겨울 '동안거(冬安居)'가 바로 이러한 제도이며, 이러한 안거에 들어가는 것을 '결제(結制)'라고 부른다.

인도에서는 시대가 내려가면서 차츰 안거에 적당한 장소로 비의 피해도 없고 시원하기도 한 동굴 사원들이 만들어지게 되니 대표적인 석굴 사원이 바로 아잔타석굴과 엘로라석굴이다.

아잔타석굴은 기원전 1세기부터 기원후 7세기까지 계속 조성된 사원이기 때문에 초기 석굴에는 불상이 없었던 무불상시대(無佛像時代)의 영향으로 불상 조각이 없지만 후대의 석굴 사원에는 동굴 벽에 부처님과 보살들의 조각상은 물론 벽화도 조성되었다. 깎아낸 동굴 사원 벽에 돋을새김으로 조성된 불보살상이 바로 한반도 마애불의 원조가 된다.

석굴이 아닌 바위 절벽이나 큰 바윗면에 감실을 파고 불상을 새기는 양식은 파키스탄 간다라 스와트 지역의 자하나바드 마애불이나 카르가 마애불, 만탈 마애불 등에 이미 나타나고 있다. 특히 아프가니스탄 바미얀석굴에 있었던 인류 최대의 마애석불은 그 높이가 38미터에 이르렀다(이 마애석불은 2001년 탈레반에 의해 무참히 폭파되고 말았다).

이렇게 대형의 마애불을 만들 수 있었던 조성 기술은 서역에도 그대로 전수되어 많은 석굴 사원이 등장했다. 쿠차(옛 구자국)에는 키질석굴이나 쿰트라석굴이 남아 있고, 투르판(옛 고창국)에는 베제크리크석굴, 토욕석굴이 남겨져 있으며, 이러한 석굴 사원 양식은 그대로 둔황석굴로 이어진다. 이후 중국 전역에는 맥적산·운강·용문·천룡산석굴 등 많은 석굴 사원이 들어서게 된다.

물론 한반도와 가까운 산둥 지역에도 불교 석굴이 조성되었다. 산둥은 고대부터 중국문화의 중심지로 인식되었으며 역사상 가장 중요한 산으로 꼽히는 태산이 있는 곳이다. 진시황이 태산에서 봉선의식을 행했으며 당나라 측천무후도 고종이 봉선의식을 치르도록 기획하였다. 중국의 대표적 사상가인 공자와 맹자, 묵자가 이곳 출신이며, 제갈공명과 병법가 손자, 서예가 왕희지도 이곳 출신이다. 그만큼 문화 역량이 높은 지역이었다.

불교가 전래된 이후 산둥의 불교 중심지는 제남(濟南), 치박(淄博), 청주(靑州) 지역이었다. 특히 500년대에는 청주가 산둥의 중심 도시로 많은 불교 유물이 발견되었다. 산둥의 대표적인 석굴은 운문산(雲門山)석굴과 타산(駝山)석굴이다.

산둥성과 가까운 한반도는 자연스럽게 산둥의 불교를 받아들일 수밖에 없었다. 우선 372년 고구려에 불교를 전했던 전진(前秦, 351~394)은 요서 지방을 포함한 북중국을 다스렸던 나라였고 고구려와 국경을 맞대고 있었다.

아프가니스탄 바미얀 석불.
인류 최대의 마애석불로 세계문화유산으로도 지정된 석불이지만 탈레반에 의해 파괴되었다.

420

310

둔황석굴
막고굴이라고도 부르며, 유네스코 세계문화유산으로 등재되어 있다.

백제는 고구려를 견제하는 차원에서 산둥반도를 포함한 중국 남부의 동진(東晉, 317~420)과 교류하며 불교를 받아들였기에 산둥 지역 불교문화의 영향을 가장 많이 받았다. 백제에서 곧바로 서해를 건너면 닿는 곳이 바로 산둥 땅이었기 때문이다.

산둥 지역은 전진이 멸망한 후 다시 북위(北魏, 386~534)가 다스렸고 고구려는 북위와 국경을 맞대면서 전쟁과 교류를 계속했다. 당연히 북위의 불교문화가 고구려에 들어왔다.

399년 왜군이 신라를 공격하자 고구려 광개토대왕은 5만 군대를 동원

중국 산둥성 제남시에 위치한 천불애(千佛崖) 마애불상.

사찰에 가면 문득 보이는 것들

해 신라를 구원하고 경상도 함양까지 쫓아가 왜군을 섬멸했다. 이때부터 신라는 고구려의 영향권에 들었고 고구려의 승려들이 신라에 들어와 민간에서 불교를 전파하기 시작했다.

한편 일부 학자들은 백제가 산둥을 비롯한 중국의 해안 지역에 상당 기간 영토를 경영했다고 주장한다. 『삼국사기』 「백제본기」에 분명히 '동성왕 10년(488)에 북위가 쳐들어왔으나 백제에게 패하였다'는 기록이 있고, 이 내용은 중국의 사서인 『자치통감』 권136에도 '위나라가 군사를 보내 백제를 공격하였으나 백제에게 패하였다'고 기술하여 백제의 산둥 지역 경영설을 뒷받침해 준다.

결국 백제는 산둥 지역에서 북위와 국경을 맞대고 있었다는 뜻이고, 또 고구려를 견제하기 위해 개로왕이 472년 북위에 조공을 하며 고구려 정벌을 요청하는 사신을 파견하기도 하였다. 이때의 국서 내용도 『삼국사기』 「백제본기」에 실려 있다.

어찌되었든 백제도 고구려를 통하든, 북위를 통하든 산둥의 불교문화를 접할 수밖에 없었다. 우리나라의 불상이 북위 양식을 본받았다고 이야기하는 것도 결국 북위와 국경을 맞대고 있었던 고구려와 백제, 고구려의 영향권 안에 있던 신라가 한반도에 공존하고 있었기 때문이다.

산둥의 불교문화가 백제에 들어와서 남긴 뚜렷한 유물은 바로 마애불이다. 마애불은 법당에 모셔진 불상과는 확연히 다른 상징성을 띠고 있다. 불상은 전쟁이나 재난 등 시대적 상황에 따라 자리 이동을 할 수 있기 때문에 오랜 시간이 지나면 그 불상이 어느 나라, 어느 장소에서 만들어졌는지 확인하기 어려울 수도 있다.

그러나 마애불은 처음 만들어진 장소에서 옮겨 갈 수 없으므로 어느 시대에 만들어졌는지를 확인할 수 있고, 어느 나라의 문화적 영향을 받았는지도 추정해 볼 수 있다. 백제의 마애불이 바로 그러한 경우다.

기도터에 새겨진 부처님

충남 태안 백화산 중턱에 있는 태안 동문리 마애삼존불입상(국보)은 한반도에서 제일 처음 만들어진 마애불로 알려져 있다. 마애불 아래 '태을암'이라고 부르던 조그마한 암자는 이제 큰 도량이 되었다. 그곳 대웅전 오른쪽 계단 숲길로 올라가면 커다란 바위 동쪽면에 마애삼존불 입상이 새겨져 있다.

이 삼존상은 두 분의 큰 부처님 사이에 작은 보살상이 서 있는 구도로 보기 쉽지 않은 형식을 보여 준다. 삼존상의 자세한 조성 연대는 밝혀지지 않았으나 불상의 새끼손가락이나 약지를 구부리고 있는 곡지(曲指) 양식은 보통 북위 효문제 원년(477) 무렵부터 500년대 중반까지만 나타나는 양식으로 알려져 있기 때문에 이 시기의 작품으로 추정하고 있다.

또 가운데에 서 있는 작은 보살상은 한반도에서만 나타나는 삼산관(三山冠)을 쓰고 보배 구슬을 양손으로 받들고 있는데 양쪽 어깨에 걸친 천의(天衣)가 무릎 밑에서 교차하고 있으니 이 또한 초기 불상 양식임을 말해 준다.

삼존불 양식은 가운데 부처님을 크게 모시고 양쪽 협시보살을 작게 모시는 것이 일반적이다. 그런데 태안 마애삼존불은 가운데 작은 보살상을 모시고 양쪽에 큰 불상을 모셨으니 이 점도 독특하다. 산둥 지역에도 두 부처님을 나란히 모신 곳은 있지만 태안 삼존불처럼 안치한 곳은 찾기 힘들다. 처음 마애불을 만들면서 정확한 삼존불 양식을 따라가지 못한 것으로 볼 수도 있다. 따라서 이 태안 마애삼존상은 6세기 중엽 전에 조성된 것으로 추정하고 있는 것이다.

마애삼존상이 새겨져 있는 바위도 크지만 건너편으로도 큰 암벽이 둘러 서 있고, 곳곳에는 여러 글씨가 새겨져 있다. '태을동천(太乙洞天)'이라는 큰 각자도 있는데 '太乙'은 '우주의 본체'나 '텅 빈 도(道)'라 하고, '洞天'은

사찰에 가면 문득 보이는 것들

태안 동문리 마애삼존불입상(국보)

태안 태을암 태을동천

'신선이 산다는 별천지'라는 뜻이므로 이곳은 원래 하늘과 교섭하는 신성한 장소라 여겨진다.

이 각자는 태안읍 출생인 김규항(金圭恒, 1881~?)이 1923년에 새겨 놓은 것으로 태안의 김해 김씨 가문과 깊은 인연이 있는 것을 알려 주지만 필자는 이러한 후세의 흔적들보다 이 삼존불이 새겨진 장소와 그 연원에 관심이 간다.

백제인들은 왜 이 바위 절벽에 불보살상을 새겼을까? 인도나 서역, 중국에서는 석굴 사원이나 석굴 법당이 발달했지만 왜 한반도에서는 유독 노출된 바위 절벽에 많은 조각상을 남겼을까?

인도나 중국의 석굴은 사암이나 퇴적암 등 석질이 무른 곳이 대부분이어서 쉽게 석굴을 파고 법당을 조성할 수 있었을 것이다. 그에 반해 한반도의

사찰에 가면 문득 보이는 것들

바위는 대부분 단단한 화강암이어서 석굴을 만들기가 쉽지 않았다. 더욱이 망치와 끌만 사용하던 시대였다면 더더욱 그랬을 것이다.

그렇다면 보기에 적당한 바위 암벽을 골라 불보살상을 조각한 것일까? 왜 유독 중국이나 일본에 비해 현저히 많은 마애불상을 조성한 것일까? 필자는 바로 이 지점에 한반도의 전통 신앙과 불교 신앙이 융합된 단서가 있다고 믿는다.

우리나라는 국토의 70퍼센트가 산악 지역이고, 한민족의 시원도 산에서 시작된다. 『삼국유사』에 의하면 환웅은 환인의 명을 받아 천부인(天符印) 세 개와 무리 3천 명을 거느리고 태백산(지금의 백두산) 신단수 아래로 내려왔다. 풍백, 우사, 운사를 거느리고 세상의 온갖 일을 다스렸으며, 곰이 굴 안에서 쑥과 마늘을 먹으며 기도해 인간으로 변화한 웅녀와 혼인하여 단군왕검을 낳았다. 이 단군왕검이 바로 한민족의 시조이고, 아사달에 도읍하여 고조선을 세웠다.

민족의 시원이 이러하니 산은 한민족에게 신성한 성역이자 기도의 성지가 되었다. 그래서 옛사람들은 '산에 오른다[登山]'고 하지 않고 '산에 든다[入山]'라는 말을 썼다. 신성한 지역, 신령님의 품속으로 들어간다는 우리 민족 고유의 정서가 들어 있는 말이다.

특히 민족의 성산(聖山)인 백두산에 들 때는 각자 변기를 휴대하고, 대화하는 것도 서로 조심할 정도로 경건하였다. 그만큼 산을 신성시하였다. 그 예로 최남선은 1926년에 각자 변기를 휴대하고 백두산을 찾은 여정을 『백두산근참기(白頭山觀參記)』로 남겼다. '근참(觀參)'이라는 용어는 '높은 분을 우러러 몸소 찾아뵌다'는 뜻이므로 한민족이 백두산을 대하는 마음가짐이 어떠했는지를 알 수 있다.

농학자였던 유달영 박사(1911~2004)가 1936년에 참여했던 백두산 탐험대도 무려 100명의 인원이었지만 각자 변기를 휴대했다. 노상에서 '실례'하는 것은 백두산의 신성함을 범하는 것이라 생각했고, 백두산 정상에 도착해서도 '올랐다'는 말을 쓰지 않았다고 한다. 이러한 내용은 유 박사의 회고에 실려 있다.

이처럼 산은 언제나 우리 곁에 있으면서 감싸고 안아 주는 할아버지, 할머니의 품이자 신령들이 머무는 세계다. 또 언젠가는 우리가 돌아가야 하는 고향이다.

옛 조상들은 인간의 생명과 수명을 북두칠성이 관장한다고 믿었고, 죽으면 북두칠성으로 돌아가 머물다가 다시 인간의 수명을 받아 태어난다고 생각했다. 그래서 구멍이 일곱 개 뚫린 칠성판(七星板) 위에 시신을 뉘어 매장했다. 다시 북두칠성으로 잘 돌아가라는 뜻이다. 그래서 육체의 죽음도 '돌아갔다'라고 하고, 산에 쓴 무덤을 '산소(山所)'라고 일컫는다. 신성한 산에 묻은 묘란 뜻으로, 동북아시아에서 무덤을 산소라고 부르는 곳은 우리나라뿐이다.

한민족은 기도하러 산에 든다. 수행하기 위해서도 산에 간다. 불교에 귀의하여 출가하는 것도 '입산(入山)'한다고 한다. 산에는 수많은 절들이 흩어져 있을 뿐만 아니라 숨겨진 민간의 치성 터도 곳곳에 있다. 전통문화의 한 축을 담당하고 있는 만신들의 기도터도 산에 많이 있다. 보통 '산 기도 하러 간다'고 말한다.

산을 낀 동네의 정월달 동제도 산에서 지낸다. 마을 수호신을 모신 작은 집을 보통 '산제당(山祭堂)'이라고 부르는데, 들판에 있는 마을의 경우 작은 언덕에 당산(堂山)나무를 심고 거기서 제의를 올린다. 그곳이 바로 작은 태백산이며, 신단이다.

그럼 산에 들어가 어느 장소에 가서 기도를 하고 치성을 드릴까? 산에서 며칠씩 기도를 할 경우에는 평평한 터가 있어야 하고, 물을 구할 수도 있어야 한다. 바람을 막아 주고 비를 피할 수 있는 곳이면 더욱 좋다. 그러므로 둘러싸여 은밀한 곳, 쉽게 물을 얻을 수 있는 장소가 좋은 기도터가 된다.

최남선은 동이족 동방문화의 특징으로 열다섯 가지를 들고 있다. 그중 마지막 특징이 '돌을 산악의 표상이라 하고 이를 통하여 태양과 하늘을 숭배

함'이라고 하였다. 바로 산속의 기도할 수 있는 터를 갖춘 바위 지대를 신단으로 삼았단 뜻이다.

필자는 태안 백화산의 동문리 마애삼존불이 있는 장소가 바로 이러한 바위 신단이었다고 생각한다. 비록 마애불 뒤로 도로가 나고 숲은 사라졌지만 이곳은 마애불이 새겨지기 전부터 오랫동안 인근 사람들이 올라와 치성을 드리던 기도터라고 추정하는 것이다. 기도하면서 필요한 물을 얻을 수 있는 샘도 아래쪽 태을암에 있다. 태을암 또한 불교 유입 이후에 생겨났을 것이다.

사실 전국에 흩어져 있는 마애불을 답사하다 보면 불교 이전부터 전통적 기도터로 쓰였던 바위 신단에 마애불이 새겨진 경우가 많다. 근처에는 샘이나 계곡이 있고, 그 분위기 자체도 심상치 않은 곳이 대부분이다. 결국 오랫동안 한민족의 전통 신단으로 쓰였던 곳에 불교의 마애불이 나타나고 암자가 들어서면서 불교 사찰로 변모했다는 뜻이다. 이렇듯 마애불이 있는 곳에서는 불교 이전의 역사도 함께 생각해 봐야 한다.

후대로 내려가면서 길을 오가는 사람들이 간단히 예경할 수 있는 마애불이 길섶에도 만들어지고, 뱃길을 오가는 사람들도 빌 수 있는 강변 마애불도 나타나지만 이렇게 산속 신령한 터에 조성된 마애불은 대개 수천 년 동안 기도 신단으로 명맥을 유지해 오던 곳에 많다.

당연히 선사시대의 기도터로 알려진 곳에 만들어진 마애불도 있다. 바로 영주 가흥동 마애여래삼존상(보물)이다. 내성천 큰 개울가 바위 절벽에 새겨진 이 마애삼존불상은 새로 발견된 마애불상 1기와 함께 자리하고 있다. 이 마애삼존불상 왼쪽 아래 바윗면에는 선사시대의 암각화가 뚜렷하게 남아 있다. 청동기시대에 새겨진 이 암각화는 선사시대에 이곳 강가에서 제의를 행하던 신성 지역임을 말해 준다. 이후 통일신라시대에 이르러 신성한 바위 신단에 마애불상이 자리잡게 되었던 것이다.

울주 대곡리 반구대 암각화(국보)나 울주 천전리 각석(국보)도 선사시대의 암각화로 모두 강이나 개울가에 있다. 특히 천전리 각석에는 신라시대에 새긴 글씨와 그림도 남아 있다. 한편 경주 석장동 암각화도 큰 개천 옆에 있다. 이처럼 선사시대 암각화는 개울이나 강가 바위에 새겨지는 경우가 많은데, 영주 가흥동 마애삼존상도 역시 그러한 장소에 조성된 것이다.

마애불뿐만 아니라 오랜 역사를 가진 사찰이나 암자도 그곳에 마애불이 있건 없건 불교 이전부터 한겨레의 기도터로 이용되던 곳이 많다. 대개 그러한 곳은 기도하기에 필요한 여러 가지 요건을 갖추고 있어서 자연스럽게 명당으로 알려지게 된다. 절이 앉은 자리는 다 명당이라고 말하는 건 그러한 기도터로서의 오랜 역사를 갖고 있기 때문이기도 하다.

영주 가흥동 마애여래삼존상(보물)

백제의 미소

지금의 서울 천호동 지역인 한성(漢城)을 서울로 삼고 있던 백제는 개로왕(재위 455~475)이 고구려 장수왕에게 사로잡혀 처형당함으로써 수도를 긴급히 웅진(지금의 공주)로 천도해 웅진 시대(475~538)를 열게 된다. 그 후 어느 정도 국력을 회복하자 다시 사비(지금의 부여)로 도읍을 옮기고 백제의 마지막 사비 시대(538~660)를 맞게 된다.

백제는 한강 유역을 빼앗김으로써 중국과의 교류도 자연스럽게 태안이나 당진 지역의 포구를 이용할 수밖에 없었다. 두 지역의 포구에서 웅진이나 사비를 가려면 예산을 거쳐야 했기에 지름길로 가야산 북쪽 용현계곡, 지금의 보원사지 앞길을 이용하여 화전리 사면석불 방향으로 넘어다녔다.

수많은 사람과 물자가 왕래하다 보니 자연스레 큰 절과 암자들이 골골에 들어섰다. 과거 용현계곡에는 99개 암자가 있었다고 할 만큼 많은 절들이 흩어져 있었고, 가장 큰 절은 물론 보원사였다.

1959년, '마지막 백제인'이라고 불리던 홍사준 선생(1905~1980)이 보원사지를 조사하러 나왔다가 동네 사람들의 안내로 학계에 알려지지 않았던 마애삼존불을 처음 찾아갔다. 바로 '백제의 미소'로 널리 알려진 서산 마애불이다.

이곳 동네 사람들에게 '산신령과 두 각시'라는 재미있는 전설이 함께 전승되어 왔다는 마애불의 공식 명칭은 '서산 용현리 마애여래삼존상'(국보)이다. 서산 마애불은 용현계곡, 속칭 강댕이골 깊숙한 계곡 바위 벼랑인 인바위[印바위]에 높은 돋을새김으로 새겨져 있다.

두말할 것 없이 이 마애삼존불은 완벽한 조각 솜씨와 보는 이들의 마음을 사로잡는 미소로 단번에 유명 답사지가 되었다. 가운데 본존불의 어디에도 얽매이지 않은 여유로운 미소와 오른쪽에 서 있는 보살의 입가에 어린 가

서산 용현리 마애삼존상(국보)

녀린 미소는 종교적 위엄을 멀리 밀쳐내고, 마치 흉허물 없이 지내는 이웃의 정답고 포근한 미소처럼 느껴진다. 복스러운 얼굴에 천진난만한 이 미소는 '백제의 미소'라고 불리게 되었다. 백제인의 솜씨가 유감없이 발휘된 걸작 중의 걸작이다.

마애불이 있는 위치도 절묘하다. 햇빛을 가장 많이 받을 수 있는 동동남 (東東南) 30도 방향이다. 경주 석굴암 부처님처럼 동짓날 뜨는 해를 정면으로 받을 수 있는 자리다. 조각상 위로는 마치 모자의 챙처럼 자연석 암벽이 돌출되어 있어 빗방울이 삼존불상으로 떨어지는 것을 막아 준다. 정면으로는 산자락이 가깝게 둘러서 있어 비바람이 들이치는 것도 최대한 감소시켜 준다. 기막힌 위치 선정과 하늘이 내린 솜씨가 함께 어우러진 곳이다.

이 마애불이 처음 발견되었을 때는 아래쪽이 급격한 경사면이어서 쉽게 접근할 수 없었지만 그후 경사면에 축대를 쌓고 작은 마당을 만들어 누구나 가까이 다가가서 바라볼 수 있다.

한때 마애불을 보호하기 위한 목적으로 가구를 설치하고 지붕을 얹어 보호각을 만들었지만 햇빛이 차단되어 '백제의 미소'를 제대로 볼 수 없게 된 데다, 보호각 설치에 들어간 시멘트에 빗물이 스며들어 하얗게 녹아 흘러내리면서 오히려 경관을 해치게 되었다. 지금은 보호각을 철거하여 자연 상태로 노출되어 있었던 원래의 모습을 다시 볼 수 있도록 하였다.

대개의 경우 오전에 가야 '백제의 미소'를 볼 수 있으며, 동지 무렵 해 뜰 때에 가면 마애삼존상 세 분에게 햇살이 다 비치는 것을 볼 수 있다.

서산 마애삼존불은 6세기 후반에서 7세기 초반에 완성된 것으로 보고 있다. 삼존불 양식이 이 시기의 중국에서도 동일하게 나타나고 있으며, 그중에는 미소를 띤 모습도 많이 나타나기 때문이다. 참고로 이 시기가 지나면 불상에는 차차 미소가 사라지고 종교적 근엄성이 상호에 나타나게 된다.

●
서산 용현리 마애삼존상 중 본존불

●
서산 용현리 마애삼존상 중 보살입상

●
서산 용현리 마애삼존상 중 반가사유상

사찰에 가면 문득 보이는 것들

또 중국 산둥 지역 불상 가운데 명문이 남아 있는 경우의 조성 연대를 보면 대개 520년경부터 570년경까지의 작품이 많다. 백제는 산둥 불교문화의 영향을 많이 받았기 때문에 백제인의 완숙한 솜씨가 발휘된 서산 마애불의 조성은 이보다 늦은 500년대 후반에서 600년대 초반으로 보게 된 것이다.

마애삼존불의 가운데 부처님이 어떤 부처님이고, 두 협시보살이 어떤 보살님인지는 아직 정확하게 알지 못한다. 다만 왼편에 있는 반가사유상, 즉 오른쪽 다리를 왼쪽 다리에 걸치고 의자에 앉은 듯한 보살상을 보통 '미륵반가사유상'이라고 하기 때문에 경전에 의거하여 가운데 본존불을 석가모니불, 오른쪽 보살상을 제화갈라보살이라고 추정하고 있는 것이다.

사실 이 삼존불상을 조성할 당시에는, 중국에서도 마찬가지이지만, 삼존불을 어느 불보살상으로 구성할 것인지에 대한 뚜렷한 개념이 있던 시대는 아니었다. 간혹 중앙의 본존불 명호를 밝혀 놓은 경우도 있지만 양쪽 협시보살의 명호까지는 불분명하던 시절이었다. 그래서 오른쪽 보살이 두 손으로 보배 구슬을 받들고 있다 하여 '봉주(捧珠)보살'이라고 불렀다. 곧 삼존불의 구성 방식은 후대에 차츰 정착되었던 것이다.

서산 마애삼존불 중 반가사유상 조각은 우리 불교문화사에서 아주 중요한 의미를 갖는다.

일본은 조각 부문 국보로 지정되어 있는 교토 코류지[廣隆寺] 소장 목조 미륵보살반가상을 한반도에서 전래된 것이 아니라 중국에서 전래된 것이라 주장하고, 심지어 우리나라에 있는 반가사유상도 중국 전래품이라고 주장했었다. 일본과 교류하며 불교문화를 전한 백제나 신라의 작품이거나 한반도의 영향으로 만든 것이 아니라는 의미로서, 고려불화도 중국 전래품이라 주장하였듯, 한반도로부터 선진문화를 받아들였음을 별로 달가워하지 않았던 것이다.

우리나라에서도 이 주장을 반박할 증거 자료가 없었기 때문에 답답하던 차에 이 서산 마애삼존불이 발견되면서 일본이 주장하던 논거는 일거에 사라지고 말았다. 옛 백제 지역 마애삼존불에 바로 반가사유상 조각이 있고, 또한 보배 구슬을 들고 있는 봉주보살상이 등장하였기 때문이다. 봉주보살상은 이미 산둥 지역 보살상에 그 모습이 나타나 있고, 백제가 이를 본받았으며, 일본까지 전래되었음을 확인하게 되었다. 그 뒤 일본의 목조미륵보살반가상의 소재가 한반도의 소나무인 적송(赤松)인 것이 판명되어 결국 한반도에서 건너간 것으로 굳어지게 된다.

　　또한 백제의 반가사유상이 산둥 지방에서 전래되었음도 확실히 알게 되었다. 산둥성 청주시 용흥사 유적지에서 발굴된 사유상(思惟像)이나 박흥현(博興縣)에서 출토된, '태령(太寧) 2년(562)'이라는 명문이 있는 태자상(太子像)은 우리나라의 반가사유상이 바로 산둥에서 건너왔음을 누구나 알 수 있게 해 준다. 반가사유상의 자세나 복식이 우리의 반가사유상과 너무나 흡사하기 때문이다.

　　산둥성에서 출토된 반가사유상은 모두 20여 구가 있는데 6구는 조성 연대와 이름을 확인할 수 있다. 모두 북제(北齊, 550~577)시대의 작품이다. 북제 또한 북위의 뒤를 이어 산둥성 일대를 다스리던 국가였다. 백제 위덕왕(재위 554~598)은 북제에 사신을 보내 교류하였으며 571년에는 북제로부터 '동청주자사(東青州刺史)'라는 관직을 받았다. 이는 산둥의 중심 도시 청주 지역을 다스리는 것을 인정받았다는 의미이다. 백제가 산둥 지역에 진출하여 경영하고 있었기 때문에 청주 지역의 불교문화가 백제에 들어오고 그 과정에서 반가사유상도 들어와 조성 양식에 큰 영향을 미쳤을 것으로 본다.

일본 교토 코류지 목조미륵보살반가상

《 반가사유상의 명칭 》

우리나라는 물론 중국과 일본에서 두루 발견되는 반가사유상을 우리는 보통 '미륵 반가사유상'이라 불렀다. 그런데 중국에 남아 있는 반가사유상의 명문에는 이들을 '태자상(太子像)', '사유상', '태자사유상'이라 일컫고 있다. 미륵보살이 도솔천에 머물며 중생 제도에 대해 사유하는 모습이 아니라 싯다르타 태자가 삶에 대해 깊이 사유하고 있는 모습으로 인식하고 있었음을 알 수 있는 대목이다.

중국 산둥에서 출토된 태자사유상

사실 반가사유상은 간다라 지역은 물론 마투라 지역에서도 나타난다. 서역을 거쳐 중국으로 들어온 이후에는 태자사유상으로서 유행하였다. 훗날 일본에서는 이를 미륵 신앙과 결합시켜 '미륵보살반가사유상'으로 부르게 되었는데, 중국의 반가사유상 명문에서는 발견할 수 없는 것으로, 이 명칭을 우리나라에서도 사용하고 있었다. 지금은 단순히 '반가사유상'으로 그 명칭을 전환하는 추세다.

어쨌든 서산 마애삼존불은 태안의 마애삼존불보다 훨씬 더 무르익은 솜씨를 보여 주었기 때문에 백제시대의 대표적인 불상으로 굳혀지게 되었다. 그리고 이러한 마애불 양식은 신라가 삼국을 통일한 후에 신라 전역으로 퍼져나가게 된다.

백제의 석조불로는 앞에서 말한 예산 화전리 석조사면불상(보물)도 있다. 예산군 봉산면 화전리에 있는 이 석조불상은 납석제 돌기둥 사방에 각각

예산 화전리 석조사면불상(보물)

네 구의 부처님 모습을 새긴 것이다. 바위 절벽이나 거대한 돌기둥에 새긴 것이 아니어서 마애불이라고 하기에는 적절치 않지만 워낙 백제의 석불이 귀한 데다 새긴 기법도 마애불 조성 양식이어서 중요한 자료가 된다.

남쪽 면에는 앉아 있는 불상이, 나머지 세 면에는 선 자세의 불상이 새겨져 있는 이 사면석불은 머리와 손이 손상되어 원래 모습을 알 수 없다. 하지만 화려한 불꽃 무늬와 두광에 나타난 복스럽고 도톰한 연꽃 모양이 백제의 솜씨임을 유감없이 보여 준다.

이러한 사방불 배치 방식도 또한 산둥성 청주시박물관에 소장되어 있는 북위시대 사면석불과 같아 이 역시 산둥 불교문화의 영향을 받은 것으로 믿어진다. 백제의 이러한 사면석불 양식 또한 신라 서라벌 땅에도 자취를 남기게 된다.

바위 속 부처님이 깨어나다

신라의 도읍지 서라벌과 그 인근 지역에는 삼국 통일 이전에도 마애불이 등장했다. 대표적인 마애불은 경주 남산 북쪽 계곡, 속칭 부처골에 있는 불곡 마애여래좌상(보물)이다. 경주 시내에서 가까운 마애불이어서 예부터 경주 사람들은 '부처골 할매부처'라고 불렀다. 골짜기 이름도 이 마애불에서 유래하여 '불곡(佛谷)'이 되었거니와 언뜻 보면 둥근 얼굴의 인자하고 온화한 할머니가 마치 한복을 입고 다소곳이 앉아 있는 듯 보여 친근한 별명이 생긴 것이다. 또 자연석 바위를 감실처럼 깊이 파내고 그 안에 앉아 있는 불상을 조각하였기 때문에 '감실부처'라고도 불렀다.

불상의 머리는 두건을 덮어쓴 것처럼 보이는데 어깨에 걸쳐서 내려온 옷자락이 대좌까지 덮고 있어 옛 방식임을 보여 준다. 그래서 삼국시대가 끝나기 전에 조성된 것으로 보게 된 것이다.

서라벌 외곽의 초기 마애불로는 단석산 신선사 마애불상군(국보)이 있다. 단석산 중턱, 거대한 암벽이 'ㄷ'자형으로 솟았고, 그 삼면에 10구의 불보살상이 새겨져 있다. 본존불인 미륵불은 높이가 8.2미터에 이르는 입상이다. 이 마애불상군 위로 지붕만 덮으면 그대로 석실 법당이 되는데 과거 그렇게 조성했던 흔적도 남아 있다.

동쪽 바윗면에는 400여 자 명기(銘記)가 있어 본존불이 미륵불임을 알 수 있고, 신라시대의 인물상도 있어 당시의 복식사를 연구하는 데 도움을 준다.

단석산은 원래 '월생산(月生山)'이라 하였으며, 일찍부터 화랑들이 들어와 무예를 연마하고, 정신을 수련하던 곳이다. 김유신이 17살에 이 산에 들어와 수련하던 중 '난승(難勝)'이라는 노인에게서 병법(兵法)을 전수받았다는

•
경주 남산 불곡 마애여래좌상(보물)

기록이 『삼국사기』 열전의 '김유신' 조에 실려 있다. 한편 『신증동국여지승람』에는 김유신이 '신검(神劍)'을 얻어 월생산의 석굴에 들어가 수련해 그 칼로 큰 돌을 베어 산더미처럼 쌓였고, 그 돌이 아직 남아 있다'고 쓰여 있다. 이로 인해 산 이름이 '단석산(斷石山)'으로 바뀌었으며, 산 정상에는 김유신이 칼로 베어 두 동강 났다는 바위가 아직 남아 있다.

단석산 마애불상군은 7세기 초에 조성된 것으로 백제의 서산 마애불처럼 반가사유상이 나타나 있다. 이처럼 반가사유상이 새겨진 마애불은 대개 이른 시기의 작품이다. 이와 같이 반가사유상이 나타난 마애불상군이 또 있는데 그것은 바로 충주 봉황리 마애불상군(보물)이다. 이 마애불의 조성 시기 역시 7세기 초 이전으로 추정한다. 특히 충주의 중원 지역은 삼국이 밀고 밀리며 쟁패를 다투던 지역이라 삼국의 문화적 요소를 다 가지고 있는 특성이 있다. '중원 고구려비'로 불리던 충주 고구려비(국보)도 인근에 있다.

•
충주 봉황리 마애불상군(보물) 부분. 오른쪽 끝에 반가사유상이 새겨져 있다.

경주 단석산 신선사 마애불상군(국보)

사찰에 가면 문득 보이는 것들

상주 덕산리 석실적 마애불가운 붕분 가리 ○ 근처에 비가사문상이 보인다.

경주 단석산 신선사 마애불상군 - 여래입상

　　신라가 삼국 통일을 이룬 후에는 불교문화가 본격적으로 꽃 피우기 시
작한다. 국가적으로 통일되었지만 세 나라의 백성들을 하나의 정신세계로
묶기 위해서는 불교가 좋은 대안이 되었기 때문이다.

　　통일 이후 토함산 자락에 불국사, 석굴암이 세워지고 귀족들의 후원으
로 서라벌 외곽 지역에 수많은 사찰이 건립되면서 서라벌 일원에만 120군데
의 사찰이 있었다.

　　더군다나 불상이나 탑을 조성하는 불사가 큰 공덕이 된다는 믿음이 널
리 퍼져서 통일 이후 귀족층이나 부유층은 큰 후원자가 되었다. 당연히 바위
산으로 이루어진 남산에도 그 영향이 파급되었다.

　　　　　　　　　　　　　　　　　　　　　사찰에 가면 문득 보이는 것들

선사시대 이래로 경주 인근 사람들의 기도처로 쓰였던 경주 남산은 불교문화의 영향으로 골골마다 탑들이 세워지고 암자가 들어섰다. 수없이 많은 마애불도 남산의 바위에 갖가지 모습으로 나타났다. 원래 기도처로 쓰이던 바위 신단에도 부처님이 새겨지게 되었고, 좋은 바윗면만 있으면 불보살상이 나타났다.

이를 두고 '마지막 신라인'이라 불리던 윤경렬 선생(1916~1999)은 '원래 바위 속에 계시던 부처님이 백성들의 간절한 기도에 몸을 드러내게 되었다'고 말씀하셨다. 예부터 있던 부처님을 찾아 들어가며 조각했다는 것이다. 미켈란젤로가 다비드상을 조각할 때도 비슷한 말을 했다. '대리석 속에서 천사를 발견하고 그 천사를 자유롭게 하려고 조각했다'는 것이다.

남산 서쪽의 삼릉계곡 마애석가여래좌상을 보면 부처님 머리는 거의 다 돌출되게 조각을 하고, 아래로 내려갈수록 선각(線刻)으로 처리하여 마치 부처님이 이제 막 바위에서 모습을 드러내는 것처럼 보인다. 같은 삼릉계곡에 있는 마애관음보살상도 마찬가지다. 석양빛을 받으면 붉은 연지 자국이 남아 있는 입가에 고요한 미소가 어리는 이 관세음보살상도 아래로 내려갈수록 양각이 약해져 무릎 선이 잘 보이지 않는다. 게다가 왼손에 쥔 정병만 도드라져서 이제 막 바위 밖으로 몸을 내미는 듯 보인다. 이러한 마애불의 모습이 남산에 많이 나타나 있다.

『삼국유사』에 나와 있듯이 서라벌은 '사사성장 탑탑안행(寺寺星張 塔塔雁行)', 절들이 별처럼 흩어져 있고, 탑과 탑이 기러기가 연이어 날아가듯 줄지어 솟아 있는 대도시가 되었다. 남산에만 절터 147곳, 불상 118기, 탑 96기, 석등 22기, 연화대좌 19점이 남아 있고, 선사시대 성혈(性穴)도 수도 없이 많다. 동그란 컵 모양으로 돌 위에 파인 성혈은 'cup mark'라고 하며 전 세계에 흩어져 있는데 한반도에는 청동기시대 고인돌에 많이 나타나 있다. 순우리

경주 남산에 자리한 삼릉계곡마애석가여래좌상(경북 유형문화재).
남산은 선사시대, 신라시대를 지나 지금까지 우리나라의 대표적인 기도처로 이름나 있다.

말로는 '알터'라고 부르며 선사시대 기도 행위의 흔적으로 본다. 그러한 알터가 온 남산에 흩어져 있으니 남산은 아득한 과거부터 인근 사람들의 기도터였던 곳이다.

신라는 삼국 통일 이전에 이미 서라벌 시내에 우람한 황룡사를 비롯하여 분황사, 흥륜사, 영묘사, 영흥사가 세워졌고, 가까운 변두리에 사천왕사와 담엄사가 있었다. 이 사찰들을 국가 지원 사찰들로 나라의 행사나 왕실 행사에 주로 썼고, 왕족이나 귀족들이 주로 드나들었다. 아직 귀족 중심의 불교였던 셈이다. 이러한 때에 모든 중생을 아우르는 대보살이 나타났다. 바로 원효(元曉, 617~686) 대사다.

원효 대사 또한 귀족 출신의 스님이었지만 667년 통일 무렵 승려의 신분을 깨고 요석공주와 결혼한다. 그리고 스스로 '소성거사(小性居士)'라 부르며 평민 속으로 뛰어들어 불교를 전파했다. 그리하여 글자도 모르고, 배움도 없는 백성들도 알아들을 수 있는 불법을 폈다. 바로 정토 신앙이다. "나무아미타불"만 지극정성으로 열 번만 불러도 극락정토에 갈 수 있다는 간단한 가르침은 쉽게 백성들 속으로 파고들었다. 원효 스님 때문에 신라 백성의 80~90퍼센트가 "나무아미타불"을 알게 되었다고 한다.

그렇지만 원효 스님은 그 열 번의 염불에 깊은 불교적 의미를

경주 남산의 삼릉계곡마애관음보살상
(경북 유형문화재)

부여했다.

① 모든 중생에게 자비의 마음을 품어야 하고, ② 불교의 가르침을 지키겠다는 마음을 내어야 하며, ③ 인욕하는 마음이 분명해야 하고, ④ 명예와 이익에 이끌리지 않아야 하며, ⑤ 지혜로운 마음을 일으켜야 하고, ⑥ 모든 중생을 존중히 여기는 마음을 가져야 하며, ⑦ 세간의 잡담에 재미 들리지 않아야 하고, ⑧ 산란한 마음을 멀리해야 하며, ⑨ 부처님의 가르침을 바르게 관찰하고, ⑩ 정신이 통일되어야 한다고 설파했다. 이런 마음가짐으로 염불을 해서 열 번을 채우면 반드시 극락정토에 갈 수 있다는 것이다.

그렇다면 서라벌의 평민들은 어디에서 기도했을까? 쉽게 접근할 수 있는 기도 공간은 어디였을까? 필자는 그곳이 바로 남산이라고 생각한다. 서라벌 시내의 큰절들은 왕실과 귀족들이 주로 사용하면서 평민들은 자유롭게 출입하기 어려웠을 것이다. 『삼국유사』에도 욱면(郁面)이라는 계집종이 법당에 들어가지 못하고 마당에서 염불하는 장면이 있다. 그래서 당시의 서라벌 평민이나 노비는 남산의 노천법당에 자유롭게 찾아가 기도했을 것이라 추정해 보는 것이다.

서라벌 시내에서 가까운 마애불로는 불곡 옆 탑곡 마애불상군(보물)이 있다. 높이 9미터나 되는 거대한 사각형의 바위에는 특이하게 구층탑과 칠층탑이 새겨져 있고, 바위 남쪽에도 삼층석탑이 1기가 서 있다. 이러한 유물에 의거하여 '탑곡(塔谷)'이라는 이름이 붙었을 것이다.

사면의 바위에는 불보살상을 비롯해 스님상, 비천상들이 있고, 두 마리의 사자, 보리수나무를 비롯해 여러 종류의 나무도 조각되어 있다. 조각된 도상만 총 34점에 이르는 대형의 마애불상군이다.

통일 후 700년대에 들어서면 신라 불교문화의 전성기를 맞아 뛰어난 마애불들이 남산 곳곳에 조성된다. 가장 뛰어난 마애불은 누구나 알고 있듯이

●
경주 남산 탑곡 마애불상군(보물) 부분.
부처님 좌우로 탑이 새겨져 있다. 오른쪽에서 볼 수 있듯 불상과
보살상을 둘러싼 비천상 등도 확인할 수 있다.

사찰에 가면 문득 보이는 것들

경주 남산 칠불암 마애불상 군 국보

국보로 지정되어 있는 칠불암 마애불상군(국보)이다. 삼존불이 새겨진 마애불보살상 앞에는 사방에 부처님이 새겨진 네모난 석주(石柱)가 있어 모두 일곱 분이 되기에 암자의 이름이 되었다. 조각 솜씨가 워낙 뛰어나 남산 마애불을 대표하는 우수작으로 널리 알려졌다.

김시습이 『금오신화』를 썼던 용장사터의 석조여래좌상(보물) 뒤쪽 바윗면에 새겨진 경주 남산 용장사지 마애여래좌상(보물)은 필자가 1985년에 처음 찾아갔을 때 홀딱 반한 부처님이다. 손상된 곳이 없는 작은 불상이었지만 단정한 자세와 원만한 얼굴, 온화한 미소가 그렇게 평안해 보일 수 없었다.

선각 마애불로는 삼릉계곡 선각 육존불(경북 유형문화재)이 손꼽힌다. 두 곳의 암벽에 각각 마애삼존상을 조각하였는데 한쪽 무릎을 꿇고 부처님께 공양을 올리는 협시보살상의 유연한 자세와 입가에 어린 기쁨에 찬 미소는 오래도록 기억에 남는다.

남산이 아닌 곳의 마애불로는 선도산(仙桃山) 정상 부근에 있는 서악동 마애여래삼존입상(보물)이 있다. 본존불은 바위 절벽에 조각하고 협시보살 2구는 따로 조성해 모셨지만 암벽의 석질이 좋지 않아 본존불의 얼굴과 신체가 많이 손상되었다.

서라벌 왕경(王京)의 오악 중 서악(西岳)이었던 선도산의 산신은 '선도성모(仙桃聖母)'이다. 선도성모는 중국 황실의 딸로 해동으로 건너와 이 산의 산신으로 좌정했고, 그녀가 낳은 아들이 바로 신라의 시조인 박혁거세라는 설화가 있다.

법흥왕 때 불교가 공인된 이후 선도성모설화는 불교와 인연을 맺게 된다. 선도성모도 불교를 좋아해 안흥사 비구니 지혜(智慧)의 불사에 황금 10근을 시주하며 부처님과 함께 오악의 신들도 잘 섬겨 줄 것을 요청하였다고 하니 민간의 전통 신앙이 불교 신앙과 다툼 없이 함께 어울린 것이다. 이러한 내용은 『삼국유사』 '선도성모수희불사' 조에 실려 있다.

•
경주 남산 용장사지
마애여래좌상(보물)

•
경주 서악동
마애여래삼존입상(보물)

•
경주 굴불사지
석조사면불상(보물)

자연적 전통 신단을 불교의 신행 공간으로 함께 사용할 수 있는 신앙적 화해가 이루어짐으로써 선도산 정상부 암벽에 마애불이 조성되는 불사도 순조롭게 진행되었을 것이다. 이미 공존의 길로 나아갔으니 반대할 명분도 사라졌다. 이러한 예는 전통적 산중 기도처에 마애불이 탄생할 수 있는 근거가 되었고, 실제로 많은 마애불이 그러한 전통적 기도 공간에 자리 잡게 된다.

사면석불의 예로는 경주시 동천동에 있는 굴불사지 석조사면불상(보물)이 있다. 특이한 것은 한 방향에 한 분의 부처님을 조성한 것이 아니라 삼존불을 새긴 곳도 있고, 두 분의 보살상을 모신 곳도 있다는 점이다. 또 서쪽의 아미타불 주존불은 바윗면에 새겼는데 두 협시보살은 따로 조성해서 모셔놓았다. 남쪽도 삼존불 입상이었는데 가운데 부처님의 머리와 오른쪽 협시보살상을 일본인들이 절취해 갔다고 한다. 그러니까 원래는 사방에 모두 9기의 불보살상이 배치되어 있는 독특한 사면석불이었던 것이다.

봉화 북지리 마애여래좌상(국보)

서라벌에서 지방으로

서라벌에서 많은 마애불이 조성되면서 이러한 시대적 유행은 당연히 지방으로도 전달되며 마애불이 만들어진다. 그러나 서라벌 지역처럼 많은 수가 이루어진 것은 아니었다. 더구나 옛 신라 지역을 벗어나 옛 백제 지역에 조성된 마애불은 그렇게 많지 않았다. 전국적으로 마애불이 조성되는 상황은 고려 시대로 넘어가서 이루어진다.

서라벌을 벗어나 옛 신라 지역에 조성된 마애불 중 가장 우수한 것으로 손꼽히는 작품은 봉화 북지리 마애여래좌상(국보)일 것이다. 비록 많이 손상되어 온전한 모습을 볼 수 없지만 전면에 미소를 머금은 풍부한 얼굴과 당당한 체구로 장중한 불상의 아름다움을 보여 준다.

상서로움을 상징하는 얼굴 뒤의 머리 광배[頭光]와 몸 전체에서 뿜어져 나오는 빛을 상징하는 몸 광배[身光]에는 변화해서 나타난 부처님인 화불(化佛)이 여러 곳에 표현되어 있다. 옷자락이 대좌까지 덮고 있어 7세기 후반에 조성된 것으로 추정하고 있다.

봉화 북지리 석조반가상(보물)

이 마애여래좌상 옆에는 석조반가상이 있었으나 1966년 경북대학교 박물관으로 옮겨졌다. 상반신은 깨져 없어졌으나 하반신의 조각만으로 1.6미터에 이르러 원형을 다 갖추었다면 높이가 3미터 가까이에 이르렀을 것이다.

청동 불상처럼 주물을 부어 만든 것이 아니라 돌을 입체적으로 조각해 만든 것인데도 불구하고 사실적인 옷 주름, 화려한 구슬 장식, 굵은 오른쪽 무릎의 솟은 자세 등 조각 양식이 우리나라 국보로 지정된 금동미륵보살반가사유상과 비교될 정도로 우수하다. 이의 정식 명칭은 봉화 북지리 석조반가상(보물)으로 7세기 말이나 통일신라 초기의 작품으로 본다.

봉화 북지리 마애여래좌상 근처에는 지금 지림사라는 절이 자리 잡고 있는데 법당 뒤 바위 절벽에 삼층석탑이 새겨져 있는 것을 볼 수 있다. 옛적에는 앞의 시내가 이 암벽 아래로 흘렀다고 한다. 필자가 추측하기에는 이 절터도 영주 가흥동 마애삼존상이 자리한 곳처럼 오래된 기도터였다는 생각이 든다.

삼존불 형식의 마애불로는 울산 어물동 마애여래좌상(울산 유형문화재)과 함안 방어산 마애약사여래삼존입상(보물)이 있다.

옛 백제 지역에 조성된 마애불로는 영암군 월출산 구정봉의 서북쪽 암벽에 새겨진 영암 월출산 마애여래좌상(국보)이 대표적이다. 암벽을 감실처럼 파내고 그 가운데 마애여래좌상을 앉혔는데 그 높이가 8.6미터에 이르는 거대한 불상이다.

머리 위에 상투처럼 솟은 육계가 높고, 신체에 비해서 비교적 큰 얼굴을 근엄하게 새겼다. 오른쪽 어깨는 드러내었으며 법의를 얇게 표현하여 신체의 굴곡이 다 드러난 모습이다. 옷 주름이 앉아 있는 대좌까지 덮고 있는 상현좌(裳懸座) 양식을 취하였다. 팔은 신체에 비해 가늘게 표현되었다.

오른손은 무릎 위에 올려 손끝이 아래를 향하게 하고, 왼손은 손바닥을

영암 월출산 마애여래좌상(국보)

●
용봉사 마애불(충남 유형문화재)

사찰에 가면 문득 보이는 것들

위로 하여 배꼽 앞에 놓은 항마촉지인(降魔觸地印)이다. 머리 광배와 몸 광배에 화불은 나타나 있지 않지만 안쪽에는 연꽃 무늬와 덩굴 무늬, 가장자리에 불꽃 무늬를 표현하였다.

비례가 맞지 않는 부분도 있지만 전체적으로 안정감과 장중한 인상을 준다. 정확한 연대를 알 수 없어도 여러 양식으로 보아 통일신라 후기의 조성으로 추정한다.

확실한 기록이 있는 마애불도 있다. 충남 홍성군 용봉산 용봉사 인근에 있는 용봉사 마애불(충남 유형문화재)이다. 용봉사 서쪽에 서 있는 바위 암벽에 돋을새김으로 조각한 마애불 입상이다. 불상의 너비보다 넓게 바위를 파내고 조성하였는데 오랜 세월에 많이 마멸되었다. 머리 부분은 크게 돌출되었으나 아래로 내려갈수록 평평해져 몸의 굴곡이 잘 드러나지 않는다.

민머리 위에 육계가 솟았고, 얼굴은 타원형으로 약간 긴 듯한 느낌이다. 눈이 가늘고 입이 작지만 입가에는 여린 미소가 어린다. 귀가 길어 어깨에 닿을 듯하며, 두 팔은 내린 자세를 취했는데 손이 유난히 작다.

이 마애불 오른쪽 바위에는 31자의 명문이 남아 있는데 '정원 15년(貞元十五年)'이라는 기록이 있어 이 마애불이 799년에 만들어졌음을 알려 준다. 신라 말기로 접어들며 조성한 마애불인 것이다.

충청북도에도 조성 기록이 남아 있는 마애불이 있다. 진천에 있는 태화4년명(太和四年銘) 마애여래입상(충북 유형문화재)이다. 진천읍에서 초평면으로 넘어가는 부창고개 바위 암벽에 새겨진 마애불로 신라 흥덕왕 5년(830)에 조성된 것이다. 아마도 삼국시대 이전부터 이 도로는 인마가 통행하는 주요 도로였을 것이다. 사실 진천군은 일찍부터 신라의 영역이었다. 김유신의 아버지 김서현이 만노군(지금의 진천군) 태수로 있을 때 김유신이 태어났으니 595년이었다. 신라군이 죽령을 넘어와 단양을 차지한 것이 545~550년경이고, 차차

● 진천 태화4년명 마애여래입상(충북 유형문화재) 탁본.
불상 왼편에 명문이 새겨져 있어 조성 연대를 알 수 있다.

　　　　　　　　　　　　　　　사찰에 가면 문득 보이는 것들

세력을 확대해서 진천군도 그 영토로 편입시켰던 것이다. 그러므로 이 마애불은 옛 신라 영토에 세운 마애불인 셈이다.

이처럼 신라 말기에 이르면 지방화된 양식이 나타나기 시작하고 고려시대로 넘어가면 다양한 장소에 다양한 양식의 마애불이 전국적으로 나타나게 된다.

온 산하에 퍼지다

고려 조정도 신라에 이어 불교를 국교로 삼았다. 왕건은 고려로 투항한 견훤과 함께 후백제의 신검을 충남 연산에서 항복받았다. 왕건은 하늘의 도움으로 삼국을 통일했다고 하여 황산(黃山)의 이름을 '천호산(天護山)'으로 바꾸고 부처님의 가호로 대업을 이루었다고 생각하여 산 아래에 4년에 걸쳐 대사찰을 지었다. 절의 이름도 태평시대를 열었다고 하여 '개태사(開太寺)'로 하였다.

삼국시대나 후삼국시대나 백제 지역으로 들어오려면 황산 아래 황산벌을 통과해야만 했다. 김유신과 계백의 황산벌 전투도 이 지역에서 벌어진 전투였다. 이 길목에 삼국 통일의 위업을 상징하는 사찰을 건립한 것이다. 거대한 삼존석불도 모셨다. 가운데 본존불의 높이가 4.15미터에 이른다.

고려는 후삼국을 통일한 후 교통 요충지 이곳저곳에 여러 미륵석불을 세웠다. 경기도 안성 죽산삼거리 인근에 있는 매산리 석불입상(경기 유형문화재)은 전에는 '미륵당 태평미륵'으로 불렸다. 충주 월악산 하늘재 아래 충주 미륵리 석조여래입상(보물)도 그러한 예에 들어간다. 동네 이름도 '미륵리'이며, 『삼국유사』에도 '미륵대원(彌勒大院)'으로 기록되어 있다.

이렇게 석불이 대형화되면서 마애불의 규모도 커지는 경향이 나타난다.

서울 북한산 구기동 마애여래좌상(보물)

서울 북한산 비봉 자락 승가사에 있는 구기동 마애여래좌상(보물)은 고려 초기의 대표적인 마애불로 비록 좌상이지만 높이가 근 6미터에 이른다.

거대한 바윗면에 얕은 홈을 파고 낮은 돋을새김 불상을 조성했다. 머리 위에는 팔각의 돌을 끼워 넣었고, 보호각을 설치했던 사각 구멍이 남아 있다. 몸은 당당하고 경직된 모습이며, 얼굴 표정에는 굳은 의지가 서려 있다. 고려 초기의 양식이다.

입상으로는 제천 덕주사 마애여래입상(보물)이 있다. 거대한 화강암벽에 얼굴 부분은 도드라지게 새기고 신체는 선각으로 처리한 모습이지만 높이가 13미터에 달하는 대형의 마애불이다. 역시 얼굴 양옆으로는 가구를 설치하고 지붕을 얹었던 사각 구멍이 남아 있다.

고창 선운사 도솔암 옆의 남향한 암벽에 새겨진 동불암지 마애여래좌상(보물)도 역시 고려 초기의 거대 마애불이다.

머리 주위를 깊게 파낸 후 돋을새김으로 얼굴을 새겼고 아래로 내려가면서 신체의 윤곽선을 깊이 파 내려 갔지만 신체와 옷 주름의 표현은 약하게 마무리하였다. 아래쪽 연화대좌 위에 다시 3단의 층단을 앉혀서 높은 좌대 형식을 취한 것이 특이하다. 머리에서 좌대까지의 전체 높이가 15.7미터에 이른다.

특이한 자세로 앉아 있는 마애불도 있다. 보은 법주사 마애여래의좌상(보물)이다. 언뜻 보면 마치 쪼그리고 앉아 있는 것처럼 보이지만 연꽃을 의자 삼아 앉아 있는 모습이다. 무릎 양옆으로 연꽃잎이 활짝 피어 있다. 맨발 아래에도 연꽃대좌가 각각 받치고 있다.

어깨는 반듯하고 당당한 데 비해 유난히 잘록한 허리가 눈길을 끈다. 목에는 삼도(三道)가 있고, 귀는 어깨에 닿을 듯 말 듯 늘어졌다. 특이한 점은 머리카락에 있다. 마애불의 경우 대개의 불상은 민머리 형태로 조각하는데 법

제천 덕주사 마애여래입상(보물)   고창 선운사 동불암지 마애여래좌상(보물)

사찰에 가면 문득 보이는 것들

보은 법주사 마애여래의좌상(보물)

주사 마애불은 소라 머리로 하였다. 소라 모양으로 말려 올라간 머리칼을 촘촘하게 조성해 놓은 것이다. 역시 고려 초기의 마애불로 높이가 약 6미터에 이른다.

이러한 대형 마애불들이 고려 초기에 만들어지면서 차츰 다양한 장소에 다양한 형태의 마애불들이 전국 곳곳에 만들어진다. 사람들의 통행이 많은 고갯마루 근처에도 만들어지고, 강가 바위에도 만들어진다. 동네 뒷산의 잘생긴 바위 암벽에도 마찬가지다. 온 산하에 마애불이 퍼져 나간 것이다.

전북 남원시 이백면 여원치(女院峙) 정상 조금 아래 바위에 조각되어 있는 여원치 마애불상(전북 유형문화재)은 교통 요지에 있는 마애불이다. 해방 이전까지만 해도 남원과 운봉 사이를 왕래하려면 반드시 이 고개를 넘어야 했는데, 운봉에서 인월을 거쳐 경남 함양으로 연결되니 호남과 영남을 이어 주던 옛길이었다. 수많은 장꾼과 인마가 넘어 다니면서 행로의 안전을 빌 수 있는 부처님을 고갯마루 암벽에 새겨 놓은 것이다.

얼굴과 왼손이 크게 손상되고 아래 부분이 매몰되어 있지만 한때는 오가는 길손들이 예경할 수 있도록 보호각을 세웠던 기둥 주초석 2기가 마애불 앞에 남아 있다.

마애불 오른쪽 암벽에는 운봉현감 박귀진(朴貴鎭)이 1901년에 새겨 놓은 각자가 있다. 조선 태조 이성계가 왜구를 박멸한 인월 황산대첩에 대해 미리 귀띔을 해 준 도고(道姑)할미에게 감사하기 위해 불각을 짓고 받들었다는 내용이 담겨 있다. 결국 서라벌 선도성모처럼 불교 신앙과 지리산 여 산신이 공존하고 있는 셈이다. 조성 연대도 고려 말기로 보고 있다.

이처럼 고개 근처에 있는 마애불로는 지리산 정령치에 있는 남원 개령 암지 마애불상군(보물), 안동 이천동 마애여래입상(보물)도 있다. 이천동 마애불은 안동과 영주를 잇는 옛 도로 고개 인근에 있던 마애불로 거대한 바위에

안동 이촌동 마애여래입상(보물)

여주 계신리 마애여래입상(경기 유형문화재)

몸체를 새기고 머리는 따로 만들어 얹은 형태로 전체 높이가 12.38미터에 달하는 거구의 불상이다. 자비로우면서도 잘생긴 얼굴이 유명한 데다 과거에는 불상 주변의 소나무 숲이 좋아서 널리 알려졌다. 마애불 인근에 '연미사(燕尾寺)'라는 절이 있었고, 고려 · 조선시대에는 근처에 원(院)이 있어서 속칭 '제비원'이라고 불리었다. 그래서 보통 '제비원 석불'로 불리웠다.

참고로 민요 〈성주풀이〉에서 성주(城主, 가옥을 관장하는 신)의 근본을 말하는 대목인 '경상도 안동 땅 제비원에 솔씨 받아'에 나오는 '제비원'이 바로 이곳이다. 그만큼 우수한 소나무와 마애불이 주요 도로 옆에 어울려 있었던 것이다.

강가의 마애불로는 여주 계신리 마애여래입상(경기 유형문화재)과 충주 중앙탑면의 창동리 마애여래상(충북 유형문화재)도 있다.

계신리 마애불에서 내려다보이는 남한강가는 강원도에서 뗏목을 타고 내려 온 사람들이 이곳을 지날 때 부처님께 정성을 들이던 곳이라고 한다. 여기에서부터 한양까지 위험한 여울들이 줄지어 있어서다. 곧 양평의 한여울, 굽여울, 진여울, 너븐여울, 고분여울, 후미개여울을 지나 광주리 종여울까지 넘어가야 뗏목을 타는 뗏군들은 안도의 한숨을 쉴 수 있었다. 이제 양수리에서 북한강을 만나 물길이 넉넉해지기 때문이다. 그래서 뗏군들은 이 마애불에게 마지막 치성을 드렸기에 이 샛강가를 '부처울'이라고 불렀다.

또 충주 창동리 마애불은 아예 강물에 띄운 배 위에서 바라보아야 잘 보이기 때문에 뱃길을 오가는 사람들이 수운의 안전을 위하여 조성했던 불상으로 보고 있다. 충주에서 여주까지도 많은 여울이 있어 뱃길이 위험했기 때문이다. 뗏목은 여름 강 수위가 높아지면 띄우는 것이지만 자갈이나 퇴적물이 쌓여 얕아진 여울은 항상 조심해야만 한다.

경기 이천 장암리에도 마애불이 있다. 이천 마장면 장암리 옛 도로가에

사찰에 가면 문득 보이는 것들

이천 장암리 마애보살반가상(보물)

있는 이 마애불은 공식 명칭이 '이천 장암리 마애보살반가상'(보물)이다. 속
칭 '미륵바우'라고 불리는 넓적한 자연석 판석에 마애보살상을 새겼다.

　　사실 '장암리'라는 지명은 전국에 수도 없이 많은데 그런 곳에는 대체로
선돌형 바위나 장수형 얼굴바위가 있는가 하면 잘생긴 바위 암벽도 있다. 필
자는 스승이신 조자용 박사님을 모시고 장수바위, 장군바위를 많이 찾아다
녔다. 장수바위가 전통의 기도 신단이라고 추정하였기 때문인데, 실제로 장
수바위가 전통의 기도터임을 증명해 주는 곳도 찾을 수 있었다. 바로 안성 비
봉산 장수바위다. 지금도 촛불을 켜고 기도하는 곳으로 정상 부근 큰 바위에
아예 '장군암(將軍岩)'이라고 새겨 놓았다.

이러한 장수바위들이 전국 도처에 있고, 그러한 바위가 있는 동네 이름이 대개 한문으로 '장암리(壯岩里, 將岩里)'가 된 경우가 많다. 이천 장암리(長岩里) 미륵바우도 보살상이 새겨지고 보호 전각이 세워지면서 불교의 민간 기도처로 변모한 것으로 보인다. 연꽃을 든 보살상을 반가의 자세로 표현하였으며 뒷면에 '태평 흥국 6년(太平興國六年)'이라는 명문이 있어 981년에 조성되었음을 알 수 있다. 장수바위에 새겨진 고려시대 마애불로는 경기도 시흥 소래산 마애보살입상(보물), 충남 천안 삼태리 마애여래입상(보물) 등이 있다.

아무튼 통일신라시대에는 옛 백제 지역까지 마애불 조성이 크게 유행하지 못했는데 고려시대에 들어와 충청·전라 지역에도 많은 마애불이 곳곳에 들어선다. 마애불이 가장 귀한 지역은 강원도였는데 고려시대에 들어서면 영월 무릉리 마애여래좌상(강원 유형문화재)이나 원주 흥양리 마애불좌상(강원 유형문화재), 철원 동송읍 마애불상 등이 나타난다.

북한 지역 마애불로는 금강산에 있는 묘길상 마애불좌상이 대표적이다. 좌상임에도 불구하고 높이가 15미터에 이르러 현존하는 마애불좌상 가운데

파주 용미리 마애이불입상(보물)

최고의 높이를 자랑한다. 또한 금강산 삼불암 마애불상군도 역시 고려시대의 작품이다.

한강 북쪽의 고려시대 마애불은 파주 용미리 마애이불입상(보물)이 손꼽힌다. 거대한 천연 암벽에 2구의 불상을 우람하게 조성했는데 머리는 따로 만들어 얹었다. 머리 위에 다시 돌갓을 얹어 놓아 어딘지 토속적인 분위기가 있다. 마치 벙거지를 쓴 것처럼 보이기 때문이다. 이처럼 야외에 있는 석불 가운데 둥그런 돌갓을 쓰고 있는 경우가 많은 이유는 성스러운 부처님이 뜨거운 햇빛이나 비를 노천에서 그대로 맞게 할 수 없었기 때문이다.

고대에는 귀인이 행차할 때 무더위와 햇빛을 피하기 위하여 시중을 드는 사람이 귀인의 머리 위로 큰 우산 같은 햇빛 가리개를 받쳐 들고 따라갔다. 이를 '일산(日傘)' 또는 '산개(傘蓋)'라고 불렀고, 훗날에는 차츰 존귀한 사람의 상징이 되었다.

부처님을 그릴 때도 부처님 머리 위로 햇빛을 차단하는 장막 같은 것을 화려하게 그려 놓는데 이를 '천개(天蓋)'라고 부른다. 허공 중에 떠 있는 산개라는 것이다. 시중드는 사람은 없어지고 햇빛 가리개만 공중에 떠서 귀한 부처님을 상징하게 된 것이다.

야외에 세워진 석불의 경우 이 천개를 허공에 띄울 수는 없으므로 머리 위에 얹다 보니 마치 갓처럼 보이게 된 것이다. 법당 안의 닫집도 이러한 천개가 변화된 모습이라고 보면 된다.

마애불의 경우 머리 위에 다듬은 돌을 끼워 놓거나 보호각을 시설해 놓은 흔적이 있는 것은 다 천개의 변화된 모습이라고 이해하면 된다. 용미리 마애불의 경우 특이하게 머리를 따로 조성하여 얹으면서 원형과 사각의 천개를 만들어 장식한 것이다.

2구의 마애불상을 새기는 것도 특이한 형식인데, 이에 대해서는 고려

원신궁주(元信宮主)와 두 도승에 얽힌 전설이 전해지고 있다.

원래 이 마애불 앞을 지나가는 도로는 조선시대의 의주대로이다. 한양에서 출발해 고양, 파주, 개성, 평양을 거쳐 의주에 닿는 도로이고, 의주에서 북경까지 연결되는 국제도로였다. 양국의 사신이 이 도로를 이용해 오고 갔다. 곧 용미리 마애불은 고양과 파주 사이의 대로 옆에 세워진 대형 마애불인 셈이다.

근래에 마애불 아래에서 암각문이 발견되어 조선시대 들어 조성된 것으로 주장하는 학자들도 있지만 아직까지 확정된 결론은 아니다.

사양길로 들어서다

마애불 조성은 많은 자금이 필요하다. 규모가 크면 클수록 재정 부담도 커진다. 비계(飛階)도 설치해야 하고, 유능한 석수도 필요하다. 돌조각은 한 번 실수하면 다시 수정할 수가 없기 때문에 고도로 훈련된 석공이 있어야만 제대로 된 마애불을 새길 수 있다.

그러나 불교가 변방으로 밀려난 조선시대에는 당연히 마애불 조성도 드물어진다. 그런 탓에 조선시대에 조성된 마애불은 찾아보기 어렵고, 더구나 조성 연대를 알려 주는 마애불은 더욱 귀하다. 그래도 몇 점의 마애불은 명문이 남아 있어 중요한 자료가 된다.

우선 관악산 북쪽 중턱에 있는 봉천동 마애미륵불좌상(서울 유형문화재)이 있다. 가로 5미터, 세로 6미터의 큰 암벽에 사람 크기만 한 미륵불을 옆에서 본 모습으로 새겨 놓았다.

불상은 대개 앉거나 선 채 정면에서 바라본 모습으로 조성되는데, 이렇게 측면관으로 새기는 경우는 드물다. 보살상들은 부처님을 보좌하는 역할

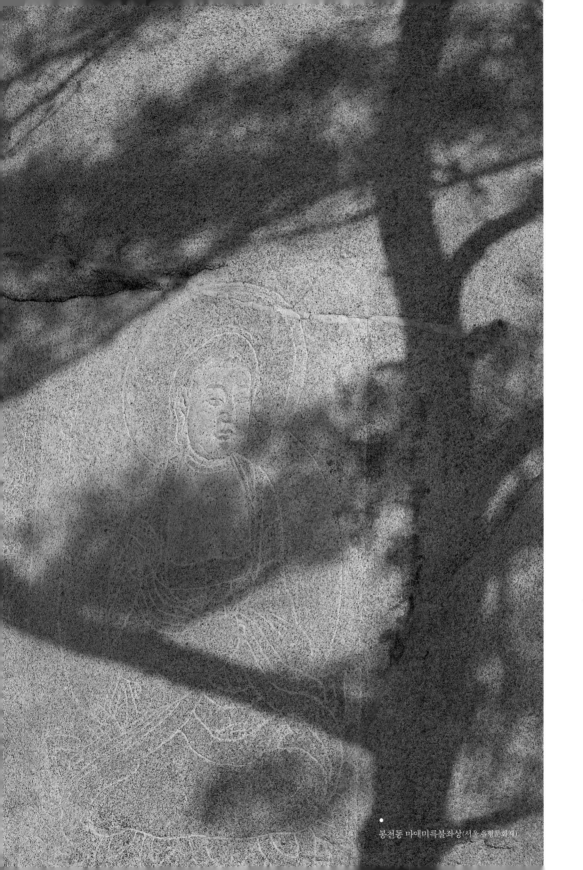

봉천동 마애미륵불좌상(서울 유형문화재)

이므로 측면관으로 흔히 나타나지만 부처님의 측면관은 보기가 어렵다.

조선시대에 조성한 마애불이지만 조각 솜씨가 뛰어나서 어색한 구석이 없다. 그만큼 공력이 들어간 마애불인데 왼쪽 바윗면에는 '모셔진 부처님이 미륵존불이며 숭정 3년(崇禎三年) 박산회 부부가 시주해서 조성했다'는 내용의 명문이 있다. 그러니까 1630년에 유능한 석공을 초청하여 정성스레 만든 불상이다.

부처님의 두 손은 옷 속에 감추어져 있지만 연꽃 한 송이를 들고 계시다. 연화대좌와 함께 머리 광배, 몸 광배가 다 갖추어졌고, 민머리에는 얕은 살상투도 나타나 있다.

박산회 부부는 왜 미륵불을 여기에 모셨을까?

임진왜란, 정유재란이 끝난 뒤 겨우 안정을 되찾아가던 시기에 다시 후금(後金, 뒷날 청나라)이 쳐들어 온 정묘호란이 일어난 해가 1627년이다. 조선이 다시 전쟁 상황으로 내몰리는 어수선한 시국이었다. 아마도 박산회 부부는 이 어려운 시기에 미륵 부처님의 가호로 전쟁이 없는 평화로운 시대가 와서 민초들의 고통이 끝나기를 염원하며 미륵불상을 조성한 것은 아닐까? 미륵불이 하생하여 정토세계가 펼쳐지기를 간절히 발원한 것은 아닐까?

그러나 이 마애불이 조성된 지 6년 뒤인 1636년 병자호란이 일어나고 남한산성에 고립되어 있던 인조는 삼전도 나루에 끌려 나와 청 태종 앞에서 항복의 치욕을 당하게 된다. 아직 미륵불의 세상은 오지 않았던 것이다.

이로부터 33년 뒤 조선시대 마애불 중에서 가장 우수한 마애불이 조성된다. 바로 문경 봉암사 마애미륵여래좌상(보물)이다. 전에는 고려 말기의 마애불로 추정되어 경북 유형문화재로 지정되어 있었지만 근래에 조선 현종 4년(1663)에 조성된 것이 확인되어 2021년에 보물로 승격되었다.

마애불은 봉암사에서 상류 쪽 계곡으로 700미터 지점에 있다. 앞쪽으로

문경 봉암사 마애미륵여래좌상(보물)

는 꽤 큰 너럭바위가 있고 옆으로는 계류가 암반 사이로 돌아 흐르며 아래쪽 작은 폭포로 떨어진다. 예로부터 절경이어서 '옥석대(玉石臺)'나 '백운대(白雲臺)'로 불렸다. 계곡 이름은 '봉암용곡(鳳巖龍谷)'이라 하였다. 봉황과 같은 바위산에 용 같은 계곡이 흘러간다는 뜻이다.

마애불 뒤쪽으로 돌아가면 큰 돌들이 여럿 서 있고, '백운대' 한문 각자와 함께 불교 신도들의 불공계(佛供契), 유람 온 이들의 이름도 새겨져 있다. 풍광도 좋지만 기도하기에도 적합한 명소다.

이 마애미륵여래좌상은 풍계 명찰(楓溪明察, 1640~1708) 스님의 스승인 환적당 의천(幻寂堂 義天, 1603~1690) 스님이 조성한 것이다. 명찰 스님이 남긴 문집인 『풍계집(楓溪集)』의 「환적당대사 행장」에 따르면, 의천 스님은 60세 때인 1662년에 봉암사에 들어가 이듬해까지 머물렀는데 이때 '백운대에 마애미륵좌상을 조성하고 사적비를 세웠으며 환적암을 지었다'고 한다. 명찰 스님은 1704년 가야산 해인사 백련암으로 옮겨 수행하다가 1708년 6월 2일 다음 날 죽을 것을 예언하고 6월 3일 임종게를 남긴 뒤 서쪽을 향하여 합장한 자세로 앉아서 입적하였다.

봉암사 쪽을 향하여 우뚝 선 집채만 한 바위 수직면에 새겨진 마애여래미륵좌상은 높이가 539센티미터, 너비가 502센티미터로 머리 주변을 깊이 파 광배 형상을 만들었다. 위쪽을 깊이 조각하고 아래로 내려갈수록 점차 얕은 부조로 처리했다.

계란형의 둥글고 갸름한 얼굴에 머리는 소발이며 육계를 표현했다. 오똑한 콧날에 반개(半開)한 눈매는 부드럽다. 단정히 다문 작은 입이 마치 깊은 선정에 들어 있는 듯 정갈하고 고요하다.

두 손은 긴 꽃가지를 들고 있는데 가지 끝 꽃봉오리들이 광배 밖으로 튀어나온 듯한 모습으로 조각되어 있다. 이런 수인(手印)을 미륵불의 '용화수인

(龍華手印)'이라고 한다. 미래세에 미륵불이 이 세상에 나실 때에 모든 중생을
꽃이 피듯 깨달음을 얻게 한다는 상징이다.

　　문경 봉암사 마애여래미륵좌상은 제작 시기와 제작 동기, 주관자, 도상
등에 대해서 자세한 정보를 알 수 있는 몇 안 되는 조선시대 마애불로서 학
문적 가치가 높아 보물로 지정되었다.

　　안양 삼막사 마애삼존불(경기 유형문화재)도 명문이 있는 마애불이다. 자
연 암벽에 감실을 만들고 특이하게 치성광삼존불을 조성하였다. 치성광여래
는 북극성 신앙이 불교에 들어와 나타난 부처님이고, 협시보살인 일광보살
과 월광보살은 각각 해와 달이 보살로서 변화하여 등장한 것이다. 말하자면
삼존불을 모신 것인데 우리나라에서는 칠성 신앙이 전통 신앙으로 내려왔기
때문에 치성광여래삼존을 모셔 놓고도 '칠성각'이라고 불러 왔다.

●
삼막사 마애삼존불(경기 유형문화재)

　　　　　　　　　　　　　　　　　　　　　　사찰에 가면 문득 보이는 것들

한민족은 전통적으로 칠성님이 사람의 출생과 수명을 관장한다고 믿어서 아이의 출산을 원하거나 수명장수를 빌기 위해 칠성님에게 기도를 드려 왔다. 특히 이 마애삼존불 앞에는 유명한 남근바위와 여근바위 한 쌍이 있어 불교 이전부터 민간 신앙의 기도처로 이용되던 곳이었다.

조선시대에도 밤낮으로 기도하러 오는 백성들이 많아 밤에도 항상 등불이 켜져 있었기에 계곡 이름을 '등곡(燈谷)'이라고 하였다. 그만큼 칠성기도 터로 널리 알려졌던 것이다. 세조 때의 승려로 신미(信眉) 대사와 함께 역경과 간경사업에 힘썼던 학조(學祖, 1432~1514) 대사가 이 삼막사 등곡대에 머물며 수행하다가 도를 이루었기 때문에 자신의 도호(道號)를 '등곡'이라 하였다. 그만큼 오랫동안 이곳은 불교 신앙과 민간의 칠성 신앙이 뚜렷하게 결합된 현장인 것이다.

또 두 협시보살인 일광보살과 월광보살은 머리에 소박한 삼산관을 쓰고 있어 삼국시대부터 내려온 삼산관이 조선시대까지 계속 전승되었음도 알수 있다. 마애삼존불 아래쪽 바윗면에 '건륭 28년(乾隆二十八年)'이라는 명문이 있어 조선 영조 39년(1763)에 조성했다는 내용을 확인시켜 준다.

조선 중기의 마애불로는 서울 북한산 도선사 마애불입상(서울 유형문화재)도 있다. 도선 국사가 창건했다는 도선사는 근래에 청담 스님(1902~1971)이 주석하면서 유명 기도처로 널리 알려지게 되었다. 사시사철 기도객이 끊이지 않는 도선사는 도량의 중심에 이 마애불이 있다. 높이 8.4미터의 대형 마애불로 사각형 얼굴에 이목구비가 크게 조각되었지만 아래로 내려갈수록 조금 둔중해지는 느낌을 준다.

도선 국사가 큰 암석을 손으로 갈라서 만들었다는 전설이 있지만 양식으로 보아 조선 중기의 작품으로 추정하고 있다. 도선사는 억불 시대임에도 불구하고 철종 14년(1863) 안동 김씨 문중의 최고 어른인 김좌근 대감의 시

●
도선사 마애불입상(서울 유형문화재)

사찰에 가면 문득 보이는 것들

학도암 마애관음보살좌상(서울 유형문화재)

주로 칠성각을 신축하였고, 1903년 고종의 명으로 혜명 스님이 대웅전을 중건하였으며, 1904년에는 국가 기원 도량으로 지정받았다. 구한말 어려운 시기에 오히려 왕실과 권력자의 보호를 받은 것이다. 이러한 사실들이 도선사가 북한산의 대표적인 기도처가 된 요인이었다고 생각된다.

조선 말기의 마애불로는 서울 불암산 학도암 마애관음보살좌상(서울 유형문화재)이 있다. 학도암 대웅전 뒤편 서남향으로 앉은 바위 암벽에 새겨진 관세음보살좌상으로 높이가 13.4미터에 달한다. 조선시대 마애불로는 가장 큰 규모일 것이다. 밑그림을 그린 화승은 장엽 스님이며, 석수 다섯 명이 조각하여 완성하였다.

이 마애관음보살상은 명성황후의 발원으로 1872년 만들어졌으며, 이는 명성황후의 첫째 아들이 1871년에 사망한 것과 관련이 있는 불사로 추정된다. 1874년 순종이 태어난 후 1878년에는 학도암을 중수하면서 마애보살상도 보강하였다고 한다. 이러한 내용은 마애보살상의 측면 바위에 명문으로 남아 있다.

연화좌대 위에 결가부좌의 자세로 앉아 있는 관세음보살상은 풍채가 당당하고 원만하다. 복스럽고 둥근 얼굴에는 화려한 보관을 썼는데 정중앙에 화불이 있어 관세음보살상임을 확실히 알려 준다. 조선시대 왕실 발원의 마애불로서 우수한 화승과 장인에 의해 조성된 중요한 문화재라고 하겠다.

조선시대 끝 무렵의 마애불로는 서울 안양암 마애관음보살좌상(서울 유형문화재)이 있다. 창신동 안양암에 있는 마애보살상으로 1909년 조성되었다.

이 안양암은 1889년 성월 스님에 의해 창건된 암자로 130여 년 전 조선 말기의 암자 모습을 그대로 간직하고 있는 사찰이다. 마애관음보살좌상을 비롯해 서울시 지정 문화재 7점과 전각, 불상, 불화 등 2,700여 점의 유물을 보유한 중요한 곳이다.

안양암 내 관음전에 봉안되어 있는 마애관음보살좌상은 전체적으로 묵중하고 근엄한 느낌을 준다. 넓고 각진 어깨가 특이하고 옷 주름이 도식적이라서 자연스럽지 못하다. 화려한 보관 대신 관리들이 쓰는 관을 쓴 듯한 모습이며, 중앙에 부처님이 앉아 있는 듯한 조각이 보인다. 조선 말기 나라의 어지러운 상황을 반영하듯 표정도 딱딱한 편에 속한다. 전체 높이는 3.53미터이다.

이 마애불을 조성한 다음 해인 1910년 경술국치로 인해 일제강점기로 들어서면서 일본불교가 침투하기 시작해 차츰 왜색불교가 자리 잡게 된다.

안양암 마애관음보살좌상(서울 유형문화재)

목포 유달산에 새겨진 부동명왕상

조선시대 말까지 겨우 이어지던 전통적 마애불 조성 불사도 현저히 줄어든 대신 일본불교의 영향을 받은 마애불들이 나타나기도 한다. 그러한 유적이 목포 유달산에 남아 있다.

이처럼 한반도의 마애불도 1,500여 년의 세월을 이어가며 많은 변천을 겪었다. 산중의 전통적 바위 신단 기도터에 마애불이 나타나기 시작해 후대에는 고갯마루나 강가 암벽에도 나타나 백성들의 애환을 달래 주었다. 아무리 작거나 깨진 마애불이라도 한때는 우리 선조들의 지극한 예경을 받으며 모셔졌던 부처님들이니 어찌 무심하게 지나칠 수 있겠는가? 공손한 마음으로 한 번쯤 살펴보는 것도 조상들에 대한 예의가 아닐까 한다.

석탑

불탑의 등장

흔히 중국을 전탑(塼塔)의 나라, 우리나라를 석탑(石塔)의 나라, 일본을 목탑(木塔)의 나라라고 말한다. 나라별로 주변에서 구하기 쉬운 재료를 이용해 탑을 세우다 보니 이러한 비유가 생겼겠지만 그만큼 세 나라에서 많은 탑을 세웠다는 뜻이기도 하다.

탑(塔)의 어원은 산스크리트어 'Stupa'이다. 이를 음역하여 '솔도파(率堵婆)', '졸탑파(卒塔婆)' 등으로 부르다가 줄인 말로 '탑파(塔婆)'가 되었고, 다시 '탑'이 되었다. 돌로 만들었으니 '석조탑파(石造塔婆)'라 해야 하지만 간편하게 '석탑'으로 부른다.

불교에서 스투파(Stupa)는 석가모니 부처님 입멸 후 다비(茶毘)하여 나온 사리를 모신 건조물을 말한다. 그 당시 부처님 몸에서 나온 진신사리(眞身舍利)는 여덟 나라에 나누어졌고 각국에서 탑을 세웠기 때문에 이를 '근본8탑'이라고 한다.

200여 년 뒤 마우리아 왕조 아쇼카(Ashoka, 재위 기원전 273~기원전 232) 대왕이 무력으로 인도 대륙을 통일하여 가장 넓은 영토를 차지한 군주가 되었다. 그 당시 세계에서 가장 큰 제국의 왕이었던 아쇼카 대왕은 마지막 정복전쟁인 칼링가 전쟁에서 보병 60만, 말을 탄 기병 10만, 코끼리 부대 9천 마리를 이끌고 가 칼링가국을 초토화시켰다. 승전 후 전쟁의 폐허를 돌아보다가 자신의 야심으로 죽은 사람, 미친 사람, 고아들을 보고 큰 충격에 빠진 아쇼카 대왕은 이후 불교에 귀의하게 된다. 그는 불교를 옹호하는 군주가 된 후 정복사업을 접고 불교 사상에 기반한 정치를 펴나갔다. 공공병원을 짓고, 고아원과 양로원을 세워 오갈 데 없는 사람들을 돌보았으며 인류역사상 최초로 동물 보호 및 학대 금지법을 만들고 동물병원을 세웠다. 또한 이를 운용할

인도 비하르주 바이샬리의 아쇼카 석주

수의사 제도도 만들었다. 불교의 불살생, 생명 존중 사상을 그대로 적용한 것이다. 법령 중에는 이런 조항도 있었다.

> 나의 영역에서는 어떤 살아 있는 존재도 (신께 바치는) 희생제의에서
> 제물로 바쳐지거나 도살되어서는 안 된다.

아쇼카 대왕은 또 근본8탑 가운데 일곱 개를 열어서 그 안에 봉안했던 사리를 나누어 전국 각지에 8만 4천의 탑을 세웠다. 불교가 인도 대륙 전 지역으로 퍼지게 된 것이다. 해외 포교에도 힘을 기울여 그 당시 조직된 국제포교단은 인도 북부 카슈미르, 간다라, 그리스, 히말라야 지역, 미얀마, 스리랑카 등으로 파견되었다.

비록 아쇼카 대왕 사후에 생전 건립했던 탑과 기념물들이 긴 역사 속에서 훼손되었으나 그 당시의 모습으로 남아 있는 것이 바로 산치대탑이다. 인도의 스투파는 산치대탑에서 보듯이 공을 반으로 잘라서 엎어 놓은 형태이다. 우리는 흔히 석가모니 부처님이 이 세상에 계실 때 걸식하기 위하여 가지고 다니시던 밥그릇(발우, 鉢盂)을 엎어 놓은 형태라 해서 '복발탑(覆鉢塔)'이라고 부른다.

석가모니 부처님의 십대 제자 가운데 부처님보다 먼저 입적한 두 제자, 즉 사리불존자와 목련존자의 사리탑도 산치대탑 옆에 있다. 참고로 당나라 현장(玄奘, 602~664) 스님의 기록에 따르면 그들의 고향 마을에도 각각 사리탑이 있었다고 전한다.

인도의 복발탑이 왜 그런 형태로 만들게 되었는지는 현장 스님의 『대당서역기(大唐西域記)』에 그 유래가 실려 있다. 『대당서역기』 1권 중 박갈국(縛喝國)에 대해 기록한 내용 가운데 솔도파를 언급하고 있는 것이다.

인도 중부 마디아프라데시주에 자리한 산치대탑

　　　　　　　　　　　사찰에 가면 문득 보이는 것들

돌의 나라를 꿈꾸다

석가모니 부처님이 깨달으신 후 녹야원으로 가던 도중 두 명의 장자
(長者)가 귀의하며 자신들이 가지고 있던 모든 돈을 보시하여 공양
을 올렸다. 부처님은 최초로 오계(五戒)와 십선(十善)을 설한 후 머리
털과 손톱을 주었다. 두 장자가 갖고 가서 예배할 기념물을 청했기
때문이다. 고향으로 돌아가 어떻게 모시고 경례(敬禮)하는가를 묻자
부처님은 가사를 접어서 깔고 그 위에 발우를 엎어 놓은 뒤 다시 지팡
이를 발우 위에 세워 보였다. 두 장자는 자기들의 성으로 돌아가서 부
처님이 가르쳐 준 대로 탑을 만들었다. 이것이 최초의 솔도파이다.

미얀마에서는 그때 세운 탑이 양곤의 쉐다곤 파고다라고 말한다.
　　인도의 복발형 탑은 대개 벽돌로 조성되었지만 산치대탑처럼 돌을 벽
돌 모양으로 깎아 조성한 것도 있다. 둥근 탑의 꼭대기는 평평하게 다듬고 사
각의 돌난간을 설치한 후 가운데에 둥근 양산 같은 것이 여러 번 겹쳐진 기둥

미얀마 양곤의 쉐다곤 파고다

인도 산치대탑 부분. 무불상시대에는 보리수, 연꽃, 법륜 등을 조각해 부처님의 상징으로 삼았다.
산치대탑에서도 불상 조각은 찾아볼 수 없다.

을 세웠다. 이러한 복발형 탑의 전체적인 형태는 후일 중국으로 전래된 후 다시 축소된 형태로 목탑이나 전탑의 탑 꼭대기에 올라가게 된다.

스투파는 처음 부처님을 상징했다. 부처님이 계시지 않은 세상에서 부처님의 사리를 봉안하고 있었기 때문이다. 그러다 차츰 존숭의 마음이 깊어져 불탑에 대한 신앙이 생겼다. 나아가 점차 예경·공양 의례로 정착되고, 경전에 나오는 것처럼 부처님에 대한 존숭의 의미로 부처님 주변을 오른쪽으로 세 번 돌 듯 탑 주변을 세 번 도는 참배 의례도 나타났다.

오랜 과거 무불상시대에는 존귀하신 부처님을 어떤 형상으로도 만들 수 없다고 생각해서 부처님 발자국이나 깨달음을 이루신 보리수나무, 그리고 연꽃, 법륜(法輪) 등을 조각해 부처님의 상징으로 삼았다. 그중 가장 중요한 신앙물은 부처님 사리를 모신 불탑이었다.

그렇다면 불상은 언제 등장했을까? 그것은 석가모니 부처님 입멸 후 500여 년 뒤 간다라 지방의 불교도들이 알렉산더 대왕의 동방원정으로 그리스 신들의 조각상을 만나게 되면서부터다. 그렇게 탄생한 불상은 인도 내륙과 중앙아시아로 퍼져 나가게 된다.

중국으로 불교가 들어올 때는 부처님의 상징물인 불탑과 불상이 함께 들어오게 되면서 탑을 법당 앞에 설치하는 구조가 정착되었고, 그러한 양식은 그대로 한반도에 들어온다.

한반도 석탑의 탄생

삼국시대에 불교가 처음 들어온 나라는 고구려로서 소수림왕 2년(372)이다. 그로부터 12년 뒤 백제 침류왕 1년(384) 인도의 승려 마라난타가 영광 법성포로 입국함으로써 백제 땅에도 불교가 정착하게 된다. 신라는 법흥왕 14년(527)에 이차돈의 순교를 겪고서야 비로소 공인되었다. 백제보다도 무려 140여 년 늦게 공식적으로 들어오게 된 것이다.

한반도는 중국으로부터 불교를 받아들였으므로 탑도 목탑과 전탑이 같이 전래되었을 것이지만 백제의 경우 현존하는 전탑의 흔적이 없어 석탑이 출현할 때까지 200년 이상 목탑을 주로 만들며 관련한 많은 기술을 축적할 수 있었다. 한편 현존하는 탑 가운데는 고구려의 것이 하나도 없다. 그러나 팔각목탑을 세웠던 유적이 평양 정릉사지, 금강사지 등에 남아 있고, 전탑 흔적은 중국 심양 칠성산에 남아 있어 고구려는 목탑과 전탑을 같이 세웠을 것으로 추측해 볼 수 있다. 신라는 어땠을까? 고구려를 통해서도 불교 문물이

사찰에 가면 문득 보이는 것들

들어왔지만 신라의 경우 전탑을 많이 세웠고, 그 유행은 안동까지 퍼져나가며 이 지역에서 300여 년간 전탑을 조성하는 전통이 이어졌다.

백제는 당시 세계적인 목탑 조성 기술을 갖추었다. 그리하여 백제의 장인들은 다른 나라에 파견되거나 초청되어 탑을 만들었다. 신라가 선덕여왕 14년(645)에 황룡사 구층목탑을 세울 때도 기술 총책임자는 백제의 장인 아비지(阿非知)였다. 일본 오사카의 시텐노지[四天王寺] 오층목탑은 백제의 장인 세 명이 건너가서 593년에 완성한 탑이다. 비록 태평양전쟁 때 미군의 폭격으로 사라지고 말았지만 황룡사 구층목탑보다 50여 년 빨리 세워진 목탑이다. 이보다 조금 늦은 607년에 건축된 교토 호류지[法隆寺] 오층목탑도 또한 백제의 영향을 받은 건물로, 발굴 조사 결과 부여 군수리 절터와 같은 백제식 사찰이었음이 밝혀졌다.

목탑과 전탑은 여러 가지 단점이 있었다. 먼저 목탑은 불이나 태풍에 취약했다. 전탑의 경우 여름철 비가 많이 오는 한반도에서 탑 내부로 빗물이 스며들면 도괴의 부담이 컸다. 겨울에는 벽돌 틈으로 눈 녹은 물이 들어가 다시 얼어 터지는 경우도 있다. 게다가 전탑을 만들려면 따로 벽돌을 구워야만 하는 번거로움도 있었다. 자연스럽게 한반도에서는 주변에서 구하기 쉽고 불에도 강한 화강암에 눈길이 갈 수밖에 없었다.

화강암으로 탑을 처음 만든 사람은 백제인들이었다. 사실 예술적 감성이 풍부한 백제인들은 전부터 화강암으로 새로운 시도를 해 왔다. 그래서 돌로 만든 불교 문물은 백제에서 시작된 경우가 많다. 그 예로 바위 암벽에 불상을 새기는 마애불은 그 시원(始原)이 되는 양식을 태안 동문리 마애삼존불입상(국보)에 두고 있고, 석불도 역시 백제에서 시작되었다고 보는데, 그 증거가 되는 유물이 익산 연동리 석조여래좌상(보물)이라고 추정한다. 이전까지는 청동불이나 목조불이 주류를 이루었지만, 돌을 입체적으로 깎아 불상

일본 오사카 시텐노지 오층목탑(왼쪽)

일본 교토 호류지 오층목탑(오른쪽)

으로 만든 이른 시기의 작품이라는 것이다. 석등도 그렇고, 법당 앞에 두고 연꽃을 띄웠다는 석련지(石蓮池)도 백제의 창작물이다. 이렇듯 화강암으로 불상이나 여러 가지 기물들을 선구적으로 만들어 왔으니 돌로 탑을 만들겠다는 발상도 자연스럽게 나온 것은 아닐까 생각해 본다.

《 한반도와 화강암 》

화강암은 한민족에게 익숙한 조각 재료이다. 그 역사는 3,000여 년 전 청동기시대로까지 거슬러 올라가며, 그 증거가 되는 유물이 바로 고인돌이다.

당시 한반도에 집중적으로 만들어진 고인돌은 만주, 산둥반도 등 우리 민족과 연관 있는 지역에 널리 퍼져 있다. 그리하여 한반도에만 4만 기 이상의 고인돌이 있는데, 그중 전남 화순, 전북 고창, 인천 강화 지역의 고인돌 유적이 세계문화유산으로 등재되었다. 이런 고인돌을 세우기 위해서는 많은 노동력을 필요로 한다. 산에서 돌을 떼어내 옮겨 와야 하고, 큰 고인돌일수록 세우기가 어렵다. 그만큼 우리 민족은 오랜 세월 돌을 다루는 기술을 축적해 온 것이다.

백제인들은 돌을 깎아 목탑 모양대로 탑을 만들었다. 기본 모델이 목탑이었기에 그 모습을 돌로 그대로 재현한 것이다. 이 석탑이 바로 익산 미륵사지 석탑(국보)이다. 백제 무왕 40년(639)에 세워진 이 석탑을 뜯어 보면 목조 건물 양식을 곳곳에 갖추고 있다.

지붕돌의 추녀 끝은 살짝 올라가 있고, 기둥 돌은 위가 좁고 아래가 넓

익산 미륵사지 석탑(국보)

경주 분황사 모전석탑(국보)

은 민흘림기법을 사용했다. 양쪽 끝 모서리 기둥은 약간 높은 귀솟음기법을 보이고 있는데 이는 모두 목조 건물에 쓰이는 기법들이다. 미륵사지 석탑은 우리나라 석탑의 시원이 되는 양식으로서 제일 오래되었으면서도 우리나라 석탑 가운데 가장 큰 크기를 자랑한다. 현존하는 탑은 지붕돌이 6층까지 남아 있지만 최초 건립 때는 9층이었을 것으로 추정되는 규모이다.

사실 이 지역은 좋은 화강암이 많이 나는 곳이다. 미륵사지 앞쪽은 평평한 들판이지만 지하에 좋은 화강암이 많이 묻혀 있다. 이러한 조건이 뒷받침되었기에 미륵사지 석탑은 물론 여러 석조물을 자유롭게 조성할 수 있었다.

백제가 익산에 미륵사를 건립할 무렵 신라 서라벌에서는 돌을 벽돌 모양으로 깎은 모전석(模塼石)으로 탑을 세우는 방식이 도입된다. 현존하는 것 가운데 경주 분황사 모전석탑(국보)이 대표적이다. 선덕여왕 3년(634)에 분황사의 창건과 함께 건립된 것으로 추측되는 이 탑은 원래 9층이었다는 기록이 있으나 현재는 3층만 남아 있다.

신라의 모전석탑은 목탑을 모델로 한 백제의 석탑과는 달리 전탑을 기본 모델로 한다. 이 같은 탑의 등장은 신라에서도 석탑의 필요성이 대두되고 있었음을 알려 주는데, 전탑에 필요한 벽돌을 만들 수 있는 적당한 흙이 많지 않고, 벽돌을 구워 다시 쌓아야 하기에 공력이 많이 들 뿐만 아니라, 주기적으로 보수해야 하는 등 단점이 많았기 때문이다.

경주 분황사 모전석탑의 기단은 자연석으로 널찍하게 이루어져 있으며 네 모퉁이에는 화강암으로 깎은 사자상이 한 마리씩 앉아 있다. 거대한 1층 몸돌에는 네 면에 문을 만들고 양쪽 기둥에는 힘찬 금강역사상을 조각해 놓았다.

벽돌 모양의 돌은 회흑색 안산암으로 전탑 형식으로 탑을 조성하다 보니 지붕돌은 자연적으로 아랫면, 윗면이 모두 계단 형태를 이룰 수밖에 없었다. 2층과 3층 몸돌은 현저하게 낮으며 3층 지붕은 경사면을 가운데로 모으고 그 위에 화강암으로 만든 활짝 핀 연꽃 장식을 얹어 놓았다.

다만 이러한 모전석탑이 등장한 이후에도 서라벌에서는 예전 방식의 전탑이 만들어졌음을 알 수 있는데, 『삼국유사』에는 '양지(良志) 스님이 벽돌을 조각하여 작은 탑 하나를 만들고 불상 3,000개를 만들어 그 탑에 봉안한 후 절 안에 두고 예경했다'고 나온다. 이와 관련하여 사천왕사 신장상을 조각한 스님으로 알려진 양지 스님은 사천왕사가 낙성된 문무왕 19년(679) 이전에 예전 방식의 전탑을 만들었을 것이다. 실제로 양지 스님이 계시던 석장사 터에서 탑과 부처님이 조각된 벽돌이 수습되었다.

아무튼 분황사 모전석탑이 조성된 지 5년 후 미륵사지 석탑이 이뤄지고, 다시 6년 후 서라벌엔 황룡사 구층목탑이 조성되었다. 이러한 시기에 백제에서는 어떤 일이 있었을까? 다시 백제로 돌아가보자.

미륵사지 석탑이 있는 미륵사는 『미륵경』에 근거해 탑 3기, 금당(법당) 3개의 3탑 3금당 형식으로 지어졌다. 이러한 미륵사 조성은 요즘 말로 하면 국가적 대형 프로젝트로서 무왕이 40여 년간 백제를 다스리며 축적한 국력이 뒷받침되었기에 가능한 일이었다. 전에도 이야기했듯 석재를 구하기 쉬운 입지 조건을 비롯해 유능한 장인들도 있었다. 그러나 타지에 이러한 큰 탑을 세우려면 더욱 막대한 국가 재정이 투입되어야 한다. 기본적으로 석재를 옮기는 일부터가 쉬운 일이 아니다. 따라서 미륵사지 석탑을 본뜬 축소형 탑이 사비성 안에 등장했다. 그 탑이 바로 부여에 있는 정림사지 오층석탑(국보)이다.

정림사지 오층석탑은 미륵사지 석탑과 함께 현존하는 백제시대 석탑 중 하나이다. 그만큼 귀하다. 당나라 소정방이 백제를 평정한 사실을 1층 몸돌에 조각해 놓아 '평제탑(平濟塔)'이라는 수치스러운 이름으로도 불렸지만 발굴 조사 결과 탑이 자리한 곳이 고려시대 정림사터로 밝혀져 지금과 같은 '정림사지 오층석탑'이라고 부른다. 달리 말해 백제시대 때의 명칭은 아직까

부여 정림사지 오층석탑(국보).
미륵사지 석탑보다 작지만 노반석까지의 높이가 8.33미터나 되어 장중한 느낌을 자아낸다.

지 알지 못한다.

이 탑의 1층 몸돌 네 모퉁이에 있는 기둥에는 민흘림기법이 나타나 있으며, 기둥과 기둥 사이는 목조 건물의 벽면처럼 2매의 넓은 판석(板石)으로 마감하였다. 얇은 지붕돌은 여러 개의 석재를 짜 맞추어 구성하였지만 추녀 끝을 살짝 들어 목조 건물 양식을 본받고 있다. 더욱이 석탑에 들어간 149개의 석재가 모두 짜 맞춰진 목탑 구조를 응용한 모습을 보여 준다. 다만 미륵사지 석탑처럼 목조 건축 양식을 그대로 따르지는 않아 세련되고 경쾌한 분위기를 자아낸다. 마치 돌로 만든 누각 형태의 목조 건물을 보는 듯하여 일본 호류지의 오층목탑과도 비교를 한다.

그러나 백제시대의 석탑은 여기에서 막을 내린다. 660년 나당연합군이 백제의 수도 사비성을 함락시키고 의자왕과 왕족, 신료 들을 인질로 잡아 당나라로 끌고 가면서 백제 678년의 역사가 종말을 고했기 때문이다. 639년 미륵사지 석탑을 세운 후 불과 21년 만의 일이다.

통일신라, 새로운 양식의 등장

삼국이 통일된 후 안정기에 접어든 통일신라시대에서 탑도 계속 진화를 거듭하게 된다. 신라에는 모전석탑이 등장했으나 안정성이나 조형미에서 만족할 수 없었는지 전탑 양식에 목탑 양식을 가미한 석탑을 만들어낸 것이다. 그 대표적 유물이 바로 의성 탑리리 오층석탑(국보)이다.

이 석탑은 높이가 9.6미터에 이르는 데다 언덕 위에 솟아 있어 더욱 높고 우람해 보인다. 기단부는 단층으로 하였는데 네 모퉁이에 사각의 기둥돌을 세우고, 그 사이사이에 중간 기둥돌 2개씩을 세웠다. 곧 한쪽 면만 바라보

의성 탑리리 오층석탑(국보)

면 기둥이 네 개로 구성되고 기둥과 기둥 사이는 면석으로 처리한 듯 보인다. 이것도 목탑의 기단부를 그대로 응용한 방식이다.

높직한 1층 몸돌의 모퉁이 기둥에는 약간의 민흘림이 들어가 있고, 문짝은 없어졌지만 돋을새김으로 표현된 문틀이 남아 있다. 기둥 위에는 목조 건물의 주심포 모양을 돌로 다듬어 얹었고 세 면은 막혀 있어 안에는 부처님을 모신 감실 형태가 되었다.

지붕돌은 전탑 양식의 지붕 모습을 그대로 돌로 깎아 짜 맞추었는데 추녀 끝을 살짝 올렸다. 하지만 기와 지붕의 추녀처럼 지붕선이 살아나지 않아 시늉에 그쳤다. 지붕돌의 아랫면과 윗면이 전탑처럼 계단식으로 되어 있으니 구조적 한계에 부딪힌 것이다.

이처럼 석탑에서 목조 건축 양식을 받아들인 것이 백제 석탑에서 본받은 것인지는 알 수 없지만, 통일기의 석탑에 서서히 백제의 방식이 나타나고 있음을 알 수 있다. 좀 더 시간이 흘러서는 본격적으로 백제의 석탑 양식과 신라의 전탑형 양식이 합쳐진 탑이 모습을 드러내게 된다. 경주 감은사지 동·서 삼층석탑(국보)이 그것이다.

이 탑은 신문왕 2년(682)에 세워진 쌍탑으로 두 탑은 같은 구조와 규모를 가지고 있다. 이중 기단 위에 조성된 삼층석탑은 높이가 13.4미터에 달하는 대형 탑이다. 또 법당은 하나인데 탑이 2기인 일금당(一金堂) 쌍탑 가람의 형식을 보이는 신라식 탑의 시원 양식이기도 하다.

윤경렬 선생은 통일신라의 문화적 특징을 신라의 짜임새와 백제의 선, 고구려 기상의 융합이라고 자주 설파하셨다.

선생님의 말처럼 감은사지 동·서 삼층석탑은 웅장하고 씩씩한 고구려의 기상을 품고 있는 데다, 백제의 석탑이 갖고 있는 추녀의 선을 차용하였고, 아랫면은 신라의 전탑에서 보이는 계단식 받침을 그대로 썼다. 기단부도

사찰에 가면 문득 보이는 것들

이단으로 하였지만, 목탑의 기단부 양식을 그대로 적용하였다. 신라의 전형적인 석탑의 기본형이 제시된 것이다.

신문왕의 부왕인 문무왕은 '내가 죽으면 바다의 용이 되어 나라를 지키고자 하니 화장하여 동해에 장사지낼 것'을 유언하였다고 전한다. 신문왕은 그 유언대로 부왕을 화장해 동해에 장사를 지내니 그곳이 바로 '대왕암'이다. 한편 신문왕은 문무왕의 뜻을 이어 절을 창건하는데, 부왕의 은혜에 감사한다는 의미로 절 이름을 '감은사(感恩寺)'라 하였으니, 국가 역량이 집중된 사찰인 감은사의 쌍탑은 삼국의 통일 후 신라의 힘과 호국정신을 상징하는 탑이라 하겠다.

•
경주 감은사지 동·서 삼층석탑(국보)

모범적 양식을 갖춘 우리나라의 대표 석탑

통일신라시대의 문화적 전성기는 불국사, 석굴암이 만들어지던 시기다. 국가가 경제적·정치적으로 안정되고 물산이 풍부해지면서 문화적 역량이 최고조에 달했을 때 김대성(700~774)이라는 훌륭한 재상이 출현했다. 그는 750년 재상 관직을 내놓고 사재를 털어 불국사와 석굴암을 짓기 시작했지만 죽을 때까지도 완성하지 못했다. 결국 김대성 사후 왕실에서 지원하여 완성시켰다.

불국사와 석굴암은 부처님이 계신 정토세계를 이 세상에 구현한다는 야심찬 계획 아래 조성되었기 때문에 치밀한 구성과 완벽한 아름다움으로 우리나라의 대표 사찰로 자리매김하였다. 그러한 불국사 경내에는 두 기의 탑이 있다. 하나는 경주 불국사 삼층석탑(국보)이고, 또 하나는 경주 불국사 다보탑(국보)이다.

잘 알려진 '석가탑'이나 '다보탑'의 명칭은 『법화경』에 근거를 두고 있는 것으로, 석가모니 부처님이 이 세상에 머물며 설법하실 때마다 다보여래가 항상 나타나 '그 설법의 내용이 옳다'고 증명해 준다는 내용에 의한 것이다. 그래서 두 석탑의 갖추어진 이름은 각각 '석가여래상주설법탑(釋迦如來常住設法塔)', '다보여래상주증명탑(多寶如來常住證明塔)'이지만 간단히 '석가탑', '다보탑'으로 부른다.

사실 '석가탑', '다보탑'이라는 명칭은 신라 때부터 내려온 고유 명칭이 아니다. 이는 숙종 34년(1708)에 회인 스님이 정리한 『불국사사적』과 영조 16년(1740)에 동은 스님이 찬술한 『불국사고금창기』에 나타난 이름이다.

한편 1966년에는 도굴꾼들에 의해서 석가탑이 기울어지는 바람에 해체·복원하면서 출토된 『불국사무구정광탑중수기(佛國寺無垢淨光塔重修記)』에 의해 두 탑이 김대성이 관직에 있던 경덕왕 1년(742)에 조성된 것이 밝혀

사찰에 가면 문득 보이는 것들

경주 불국사 삼층석탑(국보, 오른쪽)과 다보탑(국보, 왼쪽).
이 중 불국사 삼층석탑은 '석가탑' 또는 '무영탑(無影塔)'이라고도 불린다.

졌으며, 또한 고려시대에는 석가탑을 '무구정광탑'으로 불렸음을 알게 되었으나 신라시대의 원래 명칭은 아직 정확하게 알 수 없다.

이 중 불국사 삼층석탑, 즉 석가탑은 신라시대의 전형적인 석탑으로 '이중 기단과 삼층석탑'의 기본 모델은 이 탑에서 완성되었다. 물론 감은사지 동·서 삼층석탑에서 석가탑이 만들어질 때까지 경주 고선사지 삼층석탑(국보)이 만들어져 중간 다리 역할을 했다.

석가탑은 높이가 10.4미터에 이르는 작지 않은 탑이다. 하지만 단아하다. 감은사지 삼층석탑처럼 거친 들판의 장수 같은 씩씩한 기운은 줄어든 대신 안정된 자세와 균형미가 돋보인다. 탑의 표면에도 아무런 조각이 없어 소박하고도 은근한 내공을 품고 있다. 또한 몸돌과 지붕돌을 다 통돌로 만들어 한결 깨끗하게 정돈된 느낌을 준다. 목탑과 전탑 양식을 적절히 융화시켜 신라만의 모범 답안을 만들어낸 것이다.

탑을 중심으로 기단부 주위에는 연꽃을 조각한 둥근 돌을 여덟 곳에 배치하고 석재로 연결하여 탑의 구역을 나타냈다. 이를 '팔방금강좌(八方金剛座)'라 하는데 여덟 보살이 앉는 자리라거나 팔부신중의 자리라는 등 여러 가지 해석이 있다. 그러나 이 탑의 본래 이름이 '석가여래상주설법탑'이므로 석가여래가 설법할 때 사방팔방에서 모여드는 불보살이 모여 앉는 자리로 보기도 한다. 말하자면 석가여래가 이끄는 법회 풍경을 상상하게 하는 탑이다. 이렇듯 석가탑이 '상상의 탑'이라면 다보탑은 당시 사람들이 발휘할 수 있는

경주 고선사지 삼층석탑(국보). 현재 고선사지는 보문호수를 만들면서 수몰되었고, 이 석탑은 국립경주박물관 뜨락으로 옮겨 놓았다.

사찰에 가면 문득 보이는 것들

불국사 삼층석탑 주위의 팔방금강좌

모든 기량을 총동원해 화려하게 조성된 '현실의 탑', 즉 눈으로 보는 탑이라 할 수 있다. 나아가 후대로 내려가면 석가탑에서 상상으로 만났던 불보살과 사천왕, 팔부신중, 비천 들이 아예 조각상으로 석탑에 새겨지게 된다. 그래서 신라 석탑에 조각이 많이 나타나면 후기의 작품으로 보는 것이다.

　석탑의 모범 양식이라 할 수 있는 석가탑이 조성되자 이 양식은 신라 전역으로 퍼져나간다. 석가탑 못지않은 아름다운 석탑도 곳곳에 세워지는데, 창녕 술정리 동 삼층석탑(국보)과 현재 국립중앙박물관에 자리한 김천 갈항사지 동·서 삼층석탑(국보) 등이 이 시기에 조성된 석탑이다.

　또 신라 후기로 내려가면서 지붕돌의 추녀가 점점 올라가기 시작한다. 석가탑의 지붕선을 옆에서 보면 빗긴 사선(斜線)으로 곧게 내려가는데, 후기

창녕 술정리 동 삼층석탑(국보)

김천 갈항사지 동서 삼층석탑(국보)

석탑들은 지붕선이 추녀 끝에서 위로 올라가기 시작하고 나중에는 지붕선이 한 번 꺼졌다가 다시 올라가는 모습으로 변모한다. 지붕돌 밑의 계단식 층급 받침도 석가탑은 모든 층이 5단이지만 후기로 내려가면 4단, 3단으로 변화된다. 기단부·기둥돌의 숫자도 4개가 기본이었지만 숫자도 줄어들고 간략해진다. 옛 백제권이었던 장흥 보림사 남·북 삼층석탑(국보)과 남원 실상사 동·서 삼층석탑(보물)이 이러한 예에 들어간다.

더불어 조각도 나타나기 시작해서 점점 더 번다한 석탑들도 등장한다. 기단부뿐만 아니라 몸돌에도 조각이 나타나는가 하면 이중 기단이 단층 기단으로 바뀌고 난간이 등장하기도 한다. 양양 진전사지 삼층석탑(국보)과 남원 실상사 백장암 삼층석탑(국보) 등이 그러한 모습을 보여준다.

석가탑 양식이 유행하는 가운데에도 전부터 만들어 오던 전탑이나 전탑 모양을 본뜬 석탑도 여전히 만들어졌다. 칠곡 송림사 오층전탑(보물)이 가장 우수한 전탑으로 알려져 있으며 안동 운흥동 오층전탑(보물)은 지붕 윗면이 기와로 덮여 있어 옛 전탑의 모습을 추정해 볼 수 있다. 한편 전탑 양식을 그대로 돌로 깎아서 만든 석탑도 있는데 경주 서악동 삼층석탑(보물)은 지붕돌을 전탑 모습 그대로 깎아서 얹었다. 이중 기단은 자취도 없이 사라져서 신라 말기에 조성되었을 것으로 추측된다.

또한 석가탑을 만들 때에도 다보탑이라는 이형탑(異形塔)을 세웠듯 이후에도 특이한 석탑들이 꾸준히 만들어졌다. 가장 특이한 이형탑으로는 경주 정혜사지 십삼층석탑(국보)과 구례 화엄사 사사자 삼층석탑(국보) 등이 있고 기단부가 팔각과 원형으로 변형된 경주 석굴암 삼층석탑(보물)도 있다. 해인사 원당암 다층석탑(보물)은 청석탑(靑石塔)으로 기단부를 화강암으로 삼단을 쌓고 그 위에 얇은 점판암 지붕돌을 중첩해 놓은 특이한 석탑이다.

어느 나라나 마찬가지겠지만 국력이 약해지면 그러한 모습은 문화 전

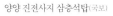
장흥 보림사 남·북 삼층석탑(국보)

남원 실상사 동·서 삼층석탑(보물)

양양 진전사지 삼층석탑(국보)

남원 실상사 백장암 삼층석탑(국보)

사찰에 가면 문득 보이는 것들

칠곡 송림사 오층전탑(보물)

안동 운흥동 오층전탑(보물)

경주 서악동 삼층석탑(보물)

경주 정혜사지 십삼층석탑(국보)

구례 화엄사 사사자 삼층석탑(국보)

경주 석굴암 삼층석탑(보물)

합천 해인사 원당암 다층석탑(보물)

사찰에 가면 문득 보이는 것들

반에도 그대로 나타난다. 신라가 삼국 통일 후 강력한 왕권을 바탕으로 화려한 불교문화를 꽃피웠지만 800년대 이후 왕권 다툼이 벌어지고 지배력이 약화되면서 점차 문화도 시들기 시작한다. 감은사 쌍탑이나 불국사 석가탑에서 보여 주었던 강건한 기상과 세련되고 간결한 아름다움은 점차 사라지고 조각이 번다하고 섬약한 석탑들이 등장하게 되고, 토기나 도깨비 기와의 문양도 마찬가지 양상으로 변했다. 신라의 국운이 기울어지고 있는 것이다. 결국 신라의 마지막 왕인 경순왕은 왕건에게 나라를 갖다 바치면서 신라 천 년의 왕업은 끝마치게 된다.

다양한 고려의 석탑

고려는 신라의 불교를 그대로 계승하였기에 불교미술도 계속 성행하였다. 다만 불교가 국교였던 만큼 탑이 많이 조성되었으며, 석탑 조성 발원이 전국적으로 확대되었다는 점에서 신라와 달랐다. 또한 신라의 경우 표준 양식이었던 석가탑 형식의 석탑 조성이 옛 신라 지역에 집중되었던 반면 고려에 이르러서는 다양한 형식의 탑이 전국적으로 다수 세워졌다.

고려의 왕건은 개성을 본거지로 하는 해상 세력이었지만 지방 호족들의 협력을 통해 세력을 펼쳐나갔고, 결혼 동맹을 맺으며 지지 세력을 강화했다. 옛 백제 지역인 나주 호족 오다련과 충주 호족 유긍달의 딸과 결혼하여 그 후손이 왕위에 오르게 됨으로써 통일 후에도 그 지역은 조정에 협조적인 지역이 되었다. 왕건은 왕비만 26명을 두었으니 이는 호족 세력과의 연합에 목적이 있었다.

또 왕건은 경상도 북부 안동 지역 호족들의 지원을 받아 견훤과의 병산전투를 승리로 이끌면서 이 지역을 우호 세력으로 두게 되었다. 이 과정에서 세 명의 공신들이 왕건으로부터 본관을 하사받고 (신)안동 김씨, 안동 권씨, 안동 장씨가 탄생하였다.

다양한 지역적 특색

그 후 후백제가 왕위 계승 문제로 자중지란에 빠져 쉽게 승전하였고, 신라는 전쟁도 없이 스스로 항복하였다. 그렇게 고려 초기 조정의 지배력은 안정적이었다. 다만 지방에는 여전히 호족 세력이 남아 있어 탑을 세우는 데 석가탑의 경우와 같은 모범적 양식이 제시된 바 없어 지방적 특색이 많이 나타난다. 이는 고려 석탑의 한 가지 특징이다.

경상도 지역은 신라 석탑 양식을 이어받았지만 세부적인 데에서 변화가 일어났다. 넓게 말하자면 전체적으로 둔중한 모습에 층수가 늘어나는 경향이 나타났고, 몸돌을 받치는 굄돌이 등장했다. 이러한 모습으로 조성 연대가 확실한 석탑은 현종 1년(1010)에 세운 예천 개심사지 오층석탑(보물)이 있다. 층수가 5층으로 늘어났으며 1층 몸돌 아래에 연꽃무늬를 새긴 굄돌을 놓았다. 하층 기단에는 십이지신이, 상층 기단 중대석에는 팔부신중이 조각되어 있어 신라 하대의 양식을 계승하고 있음을 알 수 있다.

이처럼 몸돌 아래에 굄돌이 있는 석탑으로는 강릉 신복사지 삼층석탑(보물)이 대표적인데 이 석탑은 1·2·3층 몸돌 아래에 모두 굄돌을 놓았을 뿐 아니라 상층 기단 중대석 아래에도 굄돌을 넣은 특이한 탑의 형태를 보여 준다.

춘천 칠층석탑(보물)은 1층 몸돌 아래 굄돌이 있고, 정종 11년(1045)에 조성된 서울 홍제동 오층석탑(보물)은 각 층 몸돌 아래에 전부 굄돌이 있다.

예천 개심사지 오층석탑(보물)

왼쪽부터 보령 성주사지 동 삼층석탑(보물), 중앙 삼층석탑(보물), 서 삼층석탑(보물)

또 보령 성주사지에 나란히 서 있는 3기의 석탑은 하나같이 1층 몸돌 아래에 굄돌을 두고 있어 신라 시대 말기에 나타난 양식이 고려로 이행되고 있음을 보여 주고 있다. 이처럼 몸돌 아래 굄돌이 나타나는 양식은 고려의 양식으로 널리 퍼졌지만 신라 말기에 이미 등장했음도 알 수 있다.

　　옛 백제 지역인 충청도와 전라도 지역에도 고려시대에 여러 석탑이 조성되었는데, 이곳의 석탑은 백제의 석탑 양식을 그대로 이어받은 특징을 보인다. 백제 석탑은 우선 지붕돌이 얇고 넓은 것이 특색이니 서천 성북리 오층석탑(보물)은 누가 보아도 부여 정림사지 오층석탑의 이미지를 한눈에 연상케 한다. 부여 무량사 오층석탑(보물), 익산 왕궁리 오층석탑(국보), 정읍 은선리

•
서울 홍제동 오층석탑(보물)

익산 왕궁리 오층석탑(국보)

사찰에 가면 문득 보이는 것들

돌의 나라를 꿈꾸다

부여 무량사 오층석탑(보물)

평창 월정사 팔각구층석탑(국보)

김제 금산사 육각 다층석탑(보물)

사찰에 가면 문득 보이는 것들

삼층석탑(보물) 등도 다 그러한 예에 속하고 멀리 진도 금골산 오층석탑(보물)도 백제의 양식을 잇고 있다.

팔각석탑도 고려시대에 와서 조성되는데 북한 묘향산 보현사에 팔각십삼층석탑과 평창 월정사 팔각구층석탑(국보)이 남아 있다. 고려 석탑의 특징인 굄돌이 1층 몸돌 아래에 배치되어 있고, 지붕돌의 아랫면에는 계단 모양 받침이 간략하게 마무리되었다. 9층 지붕돌 위에는 상륜부라 부르는 머리 장식이 완벽하게 남아 있어 고려시대의 금속공예를 살펴볼 수 있다. 팔각탑은 고구려에서 유행한 목탑이어서 고구려의 맥을 잇는 탑이라고도 말한다.

고려에서는 사각형 탑의 형태가 다각으로 변화하는 것도 많이 보이는데 앞서 말한 팔각석탑 외에 육각석탑도 있다. 김제 금산사 육각 다층석탑(보물)이 그 예이다. 백색 점판암으로 조성한 육각의 이중 기단 위에 흑색 점판암 다층석탑을 올렸다. 몸돌이 꼭대기 2개 층에만 남아 있고 여섯 면에는 원 안에 그려진 좌불상(坐佛像)을 조각해 놓았다. 한편 금산사 경내에는 신라 양식을 이어받은 김제 금산사 오층석탑(보물)도 있어 신라시대 당간지주, 조선시대 미륵전과 함께 긴 역사를 가늠해 볼 수 있는 유서 깊은 고찰이다.

원나라 문화의 영향

고려는 8대 현종(992~1031) 때에 거란의 3차 침입을 무사히 막아내고 나라를 안정시키면서 다시 한 번 안정기에 접어들어 11대 문종(1019~1083) 때에는 태평성대를 구가하게 된다. 아들 대각국사 의천이 출가하고 해동공자 최충(984~1068)이 활약한 시기이며, 2,800칸에 이르는 흥왕사(興王寺)를 지었던 때다. 이제현(1287~1367)은 『고려사』에서 문종에 대해 이렇게 평했다.

쓸모없는 관원이 줄어 사업은 간편하게 되었고, 비용이 절약되어 나

라가 부유해졌으며, 창고에는 해마다 묵은 곡식이 쌓이고 집집마다
살림이 넉넉하여 당시 사람들은 이때를 태평성세라고 일컬었다.

그러나 달이 차면 기우는 법, 외적 세력이 발호하기 시작하고 내란이 일
어나면서 서서히 통치력이 약화되어 갔다. 급기야는 향락에 빠진 의종
(1127~1173) 때에 정중부의 난이 일어나 무신정권이 들어서게 된다. 이후 무
신들끼리 치고받는 사이 몽골이 고려에 쳐들어오게 되면서 기나긴 대몽항쟁
(1231~1270)이 시작되었고, 백성들은 고난의 시기를 보내게 되었다. 결국 고
려는 원나라의 부마국이 되면서 급속도로 원의 속국으로 전락해 버렸다.

그렇게 원나라의 문화가 사회 전반에 퍼지면서 그 영향을 받은 석탑도
출현하게 되니 바로 공주 마곡사 오층석탑(보물)이다. 이중 기단에 긴 몸돌들
을 얹어서 전체적으로 가늘고 긴 느낌을 주는 석탑이다. 가장 큰 특징은 탑의
꼭대기에 청동으로 된 티베트식 금동보탑을 얹은 것이다. 이를 '풍마동(風磨
銅)'이라고 부른다. 원나라는 티베트불교를 받아들였기 때문에 한때 크게 융
성하였고 그러한 양식이 석탑에까지 전달된 것이다. 실제로 티베트의 불탑
들은 그 재료가 돌이든 청동이든 풍마동 형태로 조성된다. 우리의 석탑 꼭대
기에 티베트 불탑을 얹어 조화를 꾀했지만 성공적이지는 않았는지 다른 사
찰에서는 볼 수 없는 유일한 탑이 되었다.

고려 말기의 석탑으로는 개성 경천사지 십층석탑(국보)을 빼놓을 수 없
다. 지금은 국립중앙박물관 실내로 들어와 철저한 보호를 받고 있지만 탑을
탐낸 일본인에 의해 1907년 절터에서 강제적으로 무참하게 뜯겨 일본으로
건너갔다가 국내외의 반발에 부딪혀 1918년 다시 돌아왔다. 반환 뒤 경복
궁 근정전 회랑에 방치되었다가 1960년대에야 경복궁 건춘문 쪽에 세워졌
고, 이후 탑의 소재가 대리석인 까닭에 산성비나 새들에 의한 훼손이 심해져

사찰에 가면 문득 보이는 것들

공주 마곡사 오층석탑(보물)

개성 경천사지 십층석탑(국보)

1995년부터 10년간의 보존 처리를 거친 뒤 박물관 내부에 다시 세워진 고난의 탑이기도 하다.

충목왕 4년(1348)에 조성된 이 탑은 목적도 분명한 탑이다. 원나라 황제, 황후, 황태자의 수복(壽福)을 기원하기 위하여 만든 것으로 고려에서는 볼 수 없었던 양식을 가지고 있다. 그도 그럴 것이 원나라의 유능한 장인들이 들어와 주도적으로 참여해서 완성한 탑이기 때문이다. 지나치게 조각이 많고 화려한 중국풍을 드러내고 있어 우리나라 사람에게는 낯설게 느껴지는 것이다.

기단부에는 사자, 용, 연꽃 등이 등장하고 『서유기』의 장면과 나한들이 나타나는가 하면 1층에서 4층까지는 부처님의 법회 장면이 조각되어 있다. 모두 16면이 불회도로서 용화회(龍華會), 법화회(法華會), 원각회(圓覺會), 미타회(彌陀會) 등 부처님이 설법할 때의 장면을 표현한 것이다. 5층부터 10층까지는 합장하거나 선정인(禪定印)을 취한 채 앉아 있는 부처님을 사방에 빼

개성 경천사지 십층석탑 부분.
이 석탑의 1층에서 4층까지는 부처님의 법회 장면이 조각되어 있다.

곡하게 조각하였다.

이 석탑은 목조 건물에서 나타낼 수 있는 난간이나 기둥, 화려한 지붕과 기왓골 등을 섬세하게 표현하여 재료나 구조, 조각 양식 등에서 원나라 장인들의 솜씨가 그대로 드러난 특이한 석탑이다.

층수도 독특하다. 한반도는 홀수 문화권이어서 짝수 층의 탑이 없다. 그래서 학자에 따라서는 이 탑이 기단부 3층, 탑신부 7층이라 주장하기도 한다. 하지만 중국의 경우 홀수·짝수 층이 혼재되어 있어 이 탑이 원나라 양식에 따른 탑이므로 10층으로 보는 것이 타당할 듯하다.

전통 양식의 유지

이처럼 다양한 탑이 만들어지던 고려시대 풍조 속에서도 신라시대부터 조성된 탑의 양식들이 그대로 전승되기도 했다. 다시 말해 모전석탑과 전탑, 목탑도 세워진 것이다.

모전석탑으로는 정선 정암사 수마노탑(국보)이 대표적이다. 자장 율사가 조성한 오대적멸보궁의 하나로서 부처님 진신사리를 모시고 있어 법당에서 탑을 향해 예경하도록 되어 있다.

전설에 의하면 자장 율사가 선덕여왕 12년(643) 당나라에서 귀국할 때 자장 율사의 신심에 감동한 서해 용왕이 마노석(瑪瑙石)을 배에 싣고 동해 울진포로 가져온 후 신통력으로 갈래사(지금의 정암사)에 비장해 두었다가 자장 율사가 이 갈래사를 창건할 때 이 돌을 쓰게 하였다고 전한다. 그리하여 바닷길을 따라왔다고 해 '水'를 앞에 붙여 '수마노탑(水瑪瑙塔)'이라고 부르는 것이다. 다만 탑의 상륜부나 배례석 문양들을 볼 때 고려시대에 건립된 탑임을 알 수 있다. 벽돌 모양으로 다듬은 마노석은 정확히 고회석(苦灰石, Dolomite)으로 알려진 석재이다.

사찰에 가면 문득 보이는 것들

정선 정암사 수마노탑(국보)

여주 신륵사 다층전탑(보물)

전탑으로는 여주 신륵사 다층전탑(보물)이 있다. 조선시대에도 중수되어 원래의 모습은 아닌 것으로 밝혀져 있지만 고려시대의 전탑인 것은 확실하다.

규모가 큰 전탑은 태조 왕건이 대대적으로 창건한 안양사에도 있었다. 지금의 안양시 석수동 안양박물관 일원에 있던 절로 칠층전탑이 있었는데, 우왕 7년(1381) 최영(1316~1388) 장군이 직접 중수하고 낙성식까지 성대하게 치렀다고 한다. 최영 장군은 젊은 시절 이 탑 아래에서 유숙하며 태조 왕건이 나라를 열던 때를 생각하고 장차 출세하면 태조의 뜻을 받들어 칠층전탑을 중수하겠다고 발원하였는데 그 약속을 지킨 것이다. 그러나 조선시대에 들어 조정의 재정 지원이 끊어지면서 끝내 안양사는 폐사되었고, 근래의 발굴 조사 결과를 통해 칠층전탑 터를 확인하였다. 이는 고려 말까지 전탑이 잘 보존되고 있었다는 것을 증명해 주었다.

고려 목탑은 현존하는 것이 없으나 문종(재위 1046~1083) 때 남원 만복사에는 오층목탑이 있었고, 절도 조선시대까지 그대로 유지되었다가 정유재란(1598) 때 남원성이 일본군에 함락될 때 절도 불타 없어져 버렸다. 김시습(1435~1493)이 쓴 「만복사저포기」의 무대가 된 절이 바로 이 사찰이다. 이외에도 영암 월출산 사자사지, 경기도 하남 천왕사지, 남원 실상사 등에 목탑 터가 남아 있어 고려시대의 목탑의 존재를 확인시켜 준다.

신라시대와 고려시대의 탑 중에는 세워진 장소가 특이한 탑들도 있다. 탑은 원래 법당 앞에 세워져 예경할 수 있도록 세우는 것이 원칙이지만 법당과 관계없이 세워진 탑들이 존재하는 것이다.

이는 찾아오는 사람들이 멀리서 탑을 보고 신성한 사찰에 거의 도착했음을 알려 주는 표시가 되기도 하지만 전부터 내려오는 기도터에 탑을 세움으로써 그곳이 신성 지역임을 표시하기도 한다. 또 풍수상 가장 중요한 혈 자리

사찰에 가면 문득 보이는 것들

인제 봉정암 오층석탑(보물). 인제 봉정암은
오대적멸보궁 중 하나로서 이 석탑은
부처님의 진신사리를 모신 탑으로 알려져 있다.

영동 영국사 망탑봉 삼층석탑(보물)

에 탑을 세움으로써 응축된 기운이 모여 있는 기도처임을 말해 주기도 한다.

　　산천의 약한 기운을 보완하는 비보(裨補)용 탑도 있다. 대개 이런 탑들은 자연 암반 위에 세워지는 경우가 많다. 대표적인 탑이 인제 봉정암 오층석탑(보물)이고, 신라시대 탑으로는 경주 용장사곡 삼층석탑(보물)이 있다. 신라 말 고려 초의 탑으로는 달성 대견사지 삼층석탑(대구 유형문화재)이, 고려시대 탑으로는 산청 법계사 삼층석탑(보물), 영동 영국사 망탑봉 삼층석탑(보물), 옥천 용암사 동·서 삼층석탑(보물)이 있다.

용암사 동·서 삼층석탑(보물)

사양길에 접어들다

태조 이성계가 고려왕조를 무너뜨리고 조선을 창업하면서 제도와 문물에 큰 변화가 일어났다. 새 왕조의 도읍을 개성에서 한양으로 옮겼으며 백성에 대한 통치와 교화 이념은 유교로 바뀌었다.

그래도 조선 초기에는 1,000여 년간 내려온 불교의 유풍이 남아 있었고, 태조를 비롯해 불교를 애호하는 왕들도 있어 우수한 석탑이 건립될 수 있었다. 특히 세조(1417~1468)는 불교를 가까이 한 왕으로서 곳곳에 많은 흔적을 남기고 있다.

강원도 양양 낙산사는 세조 때 국가에서 적극 후원하여 1466년부터 중창 불사를 시작, 1468년에 완공되었다. 사실 낙산사는 조선 왕실과 깊은 인연이 있었다. 태조 이성계의 증조부인 익조(翼祖) 이행리(李行里)가 최씨 부인 사이에 자식이 없어 낙산사 홍련암 관음굴에서 기도해 아들 도조(度祖) 이춘(李椿)을 얻었기 때문이다. 이성계에게는 조부가 되고 세조에게는 5대조(五代祖)가 되는 직계 조상이다. 이러한 인연 때문에 세조는 그 상서로움을 잊지 않고 또 아들 예종(1450~1469)의 무병장수를 기원하기 위해 낙산사를 대대적으로 중창한 것이다.

그때 세운 양양 낙산사 칠층석탑(보물)은 가까운 강릉의 신복사지 삼층석탑을 본받은 듯 각 층의 몸돌 아래에 굄돌을 두었다. 탑의 꼭대기에는 돌로 된 노반(露盤, 받침대)을 얹고, 중앙에 청동제 기둥을 세운 후 청동제 복발과 앙화를 놓았다. 그리고 여섯 겹의 보륜이 원추형으로 끼워졌고 맨 위에 보주가 장식되어 있다. 그 형태가 티베트 불탑 모습이어서 고려시대 원나라 불교의 유습이 남은 것으로 보기도 한다.

한국전쟁 때 미군의 오폭으로 낙산사가 전소되면서 탑도 손상을 입었

양양 낙산사 칠층석탑(보물)

사찰에 가면 문득 보이는 것들

고, 2005년 산불로 다시 불탈 때 석재에 균열이 가는 피해를 당했다. 상륜부 옛 사진을 보면 보륜 위 보개에 4개의 풍경이 매달린 것을 볼 수 있는데 재난을 겪으며 보개와 풍경은 모두 사라져 버렸다.

세조가 세운 또 다른 석탑은 파고다 공원 내에 있는 원각사지 십층석탑(국보)이다. 지금은 환경으로 인한 훼손을 막기 위해 유리 건물로 보호하고 있지만 누가 보아도 경천사지 십층석탑을 모델로 했음을 알 수 있다. 석재도 경천사 탑과 같은 대리석이다.

이 탑이 자리했던 원각사는 세조가 창건한 절이다. 원래 이곳에는 오래 전부터 흥복사가 있었지만, 한양이 도읍지가 되면서 쇠락의 길을 걷다가 세조 3년(1457)에 폐사되고 악학도감(樂學都監)이 들어섰다. 그러나 새로운 인연이 기다리고 있었다.

세종의 형님이자 세조의 삼촌인 효령대군(1396~1486)은 일찍이 불교에 심취하여 불사를 주관하거나 동참하였다. 그 효령대군이 원각사 창건의 계기를 만들었는데 그 이야기는 다음과 같다.

세조 10년(1464) 4월, 효령대군은 양주 회암사에서 부처님 사리를 모시고 『원각경』을 설하는 법회를 열었다. 그런데 법회 중에 사리가 저절로 숫자가 늘어나는 분신(分身)을 하여 모두 800여 과(顆)가 되었다. 이후 5월 2일, 효령대군은 사리의 일부를 모시고 궁궐에 들어와 함원전(含元殿)에 봉안하고 세조와 함께 예불하였는데 사리가 다시 분신하여 400여 과가 되었다고 한다.

이러한 이적을 직접 경험한 세조는 즉시 대사령을 내리고 상서로운 사리를 함부로 도성 밖으로 내보낼 수 없다 하여 바로 다음 날인 5월 3일 흥복사 터에 거동해 종친·신하들과 함께 절을 세울 것을 논의하였다. 결국 민가 200여 채를 옮기게 한 후 불사를 시작하여 3년 뒤인 세조 13년(1467) 4월 초파일에 완공케 되었다.

●
서울 원각사지 십층석탑(국보).
현재는 유리로 된 보호각 안에 자리하고 있다.

사찰에 가면 문득 보이는 것들

이처럼 원각사는 효령대군과 세조의 불심이 바탕이 되어 이루어진 사찰이라 국가의 유능한 장인들이 모두 동원되었다. 석탑도 원나라 장인들이 들어와 참여한 경천사 십층석탑과 달리 순수한 우리 솜씨로 만들어진 탑이다. 그런데 왜 탑을 짝수 층으로 조성했을까 하는 의문이 남는다. 그것은 탑 안에 부처님 사리와 『원각경』을 봉안하였듯 부처님의 원만한 깨달음은 뺄 것도, 더할 것도 없는 만수(滿數)로 표현하여야 한다는 의미가 담긴 것으로 생각된다.

이렇게 조성된 원각사는 다음 해인 1468년 세조가 붕어하면서 예종에 의해 세조의 사후 100일째 지내는 백재(百齋)를 이곳에서 베풀기도 하였지만 연산군 때인 1504년에 '연방원(聯芳院)'이라는 기생들의 숙소로 만듦으로써 스님들이 떠나갔다. 나아가 중종 때에는 원각사를 헐어 재목을 나누어 주면서 석물과 범종만 남게 되었다.

원각사지 십층석탑의 기단부는 3층으로 되어 있으며 각 면에는 용, 사자, 모란, 연화문, 새, 짐승 등과 『서유기』의 22장면이 조각되어 있다. 탑신부는 1층부터 3층까지는 기단부와 같이 '亞'자형으로 구성되었으며 4층부터는 일반 석탑처럼 네모나게 만들었다.

몸돌 아래에는 괴대를 높직하게 마련하고 옆면에는 목조 건물의 난간을 본떠 조각하였다. 정면에서 바라보면 1층 지붕은 팔작지붕의 정면을, 2층 지붕은 팔작지붕의 옆면을 보듯이 조각하였고, 3층은 이중 지붕으로 하였다. 전체적으로 지붕의 꾸밈새가 목조 건물을 보는 듯 우아하면서도 화려하다. 4층 이상의 몸돌에는 부처님의 법회에 불보살들이 모인 장면을 묘사하였다.

원각사지 십층석탑은 조선시대에 건립된 석탑 중에서 가장 공력이 많이 들어간 탑으로 휜칠하면서도 아름다운 문화유산이다.

성종 24년(1493)에 건립된 남양주 수종사 팔각오층석탑(보물)도 고려의

남양주 수종사 팔각오층석탑(보물)　　　　　　　　　여주 신륵사 다층석탑(보물)

　　　　　　　　　　　　　　사찰에 가면 문득 보이는 것들

팔각탑 양식을 이은 중요한 탑이다. 조선시대 초기에 이만한 탑을 세웠다는 것은 수종사가 왕실과 관련 있던 사찰이었음을 말해 준다.

실제로 한 차례의 해체·수리와 석탑 이전 과정 중에 발견된 31구의 불상 중에는 태종의 후궁이었던 명빈 김씨(?~1479)가 발원하여 조성한 불상도 있고, 인목대비(1584~1632)의 발원으로 조성된 금동불상, 금동보살상도 있음이 확인되었다. 이와 같은 팔각석탑은 수종사와 가까운 남양주 묘적사에도 한 기가 있다.

또 다른 대리석 탑으로는 여주 신륵사 다층석탑(보물)이 있다. 신륵사는 성종 2년(1472)에 대규모로 중창되었는데 신륵사 다층석탑은 이 당시 조성한 것으로 보고 있다. 왜냐하면 세종대왕의 능을 여주로 이전함에 따라 왕명에 의해 선왕의 명복을 빌고, 영릉을 보살피는 역할을 신륵사가 맡게 되면서 조정의 주도로 중창할 수 있었기 때문이다.

흰색 대리석으로 만든 이 탑은 2층 기단으로 구성하였는데 1층 기단에는 귀여운 물결무늬를 아기자기하게 돋을새김하였고, 2층 기단에는 각 면마다 역동적인 용의 모습을 화려하게 새겨넣었다. 1, 2층 기단의 모서리에는 꽃잎이 새겨진 기둥을 세운 것이 특이하다.

조선시대의 탑으로 주목할 만한 또 다른 탑은 바로 보은 법주사 팔상전(국보)이다. 이 탑은 임진왜란 중에 불타 버린 것을 중건한 것으로 우리나라에 현존하는 유일한 5층 목조탑이라는 점에서 특기할 만하다. 선조 38년(1605)부터 중창을 시작해 인조 4년(1626)에 완공한 법주사 팔상전은 임진왜란 이후 승병들의 활약으로 조정의 도움을 받아 사찰의 중건을 진행할 수 있었으나 탑을 다시 세우는 일은 드물었던 시기의 일이다.

조선 후기에 이르면 탑을 조성하는 일은 매우 드물어진다. 민간 신앙이 절집에 들어오고 망자 천도를 위한 수륙재나 영산재 등이 크게 유행하면서

보은 법주사 팔상전(국보)

사찰에 가면 문득 보이는 것들

신도들의 신앙 대상도 달라졌을 뿐만 아니라 괘불이나 탱화 조성 불사가 늘면서 불탑 신앙은 점차 줄어들었다.

그중에서도 건립 연대가 확실한 청주 보살사 오층석탑(충북 유형문화재)은 조선 후기 양식을 살펴볼 수 있는 귀중한 문화재다. 숙종 29년(1703)에 조성되었다는 명문이 2층 몸돌에 쓰여있는 이 탑은 1층 기단 위에 5층 탑신을 올리고 간단한 머리 장식을 갖추었다.

기단은 하나의 돌을 3단으로 줄여가며 깎아 놓았고 그 위에 누운 연꽃잎을 새긴 굄돌을 놓았다. 1층 몸돌에는 범어 문자를 새겨 놓았는데 신라나 고려에서는 잘 보이지 않던 양식이다.

탑 꼭대기에는 노반이라는 받침대가 없이 바로 복발을 얹었으며 그 위에 보륜 한 개를 놓은 다음 보주를 얹어서 마감하였다. 지붕돌의 추녀가 아래로 곡선을 그리며 내려와 기존의 지붕돌과는 전혀 다른 모습을 보인다. 전체적으로 단순하고 소박하지만 균형감이 살아 있는 작은 탑이다.

이처럼 조선 후기에 이르면 특별한 양식이랄 것도 없이 소형화되거나 예전의 양식을 답습하면서 조선 석탑은 사양길로 들어서며 서서히 그 맥이 끊어지게 된다.

청주 보살사 오층석탑(보물)

≪ 복발탑과 상륜부 ≫

앞에서 말한 대로 복발탑의 모습은 중국으로 들어와 목탑이나 전탑의 꼭대기에 축소된 모습으로 나타난다. 또 이 양식이 한반도에 전래되며 신라시대에 정형화된다.

● **노반(露盤)** ┃ 스투파의 안다(Anda)를 받치기 위한 기단에 해당한다. 중국 도교에서 이슬을 받아 옥가루를 섞어 마시면 장수한다는 믿음에서 붙여진 이름이다.

사찰에 가면 문득 보이는 것들

● **복발**(覆鉢) ┃ 걸식하는 밥그릇인 발우를 엎어 놓은 모양에서 붙은 이름이다. 인도에서는 이 반구형(半球形)을 '안다(Anda)'라고 부르는데 '알[卵]'이라는 뜻이다. '가르바(Garbha)'라고도 부르는데 이는 '자궁'이라는 의미이다. 생명의 싹을 상징하는 것으로 언젠가 부처님의 알이 다시 깨어나 사바세계에 불법 진리의 광명이 피어나기를 기원하는 뜻을 담은 것이라고 해석하기도 한다. 그러나 경전에는 이러한 내용이 눈에 띄지 않는다.

탑을 세우는 법이 등장하는 『근본설일체유부비나야잡사』 권 제18에 이런 내용이 있다. 사리불존자가 부처님보다 먼저 입적하여 다비 때 나온 사리를 아난존자가 급고독장자에게 전달하였다. 급고독장자는 여러 사람이 탑에 공양할 수 있도록 하기 위해 석가모니 부처님에게 탑을 만드는 법을 묻게 된다.

그러자 석가모니 부처님은 '벽돌을 사용하여 두 겹으로 기초를 만들고 탑신(塔身)을 놓아 그 위에 복발을 놓되 높이고 낮추는 것은 마음대로 해도 된다. 그리고 그 위에 평두(平頭)를 놓되 높이는 12척, 방(方, 한 변의 길이)은 23척으로 할 것이며, 크기의 대·중·소에 따라서 윤간(輪竿)을 세우고 다음은 상륜(相輪)을 붙이되 그 상륜을 거듭하는 수는 혹 하나, 둘, 셋, 넷에서 열셋까지로 하고 다음에는 보병을 두도록 할지니라.'라고 답한다.

또 '여래의 탑도 만들게 되면 마땅히 이러한 모습으로 해야 한다'고 말하고 '독각(獨覺)을 위한 것이라면 보병을 두지 말며 아라한이라면 상륜을 4층, 아나함이면 3층, 사다함은 2층, 수다원이라면 하나로 하고 범부 선인(善人)의 것이라면 평두만 하고 윤개(輪蓋)는 없이 하라'고 구체적으로 언급한다. 이어서 부처님 사리탑과 제자들의 탑을 어떻게 배치하는가에 대해서도 설한다.

곧 '복발'로 부르든 '안다'로 부르든 그 의미에 대해 언급하고 있는 대목은 없다. 다만 현대의 우리가 탑의 윗부분을 '상륜부'라 부르는 것이 경전 내용에 근거한 것임을 알 수 있다.

● **앙화(仰花)** ┃ 복발 위에 연꽃잎이 위로 피어 있는 형태의 조각을 말한다. 깨끗하고 존귀한 것을 상징한다. 복발탑의 하르미카(Harmika)를 말하는 것으로 기둥을 보호하는 누각으로 보기도 하지만 복발탑을 수미산으로 해석하는 경우 수미산 위의 천계를 상징한다고도 말한다.

● **찰주(刹柱)** ┃ 상륜부를 세우기 위한 중심 기둥으로 보통 우리 석탑의 경우 가장 위층 몸돌에 고정시키는 경우가 많다. 복발탑에서는 '야슈티(Yasti)'라 하며 한문으로 '찰주'라 하고 상륜이 걸린다고 하여 '윤간(輪竿)', 산개가 걸린다고 하여 '산간(傘竿)'이라고도 부른다. 이 찰주를 세워 놓고 그 위에 있는 상륜부의 부재들을 차례대로 끼운다.

● **보륜(寶輪)** ┃ 스투파의 '챠트라(Chattra)'와 같은 개념이라고 하면서도 해석이 분분하다. 챠트라는 보통 고귀한 신분이 행차할 때 햇빛을 가리기 위해 시종이 받쳐 주는 우산을 말한다. 그래서 '산개(傘蓋)', '일산(日傘)'이라고 번역하는데 앞서 제시한 『근본설일체유부비나야잡사』의 내용처럼 상륜을 여러 층으로 한다고 하니 혼동이 온다. 게다가 상륜을 '보륜(寶輪)'이라 부르고 있으니 바퀴가 어떻게 탑의 꼭대기에 올라가며 불교를 상징하는 법의 바퀴, 법륜(法輪)은 항상 정면에서 굴러가는 모습이어야 하는데 옆으로 뉘어 놓으니 잘못된 번역이 아니냐는 것이다. 그렇다고 보륜을 산개로 이해하더라도 바로 위에 보개(寶蓋)가 있으니 이도 또한 혼란을 준다. 학계에서 한 번 정리할 문제이기도 하다.

● **보개(寶蓋)** ┃ 고귀한 신분을 상징하는 것으로 '천개(天蓋)', '산개'라고도 부른다. 석가모니 부처님의 사리를 모신 고귀함을 표현하고 있는 것이다.

● **수연(水煙)** ┃ 말 그대로 해석하면 물안개다. 스투파에서 '아말라카(Amalaka)'로 부르며 꽃과 잎이 무성한 줄기와 나무로 표현하고 있는 예가 많아 불법이 퍼져 나가는 의미를 띄고 있다고 한다.

● **용차(龍車)** ┃ 스투파에서는 '칼라사(Kalasa)'로 생명의 감로수를 담는 그릇이다. 석가모니 부처님이 말한 보배 병을 말하며 인도에서는 탑 위에 병 모양으로 만들어졌지만, 중국으로 건너와 표주박 모양이 되었고, 다시 한반도로 오면서 두 개의 구슬로 변화되었다고 한다. 부처님을 보호하던 용을 상징하는 것으로 보고 있다.

● **보주(寶珠)** ┃ 보배로운 구슬로 부처님의 깨달음을 상징한다. 또한 용이 여의보주를 갖고 있으므로 용의 여의주로 이해하기도 한다.

탑의 형상에 관해서는 『사분율(四分律)』 권 제152에 신도들이 사리불존자와 목련존자의 탑을 세우려고 하자 석가모니 부처님이 이를 허락하며 '탑의 모양을 네모거나 둥글거나 팔각으로 만들라'고 하고 탑 옆의 빈터에 '꽃, 향, 등, 기름, 번기(幡旗), 일산(日傘) 등을 공양하는 것'을 허락한다. 곧 전탑이든, 석탑이든, 목탑이든 왜 둥근 복발탑이나 사각탑, 팔각탑으로 해야 하는지 경전에 이미 나와 있는 것이다. 또 부처님께 공양하듯 모든 공양물을 올릴 수 있었음도 알 수 있다.

　『십송율(十誦律)』 권48에는 급고독장자가 부처님이 다른 곳으로 교화하러 가실 때 부처님을 뵙듯이 공양할 성물(聖物)을 달라고 하자 부처님이 머리카락과 손톱을 준다. 급고독장자는 이를 봉안한 탑을 만드니 바로 발조탑(髮爪塔)이다. 어느 거사가 일산을 공양하자 일산을 고정시킬 말뚝을 세우게 된다. 그렇다면 이 일산이 탑의 꼭대기에 올라가 보개(寶蓋)로 되는 것은 후대의 일일 것이다.

　『마하승기율(摩訶僧祇律)』 권33에도 탑을 세우는 법과 탑의 관리법, 감실을 만드는 법, 탑에 딸린 숲과 연못을 만들고 관리하는 법, 사리가 없는 탑묘를 세우는 법에 대한 부처님의 말씀이 기록되어 있다.

이렇게 보면 둥근 탑을 우주나 알로 보고 찰주를 거기에 박힌 중심 기둥으로 생각하고 상륜을 천상의 여러 세계로 이해하는 것은 부처님 당시에 형성된 관념이 아니라 시대가 내려오면서 발달한 우주론이나 세계관이 적용된 것으로 생각된다. 석가모니 부처님에게는 '이 현실세계에서 어떻게 고(苦)를 여의고 열반에 다다를 수 있는가'가 중요한 문제였지 세계나 사후의 문제에는 아무 대답도 하지 않으셨기 때문이기도 하다.

사찰에 가면 문득 보이는 것들

석등

신성한 불

초기 인류는 다른 동물들처럼 자연에 의지하는 삶을 살았다. 그리하여 채집과 수렵에 의존해 먹거리를 찾아 항상 이동을 해야만 했다. 그러나 자연의 지배에서 벗어나 독자적 생존을 모색하는 과정 속에서 문명이 싹트게 되고 그 문명은 계속 진화해 지금의 디지털 시대에 이르렀다.

그렇다면 인류문명의 시작은 어떤 계기로 꽃피게 된 걸까? 누구나 다 알겠지만 바로 불의 사용이었다. 불의 사용은 인류의 역사를 문명 이전과 이후로 가르는 커다란 사건이었다. 인간은 불을 다룸으로써 다른 동물들과 구분되는 월등한 존재가 되었다. 이후 도구를 만들고, 그 도구로 다른 동물을 쉽게 사냥할 수 있었으며, 나아가 경작도 할 수 있었다. 그렇지만 인류가 불을 다루게 된 내력에 대해 서양과 동양의 관점은 판이하게 다르다.

그리스 신화에서 프로메테우스(Prometheus)는 제우스(Zeus) 신의 불을 훔쳐 인간에게 주었다. 프로메테우스는 '먼저 아는 사람'이라는 뜻을 가진 신이니 인류의 미래를 예측했는지도 모르겠다. 프로메테우스는 그 벌로 코카서스의 바위산에 묶인 채 매일 독수리에게 간을 쪼이는 형벌을 받는다. 한마디로 불은 신의 소유물이지 인간이 소유할 것은 아니었던 것이다. 인간은 불을 다룸으로써 신의 영역에 근접해 가는 과학 문명을 이루었다. 결국 문명이란 신의 선물이라는 것이다.

중국신화는 이와 전혀 다른 이야기를 전한다. 중국에서 불을 발명한 사람은 수인(燧人)이다. 삼황오제(三皇五帝)의 하나로 삼기도 하는데 이름 자체가 '불을 일으키는 사람'이다. 후한(後漢)의 반고(班固, 32~92)가 편찬한 『백호통(白虎通)』에 의하면 수인은 벼락이 나무에 떨어져 발화하는 모습을 보고 나무를 비벼서 불을 피우는 방법을 알아내었다. 이 때문에 수인은 화신(火神)으로 정착되었다.

중국신화에서는 한발 더 나아가 부싯돌을 발명한 신인(神人)도 등장한다. 축융(祝融)이라는 사람은 황제(黃帝) 아래에서 불을 관리하는 화정(火正) 벼슬을 하고 있으면서 부싯돌을 발명했다. 그는 백성들에게 불을 취하는 법, 음식을 익혀서 먹는 법, 횃불, 관솔불 사용법 등을 알려 주었다. 뒷날 여름과 남방을 관장하는 신인 적제(赤帝)로 모셔졌다. 이 신화들은 마치 원시시대의 생활 기록 같지만 결국 문명은 인간이 발견하거나 발명했다는 것을 보여 준다.

신이 주었든, 인간이 발명했든 불은 인류문명 발달의 시발점이 되었다. 불의 주변으로 사람들이 모여 집단생활이 이루어지고 추운 겨울도 제법 쉽게 지낼 수 있게 되면서 지혜도 늘어났다. 음식을 담거나 조리할 그릇을 만들다 보니 토기가 출현하고, 토기는 불에 구우면 단단해진다는 것도 발견하게 되었다. 점차 고온 처리 기술이 발전하다 광석을 녹여 금속을 추출하는 야금 기술이 발명되고 청동기시대에 이어 철기시대가 도래하게 되었다. 물론 불의 사용이 꼭 좋은 점만 있는 것도 아니다. 불을 사용하면서 중국에서는 화약을 발명해 파괴와 살상의 도구로 쓰이기 시작했고, 다이너마이트를 거쳐 원자폭탄, 수소폭탄, 중성자탄까지 발전해 인류의 종말을 예고하기도 한다.

인류문명에서 불의 사용은 가장 중요한 요소였기 때문에 불을 중시하는 종교도 탄생한다. 바로 조로아스터교다. 현재의 이란 지역에서 발생한 조로아스터교는 기원전 6, 7세기 자라투스트라가 세운 종교로 유일신 '아후라 마즈다(Ahura Mazda)'를 섬긴다. 그래서 '마즈다교'라고도 한다.

중동 지역이 이슬람교로 통합되면서 교세가 위축된 조로아스터교는 탄압을 피해 8세기경 인도로 피난하기도 하였다. 인도에서는 이들을 '페르시아 사람'이란 의미의 '파르시(Parsi)'라 불렀다.

조로아스터교는 신의 창조물인 땅, 불, 물, 사람의 영혼을 중하게 여기고 이를 더럽히지 않아야 한다고 강조한다. 종교의식에서 성스러운 불을 소중하게 여기기 때문에 중국에서는 불을 숭배한다고 하여 '배화교(拜火敎)'라고 번역하였고, 우리도 그렇게 부르게 되었다.

불교에서 말하는 불의 의미

싯다르타 태자가 보드가야 보리수 아래에서 깨달음을 성취하여 붓다가 된 이후 석가모니 부처님은 바라나시 녹야원으로 가서 출가한 후 같이 수행하던 다섯 명의 수행자를 먼저 교화하였다.

이후 바라나시에서 야사(Yasa)와 그의 친구들 50여 명을 교화하여 출가하게 한 후 모든 제자들을 전도(傳道)의 길로 떠나도록 한 다음 홀로 보드가야 네란자나 강가로 돌아왔다. 이곳에는 마가다국의 수행자로 이름을 떨쳤던 가섭 삼형제가 그들의 제자 1,000명을 거느리고 세 곳의 수행처에서 수행하고 있음을 알고 있었기 때문이다. 이들은 바로 '사화외도(事火外道)'였다고 경전에 기록되어 있다. '불교 이외의 불을 섬기는 수행자'였던 것이다.

석가모니 부처님은 맏형인 우루벨라 가섭을 교화하여 제자로 삼았고 그의 제자 500명도 귀의하게 되었다. 소식을 들은 두 동생의 제자 500명도 받아들이면서 1,000명의 제자를 한꺼번에 얻게 되었다.

훗날 사리불과 목건련의 제자 250명도 귀의하면서 1,250명의 제자가 생겼고, 차츰 교단이 형성되어 나가는 과정에서, 불교 경전의 첫머리에 나오는 표현인 '비구중 1,250' 가운데 1,000명이 바로 불을 섬기는 사람들이었던 것이다.

이 사화외도가 인도에 들어온 조로아스터교도들인지, 인도에서 자생한 또 다른 배화교도였는지는 알 수 없지만, 부처님 당시에도 불의 신성함을 받들어 모시는 수행단체가 있었다는 것을 알 수 있다.

『잡아함경』 속의 「시현경(示現經)」에는 이때 석가모니 부처님이 새로 귀의한 1,000명의 제자들을 이끌고 해 질 무렵 상두산에 올랐을 때 모든 대중들이 석양의 아름다움에 취했지만, 석가모니 부처님은 산 아래 마을을 바라보며 그 유명한 '불의 설법'을 토했다고 전한다.

> 비구들이여, 모든 것이 불타고 있다.
> 무엇으로 불타고 있는가?
> 욕망으로 불타고, 증오로 불타고, 어리석음으로 불타고
> 생·노·병·사, 근심, 슬픔, 괴로움, 절망으로 불타고 있다.

불을 섬기던 제자들이었으므로 불을 비유로 삼아 그들에게 설법한 것이다. 이때 말씀하신 불은 '번뇌의 불'로서 반드시 꺼야 할 불이지만, 반대로 켜야만 하는 불도 비유로 등장한다. 바로 '지혜의 불'이다. 불을 어떻게 쓰느냐에 따라 유익하기도 하고 무익하기도 하듯이 마음을 어떻게 쓰느냐에 따라 번뇌가 되기도 하고 지혜가 되기도 한다. 그래서 불은 불교 경전에서 연등 공양, 지혜의 등불, 자등명 법등명, 빈자(貧者)의 일등(一燈) 등 좋은 비유로도 많이 나타난다.

등 공양의 공덕

인도의 불교 성지를 순례하다 보면 스님이나 재가신도들이 제각각 등이나 초를 켜서 불탑에 공양하는 것을 볼 수 있다. 불탑에 등을 공양하면 많은 이익이 있다고 경전에 설해져 있기 때문이다.

사찰에 가면 문득 보이는 것들

북제(北齊, 550~577) 시대 북인도 출신 나련제야사(那連提耶舍, 517~589) 스님이 558년에 번역한 『불설시등공덕경(佛說施燈功德經)』은 불탑에 등을 보시하는 공덕에 대하여 설한 경전이다. 부처님은 불탑에 등불을 보시하여 얻는 즐거움에 대해 이렇게 말씀하신 대목이 있다.

> 사리불아, 만일 어떤 중생이 부처님의 탑묘에 등불을 보시한다면 네 가지 즐거운 법을 얻으니, 어떤 것이 네 가지인가? 첫째는 육신이며, 둘째는 재물이며, 셋째는 큰 선행이며, 넷째는 지혜이다. 사리불아, 만일 어떤 중생이 부처님의 탑에 등불을 보시하는 이는 이러한 즐거운 법을 얻는다.

또 이런 말씀도 하셨다.

> 사리불아, 부처님의 탑묘에 등불을 보시하면 죽은 후에 삼십삼천에 태어날 것이며, 저 하늘세계에 태어나면 다섯 가지가 청정해질 것이다. 사리불아, 저 하늘세계에서 다섯 가지가 청정해지는 것은 어떤 것이냐?
> 첫째는 청정한 몸을 얻고, 둘째는 하늘세계 가운데서 수승한 위덕(威德)을 얻고, 셋째는 항상 청정한 생각과 지혜를 얻고, 넷째는 항상 뜻에 맞는 소리를 듣고, 다섯째는 얻은 권속(眷屬)이 항상 그의 뜻에 맞아 마음이 기쁜 것이다. 사리불아, 이것에 저 하늘세계에서 다섯 가지가 청정함을 얻는 일인 것이다.

말 그대로 만사형통이다. 이 세상에 있을 때에는 중생이 원하는 모든 것을 이

●
남방불교의 부처님오신날에 해당하는 베삭 데이(Vesak day)에
태국의 옛 사원에서 등불을 밝힌 불자들.

룰 수 있고, 죽어서는 천상세계인 삼십삼천에 태어나 모든 복락을 누릴 수 있
기 때문이다. 그러나 부처님께 등불을 공양하며 이룰 수 있는 최고의 공덕은
『현우경(賢愚經)』에 쓰여 있다.

　　석가모니 부처님이 아사세왕의 초청을 받아 궁궐에서 설법을 마치고
밤이 되어 기원정사로 돌아가려 할 때, 왕은 백성들과 함께 수만 개의 등불을
밝혀 부처님과 스님들께 공양하였다.

　　가난한 여인 난타(難陀)는 이 세상에서 가장 존귀한 부처님께 등불 공양
을 올리고 싶었지만 돈이 없었다. 그녀는 마음대로 등불을 공양할 수 없음을

　　　　　　　　　　　　　　　　사찰에 가면 문득 보이는 것들

마음 아파했다. 그럼에도 작은 공양이나마 올리고자 구걸하여 어렵게 얻은 돈 1전을 들고 기름집으로 달려갔지만 1전의 기름은 너무 적어 쓸 데가 없었다. 하지만 기름집 주인은 그 여인의 갸륵한 마음에 감동하여 기름을 갑절로 주었다. 난타는 기쁜 마음으로 등불을 만들어 여러 등불 가운데에 두고 이렇게 발원했다.

"저는 지금 가난하여 이 작은 등불로 부처님께 공양합니다. 이 공덕으로 저로 하여금 내생에 지혜 광명을 얻어 일체중생의 어두움을 없애게 하소서."

밤이 지나가자 다른 등불을 모두 꺼졌으나 그 등불만은 홀로 타고 있었다. 당번인 목련존자가 등을 치우려다가 그 등불을 보고 생각하기를 '등불은 낮에 필요가 없으니 일단 꺼 두었다가 저녁에 다시 켜야겠다.' 하며 손으로 끄려 하였으나 꺼지지 않았다. 그래서 다시 옷자락으로 끄려 하였지만, 불꽃은 꼼짝도 하지 않았다. 부처님께서 목련존자의 그런 모습을 보고 말씀하였다.

"지금 그 등불은 너희들의 힘으로 끌 수 있는 것이 아니다. 비록 네가 사해(四海)의 바닷물을 거기에 쏟거나 산의 세찬 바람으로 불더라도 그 등불은 끌 수 없다. 왜냐하면 그 등불은 일체중생을 모두 건지려는 큰마음을 낸 사람이 정성으로 보시한 등불이기 때문이니라."

이 소식을 들은 난타가 나타나 부처님께 땅에 엎드려 예경하자 부처님은 '너는 미래세에 성불하여 등광(燈光)여래가 될 것이다.'라고 수기를 주셨다. 또한 난타가 출가하기를 원하여 비구니가 되게 하였다.

그런 후에 석가모니 부처님은 난타가 전생에 성인을 업신여겨 오랫동안 가난한 몸을 받게 된 내력을 이야기하셨다. 또 석가모니 부처님도 전생에 한 나라의 공주였을 때 등불을 켜는 기름을 보시하여 당시의 부처님에게 '미래세에 성불하여 석가모니가 될 것이다.'라는 수기를 받았음을 밝히고 그 공덕으로 지금 부처님이 되어 다시 등불 공양을 받게 된 것이라고 하셨다.

이 일화의 핵심은 곧 일체중생을 구원하고자 하는 간절한 마음으로 등불을 정성 들여 공양하면 미래세에 반드시 부처를 이루게 된다는 것이다. 등불 공양에는 이렇게 여러 가지 공덕이 있으니 불탑이나 법당에서 불을 켜는 것은 불교 신자들에게 중요한 의미가 있는 일이 되었다. 석가모니 부처님이 성도하신 인도 보드가야 대탑이나 티베트 라사 조캉사원 같은 곳에서 볼 수 있는 수많은 등잔불들은 이러한 의미를 담고 전승되어 온 것이다.

부처님을 등불로 비유하는 경전도 있다. 현재 중국 위구르 자치구 쿠챠[庫車] 일대에 있었던 구자국(龜玆國) 출신인 구마라집(鳩摩羅什, 344~413)은 당나라 현장 스님 이전 최고의 역경가로 손꼽힌다. 후진(後秦, 384~417)시대 장안에 들어와 약 300권의 불교 경전을 번역하였는데 그중엔 『등지인연경(燈指因緣經)』도 포함되어 있다. 이 경의 첫 부분에 이런 말씀이 있다.

> 부처님 몸의 광명은 마치 밝은 금덩이 같으며, 공덕과 지혜로서 스스로를 장엄하여 원만하고 구족한 눈을 얻어서 중생들의 근기를 잘 관찰하신다. 세간의 어두움의 등불이 되시고[世間黑闇爲作燈明] 중생들이 어리석으면 친한 벗이 되시어 (중생들을 잘 이끄시니) 모든 선업(善業)을 다 갖추어 훌륭한 명성이 (세상에) 널리 퍼지었다.

곧 부처님은 세간 중생들의 어리석음을 깨우치는 등불이며, 벗이라는 것이다. 직접적으로 부처님을 세상의 등불, 지혜의 등불이라고 비유하는 내용은 여러 경전에 나타난다.

『대반열반경』에 기록된 석가모니 부처님의 마지막 가르침도 '등불의 비유'였다. 아난존자가 석가모니 부처님의 임종이 가까워졌음을 알고 눈물에 젖어 흐느끼며 부처님께 여쭈었다.

"세존께서 더 이상 세상에 계시지 않으시면 이제 누가 우리를 가르치고 이끌어 주십니까?"

"네 자신을 등불로 삼고, 내가 가르친 법을 등불로 삼으라."

스스로를 등불이자 의지처로 삼되 남을 의지처로 삼지 말 것이며, 법을 등불이자 의지처로 삼되 다른 것을 의지처로 삼지 말라는 것이다. 이를 보통 '자등명 법등명(自燈明 法燈明)'이라고 말한다. 그래서 불교를 스스로 수행하고 체험하며 증득하는 종교라고도 말하는 것이다.

이러한 경전의 내용들이 불법의 전파에 따라 삼국시대 한반도에 상륙하면서 불전에 등불을 올리는 공양도 자연스레 정착되었다. 석가모니 부처

티베트 라사 조캉사원 한켠을 밝힌 인등.

님 제세 시에는 부처님에게 직접 등 공양을 올렸지만, 부처님 입멸 후 불탑이 조성되자 등 공양의 대상은 부처님을 상징하는 불탑으로 옮겨갔다.

부처님 입멸 후 400여 년간 불상이 없었던 무불상시대(無佛像時代)를 거쳐 서서히 불상이 만들어지고 법당이 만들어지자 등 공양도 법당에서 이루어지게 된다. 지금도 이렇게 불탑이나 법당에서 등불 공양을 올리는 풍습은 티베트불교에 고스란히 남아 있다.

우리나라에도 티베트불교처럼 법당 안에 등불을 밝히는 전통이 내려왔다. 법당의 일정 구역에 등잔들을 설치해 놓고 등잔에 기름을 넣은 다음 심지를 꽂아 불을 켜는 전통 방식이었다. 이를 '인등(引燈)'이라고 했고, 부처님 전에 24시간 등불을 밝히는 것이다. 1980년 초반까지도 이러한 인등을 켜는 사찰들이 많았지만, 전기가 보급되고 양초도 흔해지면서 인등도 진화해 지금은 많은 사찰에서 전기 인등을 볼 수 있다. 이렇게나마 우리나라에서 인등이 사라지지 않은 이유는 향이나 꽃을 주로 공양하는 다른 나라 문화권과 달리 절에 갈 때는 양초를 기본적으로 갖추어야 한다는 전통이 남아 있기 때문인지도 모르겠다.

『대반열반경』에는 '중생은 번뇌의 어두움 때문에 지혜를 잃는 데 반해 부처님은 방편으로 지혜의 등을 커니 모든 중생을 열반에 들게 한다'는 말씀도 있다. 결국 등은 중생 구제를 위해 세상을 밝힌다는 의미와 언제나 꺼지지 않는 지혜의 등불이란 상징적인 의미가 있으므로 이를 영구적인 시설로 만들려는 시도가 생기게 되었고, 우리나라에서는 '석등(石燈)'이 출현하게 된다.

사찰에 가면 문득 보이는 것들

석등의 등장

물론 중국에도 석등은 있다. 하지만 그 넓은 대륙에 현존하는 것은 5기에 불과하고 네팔에도 있지만 2기뿐이다. 일본에도 법당 앞에 등이 있지만 한반도에서 건너간 도래인(渡來人)들이 공사에 참여하여 만들어진 것으로 보고 있다. 예를 들어 738년 창건된 나라 토다이지[東大寺]의 대불전 앞에 있는 청동등은 창건 당시의 작품으로 일본 국보다.

삼국에서도 가장 먼저 석등을 만든 나라는 백제였다. 백제인들은 예술성과 기술력, 발상의 전환이 뛰어나 석등뿐만 아니라 마애불, 석불, 석탑을 처음 조성함으로써 불교 신앙의 가장 중심이 되는 탑과 불상을 석재로 재현하는 데 성공하였다. 그러한 우수성은 앞서 이야기한 서산 용현리 마애여래삼존상이나 부여 능산리 절터에서 발견된 백제금동대향로(국보)만 보아도 알 수 있다.

우리나라는 모든 문화의 시원을 중국에 두는 경향이 있어 서등도 중국의 영향을 받았다고 하지만 현재 5기뿐인 중국의 석등에서 무엇을 얼마나 본받았을까 싶다. 또한 중국의 석등은 계속 만들어진 것도 아니고, 계보가 있는 것도 아니다. 그에 반해 우리나라는 270여 점의 석등이 현존하고 있고, 그중 완전한 형태를 갖춘 것도 60여 기에 이른다. 확실한 계보도 가지고 있다. 중국 석등에서 동기 부여를 받을 수 있었겠지만 백제는 이를 통해 새로운 양식의 석등을 만든 것이라 할 수 있다.

일본에는 한반도의 많은 사찰문화가 건너갔지만 앞에서 말한 토다이지와 호류지의 청동등과 석등, 다루마지[達磨寺] 석등과 몇 기의 연꽃무늬 하대석 외에는 사찰 석등이 별로 없다. 오히려 신사(神社)에 신도들이 올린 석등이 많은데 2,000여 개의 석등이 있는 신사도 있다. 이러한 석등은 훗날 민간에 퍼지면서 정원용 석등으로 자리를 잡게 된다.

여기에 한 가지 의문이 든다. 왜 한반도의 사찰에만 유독 석등이 많이 조성되고, 고려·조선시대까지 그러한 전통이 이어진 것일까? 사실 이러한 질문에 대한 속 시원한 해답은 없다. 학자들에 의해 연구된 바도 없고, 관련한 기록 문헌도 없기 때문이다. 다만 추론은 가능하다.

신용하 교수가 쓴 『고조선 국가형성의 사회사』(지식산업사, 2010)에 따르면, 우리 한민족의 선조들은 1만 2,000년 전 빙하기가 끝나면서 오랜 유랑 끝에 해 뜨는 동쪽 땅끝에 도착했다. 그러면서 따뜻한 태양을 숭배하는 '광명사상'을 싹 틔웠고, 스스로를 태양의 밝음을 의미하는 '밝족'으로 천명했다. 이 '밝족'이 '밝달족'이 되고, '밝달족'은 다시 '배달족'이 되니 결국 배달민족은 '밝음을 숭상한다'는 의미를 담고 있다.

만주 일대와 한반도에 정착한 배달민족은 대지에 우뚝 솟은 성산(聖山)을 '밝음의 으뜸이 되는 산', '가장 밝은 신성한 산'이라는 뜻으로 '백두산(白頭山)'이라 이름 붙였고, 백두산 지맥과 정기가 흘러내린 산에 '태백산(太白山)', '소백산(小白山)', '두류산(頭流山, 지리산의 이명)' 등의 이름을 붙였다.

한반도는 빙하로 덮인 적이 없으나 빙하 인접 지역이어서 정착민들은 빙하기가 끝날 때까지 오랜 시간 추위와 싸워야 했다. 한반도의 구석기 유적은 적어도 5만 년이 넘어가는데 시기적으로 마지막 빙하기의 시작과 함께하였음을 알 수 있다. 그렇게 시간이 흘러 빙하기가 끝날 무렵 점점 따뜻해지는 기후에 의해 자연스레 태양 숭배 신앙이 생겨나고 청동기시대에 정착 농경이 시작되면서 태양은 더욱 중요해졌을 것이다.

청동기시대의 대표적인 유물인 청동거울은 태양을 숭배하던 청동기시대 사람들에게 있어 태양 빛을 반사하는 신비로운 물건으로 왕이나 제사장만 소유할 수 있었다. 곧 당시의 거울은 천상과 지상을 연결하는 매개체였고, 태양 빛이 없는 밤에는 불이 그 역할을 담당했으리라고 본다.

태양의 밝음을 숭상하는 전통은 옷에도 나타났다. 중국의 사서(史書)인 『수서(隋書)』에는 '신라인은 흰색 의복을 좋아한다[服色尚素]'는 기록이 있다. 사실 우리 민족을 '백의민족(白衣民族)'이라 부르게 된 것은 근래의 일이다. 하지만 흰옷을 금지하기도 했던 고려시대 공민왕, 조선시대의 현종, 숙종, 영조 때에도 잘 지켜지지 않았다. 1906년에도 법령으로 흰옷 착용을 금지했으나 흰옷의 착용이 일제에 항거한다는 의미가 있어 더욱 근절되지 않았다.

이러한 배경 속에서 불도 광명을 의미하기에 중요하게 다루어졌다.

불교 유입 이전에도 우리 민족에게는 독자적인 종교의식이 있었다. 그 증거가 되는 유적이 고조선의 단군이 하늘에 제사를 지냈다는 강화도 마니산 참성단(塹星壇)이다. 이후 고대국가에서 축제의 장이기도 했던 종교의례가 치러졌다고 하니, 부여의 영고(迎鼓), 삼한(三韓)의 시월제(十月祭), 고구려의 동맹(東盟), 동예(東濊)의 무천(舞天) 등이 그 예이다. 신앙의 대상도 천신(天神), 지신(地神), 산신(山神), 수신(水神), 해신(海神), 조상신(祖上神) 등이었다. 여기에서 중요한 건 그러한 의례에 불이 중요한 도구로 이용되었을 것이란 점이다.

한편 가정생활에서도 가장 중요한 것이 '불'이기도 했다. 조선시대 말 한반도에 성냥이 들어오기 전까지 살림을 맡고 있는 안주인은 불씨를 꺼트리지 않아야 할 중요한 책임이 있었다. 화로에 불씨를 보관하고 5백 년 동안 꺼트리지 않은 가문이 있었다고 할 만큼 불씨 보관은 집안의 중요한 과제였다. '불씨를 꺼트리면 집안이 기운다'는 속설도 있어 안주인은 더욱 세심한 주의를 기울여야 했다.

불교가 들어온 이후 광명을 숭상하는 오랜 전통이 불전에 등불을 올리는 공양과 어우러지며 더욱 중요한 의미를 가지게 되었다. 시간이 지나면서 일시적으로 불전에 등불을 올릴 것이 아니라 항상 등불을 올린다는 상징으로 드디어 석등이 만들어졌을 것이다. 그렇게 되면 부처님의 지혜와 가르침을 실천하여 온 세상을 밝히는 진리의 법등(法燈)이라는 상징성과 항상 부처님 전에 등불을 공양한다는 의미, 광명을 숭배하는 전통적 믿음까지 전부 담을 수 있었기 때문이라고 필자는 생각한다.

석등의 나라

석등의 최초 유적은 옛 백제 지역에 그대로 남아 있다. 바로 익산 미륵사지 석등 하대석이다. 백제 무왕(武王, ?~641)이 건립한 백제 최대 규모의 사찰인 미륵사는 미륵사지 석탑에서 발견된 사리봉안기에 '639년 정월 29일에 사리를 봉안했다'는 내용이 있어 미륵사도 이 무렵에 완공되었을 것으로 추측된다.

『미륵하생경』에 의하면 미륵 부처님은 미래세에 용화수(龍華樹) 아래에서 3번에 걸쳐 설법하며 인연 있는 모든 중생들을 제도한다고 한다. 이 경전에 근거해 미륵사는 3개의 금당을 갖추고 각 금당 앞에는 1기의 석등을 세웠으며, 다시 그 앞쪽으로 각각 탑을 세웠으니 석등 3기와 탑 3기가 갖추어져 있었다(현재 남아 있는 탑은 국보로 지정되어 있는 서탑과 근래에 복원한 동탑이다. 나머지 탑 1기는 목탑이었다). 그러나 현재 미륵사지에는 누운 연꽃 여덟 잎이 소박하고 복스럽게 새겨진 석등 하대석 2기가 제자리를 지키고 있다. 가운데에 있던 석등의 옥개석도 하대석 근처에 남아 있다. 나머지 부재(部材)들은 수습되어 국립전주박물관이 보존하고 있었는데, 박물관은 이 부재들을 이용해 원래의 석등 모습을 복원하여 뜨락에 세워 놓았다가 다시 국립익산박물관으로 이전했다.

미륵사지 석등은 평면 팔각을 기본으로 한다. 한반도에서 팔각의 조형

사찰에 가면 문득 보이는 것들

물을 시작한 나라는 고구려로서 여러 절터의 팔각목탑지가 알려져 있지만 석재를 이용한 팔각의 조형물은 알려진 것이 없다. 따라서 미륵사지 석등은 우리나라의 석조 공예사에서 가장 먼저 조성된 팔각 조형물이다.

사실 '8'이란 숫자가 지닌 불교적 의미는 상당히 많다. 석가모니 부처님 일생을 크게 여덟 장면으로 구분지어 '팔상(八相)'이라 하고, 신도들이 지켜야 하는 여덟 가지 계율을 '팔계(八戒)'라 하며, 우리가 잘 아는 신중 가운데는 '팔부신중(八部神衆)', '팔대금강(八大金剛)'도 있다. 하지만 가장 중요한 것은 깨달음을 향한 수행 덕목인 '팔정도(八正道)'이다. 아마 미륵사지 석등은 이러한 의미를 담아 뛰어난 기량의 백제 장인들의 솜씨로 완성되었을 것이다.

미륵사지 석등은 기둥돌을 꽂을 수 있게 되어 있는 하대석(下臺石), 기둥돌인 간주석(竿柱石), 간주석 위에서 화사석(火舍石)을 받게 되어 있는 상대석(上臺石), 직접 등잔을 넣어 불을 밝히는 화사석, 비바람을 막아주는 옥개석(屋蓋石)이 전부 팔각을 기본으로 하여 조성되었다. 불을 켜는 팔각 화사석은 4면이 뚫려 있고, 가운데에 등잔을 넣도록 되어 있는데 불빛이 나오는 화창(火窓)에는 창호(窓戶)를 달기 위한 못 구멍이 사면에 뚫려 있다.

백제의 석등 관련 유물로는 미륵사지 외에도 국립부여박물관에 옮겨다 놓은 부여 가탑리사지 석등 하대석이 있고, 익산 제석사지 출토 석등 옥개석은 국립전주박물관에 있다. 이 유물들도 모두 팔각을 기본으로 하고 있어 백제에서 동일하게 시원한 양식임을 알게 해 준다.

●
익산 미륵사지에는 석등 하대석 2기가 아직도 제자리를 지키고 있다.

사찰에 가면 문득 보이는 것들

삼국이 통일된 이후 평면 팔각형 석등은 신라의 서울인 서라벌에 나타난다. 분황사, 사천왕사, 석굴암 등 여러 사찰에서 석등을 세웠지만 지금은 일부 부재들만 남아 있고, 현재 가장 완전하게 남아 있는 석등은 불국사 대웅전 앞 석등이다.

이 석등은 백제 미륵사지에서 완성된 팔각 평면의 기본 양식을 충실히 재현하고 있으니, 불국사가 751년에 창건되었으므로 그 무렵의 작품이다. 미륵사지 석등과 다른 점이 있다면 기단돌인 하대석과 화사석 받침돌인 상대석에 새겨진 8장 연꽃잎이 미륵사지 석등의 경우 홑잎이었다면 불국사 대웅전 앞 석등은 쌍잎이라는 점이다. 그래도 통일신라 전성기의 작품이라 뛰어난 비례 감각이 잘 나타나 있다. 돌의 두께도 적당하고 번잡한 조각도 없어 단아한 성숙미가 은은히 배어나온다. 이렇게 튼실하면서도 스스로 자랑하지 않는 멋을 내기란 그리 쉽지 않다. 결국 이 불국사 대웅전 앞 석등은 8세기를 대표하는 신라 석등이면서 이후 만들어지는 석등의 기본 모델이 되었다.

9세기에 접어들면 불국사 대웅전 앞 석등 양식을 이어받은 석등들이 많이 건립된다. 같은 경내에 있는 극락전 앞 석등도 같은 양식이지만 옥개석의 추녀선이 중간에서 급격히 하강하였기 때문에 건립 시기가 다르다는 것을 한눈에 알 수 있다.

경주 불국사 대웅전 앞 석등

●
영주 부석사 무량수전 앞 석등(국보)

사찰에 가면 문득 보이는 것들

팔각 기본 양식을 지키는 석등들이 많이 건립되다 보니 독특한 양식도 등장하는데 화사석의 네 면에 보살상이나 사천왕상이 등장하는 경우다. 대표적인 예가 영주 부석사 무량수전 앞 석등(국보)이다. 이 석등의 화사석 4면에는 보살 입상이 등장하는데, 얕게 돋을새김한 솜씨가 예사롭지 않다. 조촐하고 소박한 품위를 지키고 있지만 하대석의 연꽃잎 조각 끝에 '귀꽃'이라 부르는 출화(出花)가 돌출되어 있어 9세기의 작품임을 알 수 있다. 석등의 등불이 세상의 어두움을 밝히는 부처님의 진리 광명을 상징하기에 부처님 회상에 항상 나타나는 보살들을 조각했다고 하겠다.

사천왕은 부처님을 보호하는 선신들인데 부처님 진리의 법등(法燈)을 지킨다는 상징으로서 석등에 조각하였을 것이다. 보은 법주사 사천왕 석등(보물)이 바로 이러한 석등이고, 합천 백암리 석등(보물)도 같은 양식이다.

화사석이 특이한 예로는 대구 부인사 일명암지 석등이다. 이 석등은 팔가형을 변형하여 한 변의 길이가 서로 다른 부등변팔각형으로 조성되었다. 곧 전체 모습이 좌우로 길쭉하게 만들어졌다. 화사석은 전면에 2개, 측면에 1개씩 모두 6개의 화창을 가지고 있는 독특한 형태로 꾸며졌는데 상대석의 연꽃무늬가 이중으로 나타나 있어 9세기 작품임을 증명하고 있다.

9세기 말에 조성된 석등으로는 장흥 보림사 석등을 꼽을 수 있다. 보림사 쌍탑 사이에 귀엽게 서 있는 이 석등은 석탑과 함께 국보로 지정되어 있다. 쌍탑은 870년에 조성된 것으로 밝혀져 있으니 석등도 이때 조성되었을 것이다. 석등에 조각된 무늬의 양식도 그 시기의 것이다. 하대석의 연꽃무늬에 귀꽃이 나타나고, 상대석 연꽃무늬는

합천 백암리 석등(보물)

대구 부인사 일명암지 석등(대구 문화재자료)

장흥 보림사 석등(국보)

이중인 데다가 번다한 무늬가 또 첨가되었다. 옥개석은 두께도 얇고, 추녀 끝이 지나치게 반전되어 신라 말기의 섬약한 기운을 그대로 보여준다.

　　지금까지의 석등을 다시 되짚어보면 탑이 3기든, 2기든, 1기든 석등은 법당 앞에 무조건 1기를 세운다. 법당 앞의 탑이 2기가 되어도 석등은 법당 정면에 홀로 서 있는 것이 원칙이다. 이 원칙은 지극한 마음으로 '모든 중생의 해탈을 발원'하며 등불을 올렸던 가난한 여인 난타의 일화(貧者一燈)로부터 온 것이다. 이를 본받아 석등은 1기만 세움으로써 '꺼지지 않는 진리 광명'을 상징한다. 다만 근래에 창건되는 사찰에서는 이 원칙이 무너진 예도 있어 안타까운 마음이다.

신라 땅에 등장한 새로운 석등

서라벌의 사찰에 석등이 세워지면서 전국으로 퍼져나가자 지방에서는 새로운 양식의 석등들도 등장했다. 그중 하나는 간주석이 장구 모양으로 변화한 고복형(鼓腹型) 석등이다.

사실 팔각의 긴 간주석은 늘씬한 멋을 주긴

하지만 너무 가늘면 불안정해 보이고, 너무 두꺼우면 둔해 보였다. 그래서 좀
더 안정적인 형태를 취하여 고복형 석등이 출현한 것은 아닌가 추측된다. 그
렇지만 북다운 모습을 제대로 살리려면 간주석이 낮아지는 단점이 생기기 때
문에 하대석이 높고 커지는 방식을 취하게 된다.

고복형 석등은 현재 6기가 알려져 있는데 특이하게 제작 연도가 조각되
어 있는 석등이 있다. 석등 중에서는 유일하게 조성 연도를 알 수 있는 이 석
등은 바로 담양 개선사지 석등(보물)이다. 화사석은 8면에 각 면마다 직사각
형의 긴 화창이 뚫려 있고, 8개의 화창 사이 빈 공간에는 모두 136자의 조성
기가 음각되어 있다. 그 내용은 868년에 경문왕과 문의왕후, 큰 공주의 발원
과 국자감의 관리 김중용의 기름 보시를 받아 영판(靈判) 스님이 조성했다는
것이다.

이 시기는 연등 공양이 크게 활성화되어 민간에
도 널리 퍼진 시절로 추정된다. 『삼국사기』 「신라본
기」의 기록에 '866년 경문왕이 정월 보름에
황룡사에서 등불을 구경[看燈]하고 백관
(百官)에게 잔치를 베풀었다'고 하고, 890
년에 도 진성여왕이 황룡사에 가서 연등을 구경
했다는 기록이 있다.

담양 개선사지 석등(보물)

≪ 연등 공양과 연등회 ≫

불전에 등불을 공양하는 풍속은 신라에서만 행해진 것은 아니다. 고구려, 백제에서도 이루어졌을 것으로 짐작되지만 기록으로 남아 있는 것은 없다. 다만 고구려 쌍영총 현실(玄室) 동쪽 벽 행렬도에 불공을 드리러 가는 승려와 귀부인, 그 행렬 맨 앞에 등잔대를 머리에 이고 가는 녹의동자가 그려져 있다.

쌍영총 현실 동쪽 벽에 위치한 행렬도.
맨 앞에 행렬을 이끄는 녹의동자가 등잔대를 머리에 이고 있다.

어쨌든 신라의 연등 공양은 정월 보름(음력 1월 15일)에 열렸고, 이러한 풍속은 고려 시대까지 그대로 이어진다. 태조 왕건(877~943)이 연등회와 팔관회를 계속 시행하도록 유훈을 남겼기 때문이다. 그러다가 의종 11년(1167)부터 지금의 연등회처럼 사월초파일에 열도록 변경되었다.

사찰에 가면 문득 보이는 것들

조선시대 들어와서는 당연히 연등회는 철폐의 대상으로 지목되었다. 유생들의 상소로 결국 공식적으로는 폐지되었지만 민간의 명절 풍속이 된 초파일 연등 행사는 쉽게 끊어지지 않았다. 『연산군일기』에는 '연산군이 경회루에 올라 등불을 구경하고 봉황, 연꽃, 모란, 황룡 등 온갖 등을 만들게 하여 이를 즐겼는데 비용이 1만 냥이나 들었다'는 기록이 있다.

이렇게 민간의 초파일 연등공양은 조선조 말까지 하나의 풍속으로 이어졌고, 일제강점기를 거쳐 한국전쟁 후에는 제등 행렬이 시작되면서 지금의 연등회로 발전했다. 이제 연등회는 2012년 국가무형문화재로 지정, 2020년에는 유네스코 인류무형문화유산으로 등재되었다. 해외에도 널리 알려진 국제적 행사가 된 연등회는 세계의 여느 불교권 국가에서 볼 수 없는 화려하고 장엄한 제등 행렬을 보여 준다. 세계인의 주목을 받는 우리나라 불교문화의 대표적인 축제로 자리 잡게 된 것이다.

•
2023년 서울 종로에서 있었던 연등회 행렬.
연등회는 국가무형문화재이자 유네스코 인류무형문화유산으로 등재되었다.

≪ 석등과 광명대 ≫

담양 개선사지 석등은 현존하는 석등 유물 가운데 명문이 새겨진 것 중 하나이다. 여기에는 '건립석등(建立石燈)'이라는 문구가 있어 '석등'이란 명칭이 처음으로 기록된 유물로 알려져 있다. 그런데 석등을 '광명대'라고 호칭하는 기록이 조선시대 기록에 남아 있다. 인조 8년(1630)에 임진왜란 후 불에 타 버린 법주사를 재건한 뒤 작성된 『법주사사적(法住寺史蹟)』에는 '연등각쌍사자광명대일좌(燃燈閣雙獅子光明臺一座)'라는 기록이 있어 석등을 '광명대'로 불렀음을 알 수 있다. 영조 16년(1740)에 지은 『불국사고금창기(佛國寺古今創記)』에도 역시 석등을 '광명대'라고 기록하고 있다.

정작 광명대에 대한 설명은 송나라 사신으로 온 서긍(徐兢)이 귀국한 후 고려의 풍속에 대해 1123년에 저술한 『고려도경(高麗圖經)』에 실려 있다.

●
담양 개선사지 석등에 새겨진 명문에서 '건립석등(建立石燈)'이란 문구를 확인할 수 있다.

사찰에 가면 문득 보이는 것들

광명대란 (촛대와 달리) 등불과 촛불을 받치는 기구이며, 아래쪽에 발이 세 개 있다. 가운데 하나의 기둥이 있는데 모양이 대나무같이 마디마디로 이어진다. 위에 쟁반이 하나 (얹혀져) 있고 그 가운데 작은 사발이 놓여 있어 그 안에 촛대를 세우고 불을 밝힐 수 있다. 등불을 켜려면 구리 등잔으로 바꾸고 기름을 넣은 다음 심지를 세우고 작은 흰 돌로 (심지가 쓰러지지 않게) 눌러 놓는다. 초롱은 붉은 망사로 씌운다.

위의 설명과 비슷하게 생긴 광명대가 영주댐 수몰 예정지인 영주시 평은면 금광리의 금강사터에서 2014년 출토되었다. 또 출토된 광명대에는 38자의 명문이 있어 그 조성 내력도 알 수 있었다. '아들이 돌아가신 아버지의 극락왕생을 위하여 1186년 광명대를 만들어 금강사 불전에 바쳤다'는 것이다.

『고려도경』에서 설명된 광명대 모습과 똑같은 유물도 나타났는데 경주에서 인용사(仁容寺) 절터로 전해지고 있던 인왕동 사지에서 출토된 광명대가 그것이다. 결국 통일신라시대부터 이러한 실내용 광명대는 전승되어 갔다는 것이고, 촛대와 등잔을 바꿔서 쓸 수 있는 도구였다는 것이다. 그렇다면 석등 역시 촛대도 세울 수 있고 등잔도 넣을 수 있으니 '광명대'로 불렸을 가능성도 있다. 그래서 조선시대 기록에도 '광명대'로 나타났을 것이다. 또 꺼지지 않는 진리의 광명을 발하는 등불이라는 의미와도 부합된다고 하겠다. 실내용 광명대는 보통 높이가 30센티미터 내외인데 간지가 새겨진 광명대도 있고 장식이 달라진 광명대도 있다. 대개 청동으로 만들었으며 주물을 이용하다 보니 쌍사자 석등처럼 쌍사자를 이용한 광명대도 있다.

고려시대의 청동광명대

구례 화엄사 각황전 앞 석등(국보)

신라 후기에 이르면 대형의 석등들이 만들어진다. 건축술의 발달로 법당의 규모가 커지자 건물 규모에 맞게 석등도 그만큼 커져야 했기 때문이다. 또 석재 가공 기술도 발전해서 대형 석등을 조성할 충분한 기량도 갖추고 있었다. 대형 석등은 간주석이 팔각 기둥형보다는 고복형이 더욱 안정적이기 때문에 남아 있는 석등도 다 고복형이다.

고복형 석등의 대표를 꼽으라고 한다면 구례 화엄사 각황전 앞 석등(국보)을 들 수 있다. 높이가 6.4미터에 이르는 석등이지만 상륜부까지 모두 온전하게 있다. 땅에 직접 닿는 팔각의 지대석 위에 하대석을 놓고 하대석 중앙에 구름무늬를 새긴 괴임대를 높게 만들어서 고복형 간주석을 받도록 하였다. 역시 석등의 전체 높이를 조절하기 위해 하대석 부분을 높이도록 구상한 것이다. 하대석과 옥개석, 상륜부의 작은 지붕 같은 보개(寶蓋)에 귀꽃들이 돌출되어 있어 신라 말기의 양식임을 알 수 있다.

임실 용암리사지의 석등도 볼 만하다. 이 절 터를 발굴 조사한 결과 고구려 말기에 백제로 옮겨 온 보덕 화상의 제자들인 적멸(寂滅)·의융(義融) 스님이 통일신라시대에 세운 진구사(珍丘寺)터로 확인되었다. 따라서 석등의 명칭도 임실 진구사지 석등(보물)으로 변경되었는데 높이가 5.2미터에 이르는 대형 석등이다.

화사석 8면이 모두 뚫려 있으며 상륜부는 노반까지만 남아 있다. 만약 이 석등이 상륜부까지 완전하게 남아 있었다면 현존하는 석등 중에서 가장 큰 규모였을 것으로 추정된다. 몸체 자체가 가장 우람한 석등이기 때문이다.

●
임실 진구사지 석등(보물)

●
남원 실상사 석등(보물). 석등 앞으로 계단석이 남아 있다.

사찰에 가면 문득 보이는 것들

석등에 불을 켜기 위해 돌로 만든 계단석을 설치한 석등도 남아 있으니 남원 실상사 석등(보물)이 그것이다. 높이 5미터로 상륜부까지 온전하다. 역시 신라 말기의 작품이라 하대석과 옥개석에 조각된 귀꽃이 큼직하고 화사석 8면에 모두 화창을 내었는데 이렇게 화창을 8개씩 낸 석등은 호남 지역에서만 나타난다. 조명으로서의 기능을 좀 더 확장하려는 의도를 담은 것이라 하겠다. 석등 곳곳에 연꽃무늬를 화려하게 베풀어 조각이 많은 석등에 들어간다.

　　한편 신라 석등 가운데 가장 특수한 석등을 꼽으라면 당연히 쌍사자 석등과 인물형 석등을 들 수 있다. 현존하는 것 가운데 쌍사자 석등은 3기, 인물형 석등은 1기가 남아 있다.

　　쌍사자 석등 중에서 가장 압권인 작품은 보은 법주사 쌍사자 석등(국보)이다. 팔각형을 기본으로 하지만 간주석을 사자 두 마리가 마주 보고 선 채 앞다리로 상대석을 받들고 있는 특이한 모습으로 구성하였다. 마치 살아 있는 듯 사자의 튼실한 뒷다리 근육과 앞다리 근육이 팽팽한 긴장감을 불러일으키지만 가벼운 듯 상대석을 들고 있는 듯한 모습에서 신라인들의 뛰어난 조형 감각과 솜씨를 읽어낼 수 있다.

　　또 신라 왕릉의 사자처럼 한 마리는 입을 다물었고, 한 마리는 입을 벌렸다. 부처님의 법문을 '사자후(獅子吼)'라 하고 석등이 부처님의 진리 광명을 상징하니 간주석을 사자로 만들어 사자후를 토하듯 불법의 진리가 세상에 널리 퍼지기를 바라는 마음을 담았을 것이다. 국립광주박물관에 있는 광양 중흥산성 쌍사자 석등(국보)이나 합천 영암사지 쌍사자 석등(보물)도 같은 자세를 취하고 있지만 비율의 안정감, 조각 솜씨에서 조금 더 뒤쳐진다고 생각된다.

　　신라의 인물상 석등은 간주석 위치에 인물상을 배치한 석등이다. 이러한 예는 구례 화엄사 사사자 삼층석탑 앞에 있는 석등이 유일하다. 한 쪽 무릎을 세운 스님이 하대석 위에 무언가를 든 채 앉아 있고, 주위에는 둥근 지

보은 법주사 쌍사자 석등(국보)

사찰에 가면 문득 보이는 것들

광양 중흥산성 쌍사자 석등(국보)

구례 화엄사 사사자 삼층석탑 앞 석등

사찰에 가면 문득 보이는 것들

주 기둥 세 개를 세워 머리 위의 지붕돌을 받친 다음 그 위에 다시 상대석을 얹었다. 상대석 위는 여느 석등과 같다.

이 석등은 어떤 연유로 세워진 것인지 확실하게 밝혀진 사료가 없다. 구례 화엄사를 창건한 연기 조사가 탑 아래 서 계신 어머니에게 무언가를 공양하는 상이라는 것이 일반적인 해석일 뿐이다. 이 장소의 이름이 '효대(孝臺)'라는 것도 이러한 설명에 보탬을 준다. 그래도 석탑에 대한 예경과 존숭의 의미를 담고 있는 것은 분명하지만 이러한 석등은 오로지 한 점뿐이어서 그 계보나 연결고리를 찾아보기가 어렵다.

석등의 역사에서 발해의 석등도 빼놓을 수 없다. 고구려가 668년 나당 연합군에게 멸망한 다음 그 유민 대조영이 698년에 세운 나라로 926년 거란에 의해 소멸될 때까지 13대 228년을 존속했던 국가였다. 문화적으로 고구려를 계승하면서 당의 문화도 받아들여 한때는 크게 번성하였는데 또한 불교도 성행하였다.

사찰과 함께 석등들도 건립되었겠지만 지금은 '발해 석등'이라고 불리우는 유물이 흑룡강성 상경 용천부에 남아 있다. 역시 팔각을 기본으로 하여 현무암으로 조성하였는데 하대석과 상대석의 3중 연화무늬가 특이하다. 또 간주석이 팔각이 아니라 원통형이지만 두께가 두터워 안정감을 해치지는 않는다. 화사석은 8면에 화창을 내었는데 화창 위쪽에는 목조 건축 같은 주심포를 조각하고 그 사이 포벽을 투각하여 마치 삼각형 창문이 있는 것처럼 보인다. 옥개석은 기왓골을 뚜렷하게 조각했고, 상륜부는 옥개석이 중첩된 탑 모양으로 마무리하였다. 팔각을 기본으로 하면서도 발해 특유의 조형 감각을 보여 주는 석등이라고 하겠다.

중국 흥륭사 석등

고려의 석등

후삼국시대가 끝나고 고려시대로 넘어가면 석등도 다양한 형태로 나타난다. 신라에 이어 고려도 불교를 국교로 받아들였기에 국가 차원의 큰 사찰들도 건립되었지만 개인들이 창건한 원찰(願刹)도 많이 등장하였다.

고려시대 석등의 특징은 사각형이나 육각형을 기본으로 하는 석등이 많이 출현했다는 것이다. 물론 평면 팔각형을 이어받은 석등들도 여전히 만들어졌지만 세부 장식에서는 많은 변화가 일어났다. 한마디로 무척 다양한 모습의 석등이 나타난 것이다.

우선 평면 팔각형을 기본으로 조성된 석등은 12기 정도가 남아 있는데 속리산 법주사 약사전 앞 석등도 그중 하나이다.

고려시대에 들어오면 팔각 기본형의 석등에 장식들이 첨가된다. 간주석에 도드라진 융기선을 넣기도 하고, 음각으로 일정한 면을 파내기도 한다. 연꽃 문양도 다양해지고, 귀꽃을 없앤 석등이 있는가 하면 귀꽃을 살린 석등도 있다. 법주사의 석등도 이러한 특징을 지니고 있다.

부여 무량사 석등(보물)은 법당 앞에 세우지 않고 석탑 앞에 세운 석등이다. 석등 전체의 키를 높이기 위해 땅에 닿는 네모난 지대석을 높게 놓은 다음 연꽃무늬 하대석 받침돌을 놓고 팔각 간주석을 세웠다. 상대석도 경사가 급해 기다란 연꽃 앙련이 조각되어 있어 특이한 모습을 보여 준다. 화사석도 팔각이지만 부등변 팔각형이고 길이도 약간 긴 듯한 느낌을 준다. 고려 초기의 작품인데 아직 신라 석등의 단정한 매무새를 간직하고 있는 유물이다.

보은 법주사 약사전 앞 석등

부여 무량사 석등(보물)은 석탑 앞에 세워져 법당-석탑-석등의 구조로 배치되어 있다.

　　고려시대에 출현한 육각형 석등 중에는 석등 전체를 평면 육각으로 조성한 석등이 있는가 하면 간주석만 다른 형태로 바꾼 석등도 있다.

　　북한의 황해도 자혜사 육각석등은 하대석부터 옥개석까지 전부 육각형을 기본으로 하는 대표적 석등이다. 화사석 6면 중에서 2면에는 네모난 화창을 내고 나머지 4면의 모서리에는 인동문(忍冬紋)을 투각하였는데 2면의 투각문을 합치면 마치 하트형 화창처럼 보인다.

　　팔각이 팔정도를 의미한다면 육각은 육바라밀(六波羅蜜)을 의미했을 것이다. 육바라밀 역시 불교 수행의 여섯 가지 덕목으로 항상 강조되는 사항이기 때문이다. 깨달음을 구하는 이가 생사의 고해를 건너 열반의 세계로 건너가려면 육바라밀을 닦아야 하니 이는 바로 보시·지계·인욕·정진·선정·반

고려시대 육각형 석등의 대표 유물인 황해남도 자혜사 육각석등(북한 국보유적 제170호, 왼쪽)과
합천 해인사 원당암 석등(보물, 오른쪽)

야바라밀이다. 자혜사 석등은 이러한 의미를 담아 새로운 양식을 선보이며
고려시대에 나타난 것이다.

　　육각석등은 해인사 원당암에도 있지만 안타깝게도 화사석이 유실되었
다. 이 석등은 해인사 원당암 다층석탑과 함께 '해인사 원당암 석등'이라는
명칭으로 보물로 지정되어 있다. 남아 있는 석등의 높이는 1.7미터 정도인데
매우 긴 듯한 육각형 간주석이 있어 전체적으로 가늘고 긴 석등이었음을 추
정해 볼 수 있다.

　　금강산 정양사 육각석등은 육각형 법당인 약사전 앞에 세워져 있는데
간주석이 마치 고복형 간주석이 퇴화되어 원통형으로 변한 듯한 모습을 하

　　　　　　　　　　　　　　　　　　　　사찰에 가면 문득 보이는 것들

금강산 정양사 육각석등(북한 보존유적 제40호, 왼쪽)과 화천 계성리 석등(보물, 오른쪽)

고 있다. 원통형 기둥 상·중·하단에 넓고 둥근 띠를 두른 듯한 형태이기 때문이다. 화사석 또한 특이하니 6매의 석재를 깎은 후 조립하여 맞추고, 그 위에 옥개석을 얹은 모양이다. 화창 6개도 모두 타원형이어서 새로운 양식에 들어간다.

그런데 이와 똑같은 형태의 육각석등이 남한에도 있다. 바로 강원도 화천 계성리 석등(보물)이다. 원래 이 석등이 있던 계성리 사지를 요즈음에 발굴 조사한 결과 육각형 금당 건물지가 확인되었다. 물론 이 석등은 이 육각형 법당 앞에 있었던 것이다. 금강산 정양사 석등과 쌍둥이처럼 닮은 양식이다.

고려시대에 나타난 사각형 석등 중에서는 논산 관촉사 석등(보물)이 그

논산 관촉사 석등(보물)

규모에 있어서 타의 추종을 불허한다. 높이가 6미터에 이르기 때문이다. 관촉사 석등은 석조미륵보살입상(국보) 앞에 세워져 있다. 원래 석등은 부처님께 올리는 것이므로 법당이나 탑 앞에 세우는 법인데 관촉사는 18미터에 이르는 대형 석불을 37년에 걸쳐 완공했기에 그 앞에 또한 대형 석등을 설치한 것이다.

평면 사각형을 기본으로 만들다 보니 전체적으로 우아한 느낌은 없지만 고려 초의 힘찬 기상은 느낄 수 있다. 간주석은 띠를 두른 원통형으로 만들었고, 상대석은 위에 사각형 판석을 얹고 있는 듯한 모습이다. 화사석은 따로 만들지 않고 네 개의 기둥을 세워 옥개석을 직접 받도록 하였다. 쉽게 말해 사방이 툭 터져서 화창이 따로 없는 형태이다. 워낙 대형의 석등이다 보니 등잔을 넣은 등롱을 통째로 안쪽에 넣도록 했다. 그래서 화사석이 따로 있을 때보다 등불이 사방으로 비추는 데 더욱 효과적이었다.

이러한 형태의 석등으로는 개성 현화사지 석등이 있는데 지금은 국립중앙박물관 경내로 옮겨져 있다. 간주석이 고복형을 유지하고 있으며 화사석 4개의 기둥돌과 상륜부에도 화려한 조각을 가해 고려 왕실의 안녕과 번영을 빌던 자복사찰(資福寺刹) 현화사의 위상을 읽을 수 있는 석등이다. 이러한 사각석등으로는 금강산 묘길상 마애불 앞 석등, 충주 중원 미륵사지 사각석등 등 여러 곳에 남아 있다.

왜 석등을 사각형으로 조성하였는지는 그 전거와 유래가 불확실하다. 다만 고려 초기, 새로 세운 나라의 초석을 다지고자 했던 왕실의 원력과 관련이 있다는 견

현화사 석등

해가 있다. 곧 사각형은 팔각형보다 굳센 의지를 나타낼 수 있고, 건국 후 새 나라의 힘찬 기운을 문화적으로 새롭게 창조하고자 하는 욕구가 함께 맞아 떨어졌다는 것이다.

고려시대의 이형의 석등으로는 쌍사자 석등과 인물상 석등, 부등별 팔각형 석등도 있다. 그러나 이러한 색다른 석등들은 일반화되지 않아 많이 만들어지지는 않았다.

여주 고달사지 쌍사자 석등(보물)은 고려시대 것으로 여주 고달사지에 있던 것을 현재 국립중앙박물관 경내에 옮겨 놓았다. 이 석등은 신라시대의 쌍사자 석등과는 전혀 다른 사자의 모습을 보여 주고 있으니 두 마리 사자가 다정스럽게 나란히 엎드린 채 등으로 고복형 간주석을 받치고 있는 모습이다.

원래 이 석등이 있던 고달사는 고려시대에 국가에서 관리하던 세 선원 중의 한 곳으로 '고달원'이라 불리던 국찰(国刹)이었다. 사방 30리가 절의 소유였을 만큼 큰절이어서 지금의 절터에도 국보 1점, 보물 3점 등 많은 문화재가 흩어져 있다. 그만큼 우수한 석조물들인데 석등은 무단 반출되어 여기저기 떠돌다가 지금의 자리로 옮겨온 것이다.

이 유물은 국가가 경영하던 사찰에 건립된 석등이었던 만큼 고려 초기의 기상과 솜씨가 총동원된 작품이라고 볼 수 있다. 간주석을 비롯한 곳곳에 화려한 조각을 베풀었고, 비례도 원만하여 안정된 모습을 보여 준다. 무단으로 반출되었을 때는 옥개석이 없이 옮겨 다녔지만 2000년 고달사지를 발굴 조사하는 과정에서 옥개석을 발견해 지금은 제 옥개석을 얹은 모습으로 앉아 있다.

인물상 석등은 금강산 금장암지에 있는 석등으로 한쪽 무릎을 꿇고 앉아 있는 인물상 머리 위에 상대석을 얹고 그 위에 화사석을 배치한 석등이다. 앞에는 상층 기단부에 비로자나불을 안치한 삼층석탑이 있어 구례 화엄사

여주 원당사지 창사지가 석등(보물)

인물형 석등과 같은 구도로 만들어졌음을 알 수 있다. 곧 탑에 대한 공경과 예경의 의미를 담은 것인데, 이러한 양식은 영동 지방을 중심으로 나타나는 석탑 앞의 공양상과 동일한 배치법으로 여겨진다.

부등변팔각형 석등으로는 군산 발산리 석등(보물)이 가장 특이한 형태를 보여 준다. 원형에 가까운 간주석에 기둥을 휘감고 올라가는 용을 새긴 것과 화사석의 화창을 타원형으로 조성하고 그 사이사이에 사천왕을 새긴 양식은 어디에서도 볼 수 없는 특이한 모습이다. 또 통도사 관음전 앞 석등은 하대석부터 옥개석에 이르기까지 모든 부재를 부등변팔각형을 고수한 석등인데 간주석을 보면 각 면의 폭이 서로 다른 것을 한눈에 알아볼 수 있다. 화사석의 화창이 네 개지만 최대한 크기를 넓혀 등롱을 바로 넣을 수 있도록 구성한 것도 하나의 특징이다.

이처럼 고려의 석등은 신라 석등 양식을 따르면서도 새로운 모습의 석등을 다양하게 조성하였다. 한편 전통적으로는 법당이나 탑 앞에 세우는 방식을 고수하면서도 석불 앞에 세우기도 하였다. 이러한 사찰의 석등은 고려 말기가 되면 여러 곳으로 흩어져 자리 이동을 하게 된다. 새로운 바람이 일어난 것이다.

군산 발산리 석등(보물)

세상과 만나다

고려 말기가 되면서 사찰에서만 세워지고 전승되던 석등이 왕릉에 나타나게 된다. 명칭도 달라진다. 돌아간 분을 기리고 그분의 유업이 오래도록 이어지기를 바란다는 의미로 '장명등(長明燈)'으로 바뀐 것이다.

왕릉에 나타난 장명등은 공민왕릉 앞에 나타난 것이 최초의 석등인 것으로 알려져 있다. 원래 등불은 부처님 전에 올렸던 것이고, 부처님이 열반하신 후에는 그 사리를 모신 탑에 올렸다. 이러한 뜻을 받아들여 돌아가신 공민왕(1330~1374)을 기리고 그의 유업이 끊어지지 않고 영원히 이어지기를 바란다는 의미에서 석등을 만들어 안치했을 것이다.

고려 말의 왕릉 장명등 양식은 조선시대 왕릉에도 그대로 이어져서 태조 이성계의 건원릉에 나타나고, 이러한 구조는 조선시대 말기까지 왕릉 조영(造營)의 기본 양식으로 굳어지게 된다. 특이한 것은 공민왕릉의 장명등은

• 구리 동구릉 내 건원릉. 정면에 보이는 장명등은 팔각형을 기본으로 하고 있다.

사각형을 기본으로 했지만 건원릉의 장명등은 스님들의 묘탑 양식인 팔각원당형을 본보기로 했다는 것이다. 마치 상대석 위에 놓은 팔각의 원당형(圓堂形) 석조물의 네 면에 화창을 시설한 듯한 모습을 보여주기 때문이다. 조선시대 왕릉의 장명등은 대개 팔각형을 기본으로 했고, 후기로 가면서 사각형 장명등이 등장한다. 특히 하단부에 상의 다리를 조각하고 복잡한 지붕돌을 얹은 장명등으로 말기를 장식하게 된다.

또 이러한 풍속은 민간에도 퍼져서 조선 초기 이미 사대부의 묘 앞에 장명등이 나타나기 시작한다. 사대부의 장명등은 초기에는 팔각형이 있었으나 점차 사각형을 기본으로 하는 양식으로 바뀌어 간다. 왕릉의 장명등이 주로 팔각이어서 이를 꺼리어 사각형 장명등으로 정착된 것이 아닌가 추측된다.

팔각형 장명등은 포천의 김중행(金仲行, 1397~1452)의 부부합장묘 앞에 있어 초기 양식을 살펴볼 수 있다. 또 사각형 장명등은 화사석과 옥개석이 커지고 간주석과 하대석이 작아지는 양식으로 정착되어 간다.

그런 와중에 파주 공효공 박중손 묘 장명등(보물)은 특이한 화창을 가지고 있는 유물로 손꼽힌다. 박중손(朴仲孫, 1412~1466)은 천문 분야에서 큰 공훈을 세운 인물인데 동쪽 화창은 해를 상징하는 원형이고, 서쪽 화창은 반달모양, 남쪽·북쪽 화창은 땅을 상징하는 네모 모양이다. 이러한 화창의 모양을 따 '일월등(日月燈)'으로도 불리는 이 장명등을 미루어 보아도 사대부의 장

파주 공효공 박중손묘 장명등(보물).
장명등의 동·서쪽 화창은
각각 해와 반달 모양으로 되어 있다
(위의 부분 사진 참조).

명등은 상징성을 가지고 조성했다는 것을 알 수 있다.

이러한 장명등은 초기에 사찰의 석등처럼 등불을 밝혔다고 하지만 차차 그러한 풍습은 없어지고 상징성만 남게 되었다. 초기 장명등은 화사석 중앙에 기름을 넣을 수 있도록 동그랗게 파인 것도 있고, 불에 그을린 자국도 있으나 대다수 장명등은 그런 흔적이 없기 때문이다.

이러한 시대적 변화 속에 사찰의 석등 조영에도 변화가 일어났다. 법당이나 탑 앞에 세워지던 석등이 스님들의 승탑(僧塔) 앞에도 나타나기 시작한 것이다.

승탑 앞에 처음 나타난 석등은 양주 회암사지 북쪽 능선에 안치되어 있는 지공(指空, 1300?~1361) 선사 승탑이다. 지공 선사는 인도 마가다국의 왕자로 출생하여 8살에 출가하였으며 나란다 대학에서 공부한 후 깨침을 얻은 다음에는 미얀마, 티베트, 호탄 등 여러 지역을 유력했다. 원나라에 들어온 뒤 1326년 3월부터 1328년 9월까지 고려에 머물면서 여러 사찰을 둘러보았고 회암사가 인도의 나란다 대학과 기상이 비슷하다 하여 이곳에서 불법을 펼치다 원나라로 돌아갔다. 때문에 그의 제자인 나옹(懶翁, 1320~1376) 선사도 스승의 뜻을 이어 회암사에 오래 머물며 법을 펴고 중창 불사를 하게 된다.

공민왕 19년(1370) 원나라에서 고려인 대사도(大司徒) 달예(達叡)가 입적하신 지공 선사의 사리를 모셔 오자 나옹 선사는 스승의 승탑을 이곳에 세우고 비석과 함께 사각 석등을 세우게 되니 공민왕 21년(1372)의 일이었다. 등불을 받치는 것은 최고의 존숭을 나타내는 의미가 있으니 나옹 선사는 승탑을 건립하며 존경의 뜻과 스승의 유업을 길이 꺼지지 않도록 하겠다는 발원으로 이 석등을 세웠을 것이다.

이 석등은 사각형을 기본 구도로 하여 하대석부터 옥개석까지 모두 네모꼴을 이루었으며 딱딱하고 둔한 느낌을 준다. 또 화사석을 2매의 판석을 세워 처리함으로써 아주 간단한 방식을 채택하였다. 그래서 화창이 앞뒤로만 뚫린 모습이 되었다.

지공 선사 승탑 바로 아래에 있는 나옹 선사 승탑에도 석등이 함께 세워져 있다. 이 석등도 지공 선사의 석등과 같은 양식이다. 지금의 회암사 서쪽 능선에 있었던 나옹 선사의 비인 선각왕사비(禪覺王師碑)가 우왕 3년(1377)에 건립되었으니 석등도 이 시기에 세워졌을 것이다.

나옹 선사의 승탑 아래에는 선사의 제자인 무학(無學, 1327~1405) 대사의 승탑이 자리 잡고 있다. 무학 대사는 이성계와의 인연으로 널리 알려졌고 이성계 또한 회암사에 오래 머물렀다. 태종 5년(1405) 무학 대사가 금강산 금장암에서 입적하자 태종은 미리 만들어 둔 대사의 승탑에 영골(靈骨)을 봉안했다. 특이한 형태의 이 무학대사탑(보물) 앞에는 조선 초기의 쌍사자 석등이 있다. 공식 명칭은 양주 회암사지 무학대사탑 앞 쌍사자 석등(보물)이다.

위쪽에 있는 나옹 선사, 지공 선사의 승탑과 같이 사각형을 기본으로 하는 석등인데 간주석이 특이하다. 두 마리 사자가 연꽃대좌 위에 쭈그리고 마주 앉은 채 앞다리와 머리로 상대석을 받치고 있는 모습이기 때문이다. 그러나 전체적인 조각 솜씨가 둔한 편이라서 입체감이 많이 떨어진다. 화사석도 위쪽의 두 석등과 같은 방식으로 처리하였다.

나옹 선사의 승탑은 여러 곳에 세워져 있는데 그중 하나가 여주 신륵사에도 있다. 나옹 선사는 조정의 명으로 회암사를 나와 밀양 영원사로 가다가 신륵사에서 급작스럽게 입적하였는데 제자들이 절 뒤편에 승탑을 세우고 비와 석등도 안치했다.

이곳의 석등은 신라시대부터 내려오던 팔각원당형 승탑 양식을 모방한 석등으로 화려한 조각이 돋보이는 작품이다. 특히 화사석이 볼 만하다. 8면의 각 면은 화창을 내었는데 위쪽은 꽃문양 아치형으로 하였다. 마치 아라비

사찰에 가면 문득 보이는 것들

지공선사부도 앞 석등
(경기 유형문화재)

나옹선사부도 앞 석등
(경기 유형문화재)

양주 회암사지 무학대사탑 앞 쌍사자 석등(보물)

여주 신륵사 보제존자 석종 앞 석등(보물)

충주 청룡사지 보각국사탑 앞 석등(보물)

아의 문틀 모양 같아 보인다. 각 면의 모서리에는 기둥을 감고 있는 율동적인 모습의 용을 높은 돋을새김으로 장식하였다. 또 화창 위로는 하강하는 비천상을 돋을새김하였는데 이렇게 섬세한 조각을 할 수 있었던 것은 화사석만 조각이 잘 받는 납석(蠟石)을 선택하였기 때문이다. 이 석등의 공식 명칭은 여주 신륵사 보제존자 석종 앞 석등(보물)이다.

이외에도 조선 초 태조 3년(1394) 왕명으로 세워진 충주 청룡사지 보각국사탑 앞 석등(보물)은 한 마리 사자가 엎드린 채 석등을 받치고 있는 이형 석등이며, 가평 현등사 함허당 득통탑 앞에 있는 석등은 전형적인 사각형 양식을 보이고 있다. 함허(涵虛, 1376~1433) 대사는 무학 대사의 제자로 선가(禪家)의 스님이지만 교(敎)에 대해서도 많은 저술을 남겼다.

이렇게 스님들의 승탑 앞에 석등을 세우는 것은 고려 말기에 시작되어 조선 초까지만 이어졌다. 그렇다고 조선시대 사찰에서 석등을 세우지 않는 것은 아니다. 승탑 앞 석등의 맥은 사대부의 묘의 장명등으로 장소를 달리해서 나타났지만 사찰에서 조성한 석등도 여러 점이 남아 있다.

　다만 조선시대 들어 국가에 대한 불교의 영향력이 줄어들고 오히려 핍박과 냉대를 받으면서 사찰의 경제력도 저하되었다. 또한 석등의 상징적인 의미보다는 마당을 밝히는 실용적인 면이 강조되면서 노주석과 같은 대안이 등장한 것도 석등 조성 쇠퇴의 원인이 되었다고도 이야기한다.

　조선시대 조성된 사찰의 석등 중에는 조성 연대가 확실한 석등도 2기가 있다.

　무안 법천사 목우암 석등은 팔각과 사각을 혼용한 석등이다. 본래의 하대석이 없이 가늘고 긴 팔각의 간주석이 새로 만든 팔각 하대석 위에 세워져 있고 그 위에 얹힌 팔각의 상대석에는 연꽃을 닮은 듯한 문양을 새겨넣었다. 화사석은 사각으로 하였고 각 면에는 직사각형의 화창을 내었는데 윗부분에는 돌아가며 꽃문양을 다양한 사각의 틀 안에 표현하였다. 옥개석은 순박하고 구수한 분위기를 풍기는 모습으로 추녀 끝에 용 머리와 해태 머리를 조각한 듯하다. 상륜부는 옥개석과 일체형으로 사각형 기와집을 한 채 얹어 놓은 모습이다. 간주석에 새겨진 명문에 의해 숙종 7년(1681)에 조성된 석등으로 밝혀졌다. 소박하면서도 특이한 형태를 갖춘 석등이다.

　함평 용천사 석등(전남 유형문화재)은 특이하게도 법당 우측에 세워져 있다. 그 옆에 삼층석탑도 세워져 있어 두 석물의 위치가 원래 제 위치였는지는 알 수가 없다. 사각의 지대석 위에 누운 연꽃무늬가 새겨진 사각 하대석을 놓고 그 중앙에 팔각의 간주석을 깎아 올렸다. 간주석도 중간에서 한 단을 접어 올렸고 위쪽에서 앙련이 새겨진 형태로 넓힌 다음 네모난 화사석을 받았다. 화창은 원형으로 하였으며 주위에는 고사리무늬를 음각하였다. 자세히 보면 하대석부터 화사석까지는 하나의 통돌로 깎았음을 알 수 있다. 대단한 공력을 들인 석조물임을 말해 준다. 옥개석을 팔작지붕으로 하여 사대부 장명등

무안 법천사 목우암 석등

함평 용천사 석등(전남 유형문화재)

여수 흥국사 석등

사찰에 가면 문득 보이는 것들

에서 유행하던 양식을 따랐다. 거북이 두 마리가 앙증맞게 붙어 있는 간주석의 명문에 의하면 이 석등은 숙종 11년(1685)에 조성된 유물이다.

가장 특이한 조선시대 사찰 석등을 손꼽으라면 여수 흥국사 석등일 것이다. 그 위치로 보아 다른 곳에서 옮겨온 것으로 추정되는데 어설프게 허허 웃고 있는 거북 대좌 위에 석등이 서 있다. 사각형 간주석 위에 얹은 상대석도 사각의 판석(板石)을 얹은 듯한 모습인데 네 귀퉁이에 공양인물상을 세웠다. 인물상은 두 손을 얌전히 모은 듯한 공수형(拱手型)인데 안타깝게도 얼굴이 훼손되어 제 모습을 알 수 없다. 네 인물상을 기둥 삼아 옥개석을 그 위에 얹었으며 지붕 아랫면에는 서까래 무늬를 새겨넣었다. 볼수록 재미있고 기이한 석등이다.

이처럼 우리나라 석등은 삼국시대부터 조선시대까지 우리 불교문화의 한 분야로서 꾸준히 이어져 왔다. 그러나 시대적 변화에 따라 법당이나 탑 앞에만 세워졌던 석등은 고려 말에 왕릉과 고승들의 승탑 앞에 나타나더니 급기야는 조선시대에 들어와서 사대부 묘의 장명등으로 유행하게 된다.

원래 등불 공양은 가난한 여인 난타의 공양처럼 가장 존숭하는 스승에게 바치는 것이며 또한 반드시 성불을 이루어 중생을 제도하겠다는 굳센 서원을 세워야만 의미가 있는 것이다. 그래서 간등(看燈)이나 관등(觀燈)은 단순히 연등을 구경하는 행사가 아니라 마음의 등불을 밝히고 이 세상을 또한 밝혀 나가야 한다는 뜻깊은 다짐을 하는 행사다.

그러한 뜻을 담아 우리의 선조들은 수많은 석등을 건립하였으며 다른 나라에 없는 사찰의 석등문화를 이룩하였다. 가히 석등의 나라라고 불러도 손색이 없으니 자긍심을 갖고 우리의 석등에 다시 한 번 찬사를 보내도 좋을 것이다.

승탑

승탑의 발생

2010년까지만 해도 승탑(僧塔)의 공식 명칭은 '부도(浮屠)'였다. 부도는 '붓다(Buddha)'를 음역한 말로 부처님을 지칭하는 말이지만 '불상', '불탑'을 의미하기도 하고, 부처님의 가르침을 따르고 배우는 '스님'을 가리키는 용어로도 쓰였다. 부도는 또한 '부도(浮圖)', '부두(浮頭)', '불도(佛圖)' 등 여러 가지로 표기되었는데, 이처럼 넓은 뜻을 가지고 있는 데다 표기법도 달라서 옛 기록에서는 이를 잘 구분해야만 했다.

그러나 일반적으로 '부도'라 하면 스님들의 묘탑(廟塔)을 말한다. 그래도 '부도'라 하면 일반인들은 이 용어가 무엇을 말하는지 쉽게 이해가 되지 않는다. 그래서 '승탑'이라는 명칭으로 바꾸게 된 것이다. '승탑'이란 승려들의 사리나 유골을 안치한 묘탑이라는 뜻이다. 부처님의 사리를 봉안한 탑을 '불탑'이라고 하듯이 스님들의 사리나 유골을 안치한 묘이면서 탑의 형식을 갖추고 있었기에 승탑으로 부르게 된 것이다.

승탑도 물론 인도에서 먼저 만들어졌다. 인도에서 부처님의 사리탑은 발우(鉢盂)를 엎어 놓은 것 같은 복발형(覆鉢型)이듯이 그의 제자인 목련존자나 사리불존자의 승탑도 복발형이다. 그러나 이러한 승탑은 불탑과 마찬가지로 중국에 들어와 지붕이 여러 개 중첩된 목탑 형태로 바뀌게 되는데, 인도를 다녀온 당나라 현장 스님, 당나라 때 신라에서 건너간 원측(圓測, 613~696) 스님의 승탑도 벽돌로 만든 다층전탑 형식이다.

숭산 소림사의 탑림(塔林)에는 역대 스님들의 승탑이 232기나 있다. 이곳의 승탑은 사각, 육각, 팔각 양식을 비롯해 티베트 양식까지 다양하고, 조성 시기도 당나라 때부터 근세까지에 이른다. 그래도 다층전탑 형태의 불탑 양식이 가장 많다. 재료에 있어서도 벽돌이나 돌을 벽돌 모양으로 다듬은

모전석이 가장 많다. 화강암을 주로 사용하는 우리의 승탑과는 많은 차이가 있다.

중국에서 선종(禪宗)이 일어나고 나서 점차 세력이 확장되어 가자 선종 고승들이 입적하면 화장하여 승탑을 모시는 제도가 정착되어 간다. 그러나 승탑 양식이 기존의 불탑 양식과 유사하였기 때문에 승탑은 불탑과 구별할 필요성이 생기게 된다.

그렇게 나타난 양식으로 조성된 승탑이 하남(河南) 회선사(會善寺) 정장선사탑(淨藏禪師塔)으로 746년에 조성되었다. 팔각의 법당을 본떠서 벽돌로 만든 승탑이지만 목조 건축 양식을 그대로 재현했다. 팔각은 원형에 제일 가깝기 때문에 이런 형태의 전각을 '팔각원당(八角圓堂)'이라고 부르는데 아미타불과 관세음보살의 전당이라고 한다. 곧 아미타불의 극락정토를 상징하는 것으로, 이는 입적하신 선사가 정토의 세계에 드셨다는 것을 의미한다.

●
(왼쪽 위) 중국 서안 홍교사 자은탑원의 승탑.
중앙의 탑이 현장 스님의 승탑이고,
좌우의 탑은 현장 스님의 두 수제자인
규기 스님과 원측 스님의 승탑이다.

●
(왼쪽 아래) 중국 숭산 소림사 탑림

●
(오른쪽) 중국 하남 회선사 정장선사탑

또 당 현종 천보년간(742~755)에 조성된 것으로 추정되는 장안(지금의 서안) 초당사(草堂寺)의 구마라집 사리탑은 대좌 위에 석재로 팔각원당형을 깎아 얹어 놓은 형태이다. 아마도 이 사리탑 형식이 신라의 사리탑 양식에 가장 유사한 모습이어서 직접적으로 영향을 준 것으로 믿어지고 있다.

이렇게 스님들의 장례의식이 화장과 승탑 건립으로 정착되기 전까지는 중국에서도 일정한 법식이 없었다. 달마(達磨, ?~528) 대사는 '웅이산에 장례 지냈고 탑은 정림사에 세웠다'고 했으며 육조 혜능(六祖惠能, 638~713) 대사는 광동 남화사에 등신불로 모셔져 있다. 스님들에 대한 일정한 장례 절차가 아직 정착되지 않았다는 뜻이다.

신라에서도 마찬가지였다. 자장(慈藏, 608~?) 율사는 태백산 정암사를 창건하고 그곳에서 입적하였는데 '화장하여 그 유골을 석굴에 안치했다'고 하였고, 원효 대사는 '입적한 후 아들 설총이 그 유해를 부수어 원효의 소상(塑像)으로 만들어 분황사에 봉안했다'고 하였다. 진표(眞表, 733~?) 율사는 '금강산 발연사에 무덤이 있었다'는 기록도 있다. 신라시대 또 한 명의 대표적인 고승인 의상(義湘, 625~702) 대사는 입적 후의 기록을 전혀 찾아볼 수 없다. 백제나 고구려 고승들도 마찬가지다.

이처럼 우리들이 알고 있는 고승들의 장례의식은 그 자취가 서로 다르다. 화장을 기본으로 하였지만 승탑을 세웠다던가 묘를 만들었다는 기록은 없다. 사실 승탑의 발생은 선종의 흥기와 깊은 연관이 있다. 선종에서 승탑이 시작되었다는 말이다.

중국 서안 초당사 구마라집 사리탑

선종의 발생

그럼 선종은 왜 일어나게 되었을까?

인도에서 일어난 불교가 교리 해석과 논리 중심의 부파불교시대로 나아가게 되자 그에 대한 반향으로 대승불교가 일어났다. 중국에서도 교종의 논리 전개와 이론 체계가 오랫동안 발전했다. 그만큼 부처님의 가르침은 깊어진 대신 일반 백성들에게는 불교가 어려워졌다. 학문적으로는 최고의 전성기를 누렸지만, 수행과 실천에 대해서는 아쉬움이 남았다. 그래서 깊은 논리 체계에서 벗어나 석가모니 부처님의 수행법을 본받아 곧장 마음으로 깨달음을 성취하자고 일어난 것이 선종이다.

그리하여 선종에서는 깨달음을 이루었다고 인가(印可)해 주는 법통(法統) 체계가 만들어진다. 이심전심(以心傳心)으로 깨달음을 인정해 주었다는 법맥(法脈), 석가모니 부처님으로부터 가섭존자, 아난존자를 거쳐 28대 달마 대사에 이르고 중국으로 건너와 다시 5대를 내려가서 6조인 혜능 대사에 전해졌다는 선맥(禪脈)이 완성된 것이다.

세계 문명의 중심지 중국에서 일어난 이러한 변화는 당연히 주변국에 영향을 미쳤다. 당시 스님들은 선진 문물을 받아들인 지식인 엘리트층이었고, 신라에서도 많은 스님들이 당나라로 유학하였다. 새로운 선종의 등장에 차츰 많은 신라 스님들이 당나라로 건너가 수행하고 인가를 받음으로써 신라 땅에도 선종이 싹을 틔우게 된다.

승탑이 세워지다

현존하는 가장 오래된 승탑

신라에 선종을 소개하고 뿌리를 내리게 한 스님은 도의(道義) 선사다. 도의 선사는 중국에서 37년을 수행하며 육조 혜능 대사의 증손(曾孫) 항렬의 법맥에 해당하는 서당 지장(西堂智藏, 735~814)의 인가를 받고 821년에 귀국하였다. 하지만 신라는 아직 교종 세력이 두터워 선종의 가르침을 '마귀의 소리'라며 배척하였고, 도의 선사도 서라벌에서 자리 잡기가 어려웠다. 도의 선사는 결국 달마 대사가 중국 숭산 소림사에서 9년간 면벽(面壁)하였듯 양양 진전사에 들어가서 오랫동안 수행하다 입적하였다. 도의 선사가 머물던 양양 진전사터에는 양양 진전사지 삼층석탑(국보)이 홀로 서 있고 절터에서 한참 떨어진 언덕 위에 승탑 1기가 외로이 남아 있다.

사실 도의 선사 이전에도 승탑을 세운 기록이 남아 있는데, 지리산 단속사에서 수행하던 신행(神行, 704~779) 선사의 승탑에 대한 것이다. 813년에 세워진 비문에 '부도를 세우고 사리를 두었다[造浮圖存舍利]'라는 기록이 있지만 지금 단속사터에는 두 탑과 당간지주만 남아 있을 뿐 승탑과 비의 흔적은 어디에도 없다. 비문의 글만 전해지고 있을 뿐이다.

또 선종의 스님은 아니지만 세속오계(世俗五戒)로 널리 알려진 원광(圓光, 555?~638?) 법사의 부도가 '삼기산(三岐山) 금곡사(金谷寺)에 있다'는 기록이 『삼국유사』에 있지만, 이 또한 아무런 자취가 없다. 곧 실물로 남아 있는 승탑 중에서 진전사터에 있는 승탑이 가장 이른 시기의 승탑이라고 보는 것이다.

진전사터에 있는 승탑도 전에는 '진전사지 부도'라고 불렀었다. 누구의 승탑인지 알 수 없었기 때문이다. 그러나 이 당시에는 아무나 승탑을 세우던 시절이 아니었다.

우리나라에 선종의 뿌리를 내린 도의 선사가 머물렀다는 양양 진전사터.
멀리 국보로 지정된 진전사지 삼층석탑이 보인다.

선종에서는 깨달음을 이루었다는 스님을 중하게 여긴다. 깨달음의 경지는 부처님과 차이가 없다고 생각하기 때문이다. 그래서 스승으로부터 인가를 받아야만 깨달은 선사로서 법맥을 잇게 된다. 이를 보통 '사자상승(師資相承)'이라 한다.

도의 선사는 중국에서 서당 지장의 법을 이었으니 충분히 승탑을 세울 자격이 된다. 부처님처럼 존귀한 선사가 입적했으니 제자들로서는 불탑처럼 예경할 수 있는 건조물을 남기는 것이 도리라고 생각하여 출현한 것이 바로 승탑이다.

그렇다고 불탑처럼 경내에 모시는 것은 외람되게 생각되어 절의 뒤쪽이나 산등성이에 세우게 된다. 일반에서 말하는 묘의 역할도 겸하면서 존경과 숭배의 대상으로 삼았다. 신앙의 대상은 아니었기 때문이다. 지금 사찰을 다니다 보면 경내에 있는 승탑도 많이 있는데 대개 도굴의 위험 때문에 근래에 경내로 옮겨 놓은 것들이 많다. 대표적인 승탑으로 군위 인각사 경내에 모셔진 일연(一然, 1206~1289) 스님의 보각국사탑 및 비(보물)가 있다. 원래 탑비는 경내에 있었지만, 승탑은 산 위 언덕에 있던 것을 도굴꾼이 여러 번 쓰러뜨려 할 수 없이 경내로 옮겨 놓은 것이다.

아무튼 952년에 쓰여진 중국의 『조당집(祖堂集)』에는 도의 선사를 '원적(元寂) 선사라 칭하고 있고 비석도 있다'고 기록하고 있다. 승탑과 탑비는 한 짝이 되므로 만약 원적 선사가 나라에서 내린 시호(諡號)라면 탑비도 분명히 있었을 것이다. 비록 진전사터나 승탑 근처에서 아직까지 그 흔적을 찾지 못했지만 당시에 승탑을 세울 수 있었던 스님은 도의 선사뿐이었을 것이다. 더구나 승탑의 양식이 신라 승탑의 초기 양식이어서 차츰 신라에 선종을 처음 들여온 도의 선사의 승탑으로 인정받게 되었다. 따라서 2010년 승탑의 이름도 바뀌어 '양양 진전사지 도의선사탑(보물)'이 되었다.

도의선사탑은 여러모로 독특한 승탑이다. 언뜻 보아도 무언가 균형이 맞지 않는 듯하다. 우선 이중의 기단부가 어디서 많이 보던 양식이다. 바로 불국사 석가탑에서 보던 이중 기단 양식을 그대로 가져왔다. 석탑은 후기로 갈수록 기단부에도 많은 조각이 나타나는데 이 승탑은 석가탑처럼 아무런 조각이 없다.

그 위에 팔각의 몸돌을 받는 얇은 괴임돌을 올렸는데 이 괴임돌 역시 팔각이며 아랫면에는 위로 향한 연꽃잎을 돌아가며 새겨 놓았다. '팔각원당형' 이라고 부르는 몸돌도 초기 승탑의 모습을 증명이라도 하듯 별다른 조각이 없고 문짝 모양만 얕은 돋을새김으로 앞뒤에 새겨 놓았다.

앞에서도 말했듯이 팔각원당형 건물은 불교에서 아미타불이나 관세음

양양 진전사지 도의선사탑(보물)

보살을 모신 전각으로 쓰였다. 팔각당 건물의 흔적은 중국이나 고구려, 신라에 남아 있는데 법당이나 중요한 의례를 행하였던 곳으로 알려져 있다. 일본에는 여러 채의 팔각당이 지금도 남아 있다. 대표적인 건물이 교토 호류지 몽전(夢殿)으로 739년에 지어진 것이며 안에는 관세음보살상을 모시고 있다. 곧 팔각원당 건물은 존귀한 불보살상을 모신다는 상징으로 쓰였기 때문에 승탑에 팔각원당형 몸돌을 안치한 것은 입적한 선사에 대한 최고의 존경을 올린다는 의미가 있다.

이처럼 도의선사탑은 초기의 승탑으로서 장식성이나 조형미가 제대로 갖추어지지 않았지만, 팔각원당형 몸돌을 갖춤으로써 신라 승탑의 시원 양식으로 인정받고 있다. 또 이러한 양식을 보여 주는 승탑은 도의선사탑 1기뿐이다.

신라 승탑의 기본형

도의 선사가 법을 전한 제자는 염거(廉居, ?~844) 화상이다. 그 역시 억성사에 머무르며 제자를 기르다 입적했는데 그의 승탑이 확실하게 전해지고 있다. 억성사는 지금 양양의 선림원지로 추정하고 있다. 도의선사탑이 있는 진전사지에서 멀지 않은 곳이다.

염거 화상의 승탑은 '전(傳) 원주 흥법사지 염거화상탑(국보)'으로 부르는데 지금은 국립중앙박물관에 소장되어 있다. 원주 흥법사지에 있었던 것으로 전해지고 있지만 확실한 근거가 있는 것은 아니어서 앞에 '전(傳)'이 붙은 것이다. 다시 말해 '원주 흥법사지에 있었던 것으로 전해지고 있는 염거화상탑'이라는 뜻이다. 탑을 옮겨 세울 때 그 안에서 청동판에 글씨가 새겨진 금동탑지(金銅塔誌)가 발견되어 문성왕 6년(844)에 이 승탑이 세워진 해임을 알게 되었다.

이 염거화상탑은 도의선사탑의 기단부와는 전혀 다른 모습으로 나타났

사찰에 가면 문득 보이는 것들

전 원주 흥법사지 염거화상탑(국보)

다. 도의선사탑에서 부처님의 사리를 모시는 불탑의 기단부를 가져다 쓴 것이 외람되다고 생각한 것일까? 스스로 용납하기 어려운 탓이었는지 기단부를 팔각원당형 몸돌과 같이 전부 팔각으로 일원화하였다. 자연히 어색함이 사라지고 전체적으로 안정감을 갖게 되었다.

이러한 승탑이 출현하게 된 데에는 염거 화상의 전법제자인 보조 체징(普照體澄, 804~880) 선사의 의견이 반영되었을 것으로 추정하는 견해가 있다. 스승의 승탑을 만들 때 어떻게든 전법제자의 의견이 없을 수 없기 때문이다.

보조 체징 선사는 염거 화상 문하에서 수행하다가 837년 당나라에 건너가 18주를 두루 여행하며 여러 선지식을 만나 뵙고는 '우리 조사(염거 화상)께서 말씀하신 것에 더 보탤 것이 없는데 어찌 멀리 가서 찾으려고 애쓰겠는가.' 하고 3년만인 840년에 귀국했다. 그리고 4년 뒤 염거 화상이 입적했다.

선사는 중국에 머물면서 많은 사찰을 순례하고 또 많은 승탑도 배관하였을 것이다. 만약 당나라 수도 장안의 초당사 구마라집 사리탑도 보았다면 자신의 스승인 염거화상탑을 만들 때에는 어떤 구상이 있지는 않았을까? 그래서 도의선사탑에서 부족했던 부분을 보완하여 팔각원당형 승탑이라는 신라 승탑의 기본형이 출현한 것은 아닌가 추정해 보는 것이다.

구마라집 사리탑은 구름에 휩싸인 수미산을 상징하는 수미대좌 위에 팔각원당형 몸돌을 올리고 그 위에 사각의 지붕돌을 얹은 형태다. 구름이 원형으로 여러 번 중첩된 것도 지루하고 사각 지붕 또한 어울리지 않을뿐더러 몸돌의 지나친 장식도 평안함을 깨뜨린다.

염거화상탑에는 아래쪽에 놓인 하대석부터 중대석, 상대석, 지붕돌인 옥개석까지 전부 팔각으로 통일했다. 우선 하대석의 옆면에는 각기 다른 자세의 여덟 마리 사자를 조각해 사자좌를 표방하고 상대석에는 위를 향한 연꽃무늬를 조각해 연화좌임을 나타내었다. 사자좌는 부처님이 앉는 자리이고, 연화좌는 불보살들이 앉는 자리이니 입적하신 선사의 위상이 높다는 것을 상징한 것이다.

중대석에는 연꽃 모양 안상을 만들고 안에는 향로, 꽃무늬, 보배 우산, 보배 구슬 등을 화려하게 조각해 놓았다. 몸돌을 받기 위한 괴임돌도 역시 팔각으로 처리하였는데 여덟 면에는 주악비천상을 얕게 새겨넣었다. 더불어 몸돌에는 앞문과 뒷문을 나타내고 문고리와 자물쇠를 표현하였으며 네 면에는 사천왕을 역시 돋을새김으로 표현하였다.

이러한 다양한 조각들은 부처님에게 음악과 함께 온갖 공양물을 올리고 사천왕이 외곽에서 이러한 법회를 지키는 모습을 표현한 것으로 선사 또한 그러한 공양을 받을 만큼 존귀한 분이라는 상징이기도 하다.

지붕돌도 역시 팔각으로 하였으며 지붕골과 서까래까지 섬세하게 표현하였다. 서까래 안쪽의 곡선형 경사면에는 몸돌에 새겨진 문 위에만 비천상을 조각하였다.

염거화상탑은 규모가 그리 크지 않지만 중요한 의미를 상징하는 조각들을 요소요소 배치한 단아한 탑이다. 또한 이후에 만들어지는 승탑들이 모두 이 승탑의 양식을 따랐기 때문에 신라 승탑의 기본형으로 인정받고 있는 귀중한 탑이다.

이후에 구산선문(九山禪門)에서 법맥을 이은 선사들이 입적한 후 승탑들을 세울 때에는 전부 팔각원당형으로 만들게 된다. 중국과도 다르고 기존의 불탑과도 다른 양식의 승탑이 이 땅에 정착하게 된 것이다.

통일신라시대의 가장 화려한 승탑

800년대 초부터 자리를 잡기 시작한 선종은 지방 호족들의 지원을 받아 각 지방에서 구산선문을 이루며 확고하게 그 위치를 굳혀 나가게 된다. 한편

850년경부터 900년대 초반까지 구산선문에서는 많은 승탑이 세워지게 되는데 이 무렵에는 신라 조정에서도 선사의 시호와 승탑의 이름을 내려 주게 된다. 이는 선사의 위상을 높여 주는 일일 뿐만 아니라 문파에게는 국가에서 인정하는 스승이란 자부심을 갖게 해 주었다. 또한 신라 국왕에게는 조정의 지지 세력이란 점을 부각시켜 주는 효과도 있었다. 그래서 구산선문을 이끌었던 선사들은 조정에서 받은 시호와 탑호(塔號)를 비석에 남기게 된다.

염거 화상의 제자인 보조 체징 선사는 장흥 보림사를 개창하고 구산선문의 하나인 가지산문(迦智山門)을 열게 된다. 곧 도의 선사와 염거 화상의 법맥이 보조 선사에 이르러 비로소 꽃을 피운 것이다.

그런 보조 선사의 승탑은 스승의 승탑과 마찬가지로 팔각원당형의 승탑이다. 신라 조정에서 받은 시호가 '보조(普照)'이며, 탑호는 '창성(彰聖)'이라 하였기 때문에 전에는 '보림사 보조선사 창성탑'이라 하였으나 지금은 탑호를 빼고 '장흥 보림사 보조선사탑(보물)'이라고 고쳐 부르고 있다.

이 시기에 세워진 승탑 중에서 가장 화려하고 아름다운 승탑은 화순 쌍봉사 철감선사탑(국보)이다. 철감(澈鑒, 798~868) 선사는 구산선문 중 사자산문(獅子山門)에 속한 선사이다.

철감선사탑은 신라시대뿐 아니라 우리나라에 남아 있는 모든 승탑을 통틀어 가장 조각이 섬세하고 우수하여 누구나 첫째로 손꼽는 승탑이다. 목조가구에 나타내는 기법을 그대로 돌에 옮겨 재현하였는데 어떻게 그것이 가능한지 의심이 들 정도이다. 철감선사탑도 팔각원당형을 기본

장흥 보림사 보조선사탑(보물)

사찰에 가면 문득 보이는 것들

화순 쌍봉사 철감선사탑(국보)

양식으로 했지만 부분적으로 변화를 주었다. 그래도 조화와 균형을 깨뜨리지는 않는다.

하대석 맨 아랫부분은 각진 팔각을 2단으로 깎았고 그 위에 폭이 넓은 운룡문 조각을 깎아 올렸다. 구름 조각이 큼직큼직한 사이로 서로 마주 보고 있는 두 마리 용이 원형에 가까운 전면에 새겨져 있다. 윗부분을 뭉게구름처럼 둥글게 처리해서 마치 구름 위의 또 다른 세계를 나타내려는 뜻을 잘 암시하고 있다.

운룡문 위에 새겨진 여덟 마리 사자는 갖가지 자유로운 포즈를 취한 모습으로 새겨져 있다. 웅크린 자세부터 뛰어가거나 뒤를 돌아보는 자세가 있는가 하면 가려운 듯 몸을 긁거나 하늘을 쳐다보는 사자도 있다. 심지어 장난스레 자기의 뒷발을 물고 있는 사자도 있다.

사자와 사자 사이는 딱딱한 선으로 구별하지 않고 연잎 줄기가 위로 올

철감선사탑 굄돌 안상에 조각된 가릉빈가

사찰에 가면 문득 보이는 것들

라가면서 두 팔을 벌린 듯 연잎이 펼쳐지는 모습을 풍성하게 조각해서 넣었다. 이 또한 다른 승탑에서 볼 수 없는 이채로운 풍경이다.

가운데 받침돌인 중대석은 보통 향로를 비롯한 공양물들을 새기는데 철감선사탑에는 유난히 머리가 큰 가릉빈가들이 다양한 자세로 조각되어 있어 새로운 시도를 선보였다.

상대석의 앙련 연꽃무늬에는 그 가운데에 화려한 꽃무늬를 다시 수놓았고, 그 위에 놓은 굄돌과 한 돌로 이루어져 있는데 이 굄돌의 조각이 신기(神技)의 솜씨다. 세로로 세워진 기둥들은 마치 상다리와 똑같이 둥글고 휘어지게 조각을 했고 기둥과 기둥 사이 안상 안에는 갖가지 악기를 연주하는 가릉빈가를 다시 새겼다. 장구, 피리, 바라, 비파 등이 등장해서 합주하는 모습이 그 작은 조각 안에 세밀하게 나타나 있다.

팔각원당형의 몸돌에 새겨진 솜씨 또한 예사롭지 않다. 목조 법당에 나타나는 양식을 돌 위에 그대로 재현해 놓은 것이다. 모서리마다 둥근 기둥을 세웠고 기둥 위에는 주심포를 깎아 얹었다. 기둥과 기둥 사이에도 둥근 기둥을 걸었는데 중간에 무게를 받는 소로를 깎아 넣어 당시의 목조 건물 양식을 그대로 보여 준다.

앞면과 뒷면에는 자물쇠가 조각된 문짝을 새겼고 나머지 여섯 면 중 네 면에 사천왕을, 두 면에는 비천을 조각하였다. 비천상은 공양비천상으로 경주 성덕대왕신종(에밀레종)에서 보듯 두 명의 비천이 악기를 연주하며 공양을 올리는 모습이다. 하늘로 뻗쳐 올라간 천의 자락은 비천들이 이제 막 하늘에서 내려왔음을 표현한 것인데 두 무릎을 꿇은 비천과 한쪽 무릎을 세운 비천의 모습까지 완벽하게 소화하고 있다.

지붕돌은 경사가 완만하고 기왓골이 뚜렷한데 내림마루는 훌쩍 돌출되어 확실하게 여덟 면을 구획 짓고 있다. 처마 끝의 막새기와도 전부 표현하였

● 철감선사탑 몸돌에 새겨진 자물쇠와 사천왕

● 철감선사탑 지붕돌 부분. 처마 끝에 표현된 막새기와의 꽃무늬가 선명하다.

사찰에 가면 문득 보이는 것들

는데 숫막새기와의 연꽃무늬가 너무나 또렷하고 앙증맞다. 암막새기와에도 작은 원형 모양의 문양을 넣었다.

처마 아래로는 부연(副椽)과 서까래가 다 나타나 있어 지붕을 밖으로 더 내기 위한 부연이 신라시대에도 사용되었음을 알게 해 준다. 서까래 안쪽의 여덟 면에는 네 곳에 비천상이, 나머지 네 곳에는 향로와 꽃무늬를 얕게 새겨넣었다.

어떻게 화강암을 가지고 마치 석고에 조각을 하듯 자유자재로 이러한 솜씨를 발휘할 수 있었을까? 장인들이 승탑을 조성하기 위해 바쳤던 비상한 구상력과 뛰어난 기술력, 완성될 때까지 모든 공력을 쏟아부었던 시간들을 생각하면 찬탄의 박수를 보내지 않을 수가 없다.

철감선사탑 옆에 있는 스님의 비는 비록 몸돌은 없어졌지만 귀부와 이수의 조각 솜씨가 또 보통 솜씨가 아니다. 지금이라도 당장 콧김을 내뿜으며 기어갈 것 같은 사실감이 거북의 발에 나타나 있다. 두툼한 발의 역동성은 누구의 아이디어였을까? 명작이란 이러한 상상력과 솜씨를 말하는 것이리라.

철감선사탑이 가장 화려한 승탑이라면 곱게 단장한 새색시같이 말쑥하고 조신한 승탑도 있다. 구례 연곡사 동(東) 승탑(국보)이 그것이다. 옆에 탑비도 있지만, 몸돌을 잃어버려 누구의 승탑인지 알 수 없다.

상륜부까지 온전히 남아 있어서 더욱 귀중한 이 승탑은 중대석에 팔부신중이 나타나고 몸돌의 괴임돌 기둥이 구슬을 꿰어 놓은 것 같은 동자주(童子柱)로 변모되었다. 몸돌에 향로가 배치되었으

구례 연곡사 동 승탑(국보)

며 상륜부에 봉황이 배치된 것은 극락정토를 나타낸 것이니 이러한 모습들이 이 승탑의 특징이기도 하다. 전체적으로 조각 솜씨가 좋고 비례감이 알맞아 통일신라 후기의 승탑 중에서는 우수작에 들어간다.

통일신라 후기에 선종에서 세워진 승탑은 문파를 대표하는 상징성도 있기 때문에 우수한 승탑이 많아 국보 3점과 보물 10여 점이 지정되어 있다. 그래도 승탑마다 형태가 달라 똑같은 승탑은 하나도 없다. 다만 승탑에 딸린 탑비가 없는 곳이 많아 그 역사를 알 수 없는 것이 안타까울 뿐이다.

고려의 승탑

고려 승탑의 대표 유물 – 팔각원당형 승탑

고려 조에 들어서도 선종의 승탑 건립과 왕명으로 시호와 탑호를 내려 주는 관행은 그대로 유지되었다.

고려가 후삼국을 통일하며 나라의 위상이 높아졌을 때 그 당당한 기세가 석불이나 석등에 나타났듯이 승탑에도 영향을 미쳤다. 고려시대를 통틀어 가장 헌걸차며 위풍당당한 기세를 가진 승탑으로는 여주 고달사지 승탑(국보)을 꼽는다. 고달사지 승탑의 주인이 누구인지에 대해서는 확인되지 않았다.

이곳 고달사터에는 또 하나의 대표적인 승탑이 있으니 바로 여주 고달사지 원종대사탑(보물)이다. 이 탑은 짝을 이룬 탑비도 존재하는데, 5미터가 넘는 크기로 귀부와 이수가 현존하는 탑비 중 가장 큰 규모를 자랑하는 여주 고달사지 원종대사탑비(보물)이다.

원종(元宗, 869~958) 대사는 고달사에서 진경(眞鏡, 855~923) 대사를 스승

여주 고달사지 승탑(국보)

으로 출가했고 진경 대사는 원감(圓鑑, 788~869) 대사의 법을 이었다. 곧 원감 대사 → 진경 대사 → 원종 대사로 법맥이 이어져 내려간 것이다. 진경 대사는 경상도 창원 지역에서 구산선문의 하나인 봉림산문(鳳林山門)을 개창했고, 봉림사에서 입적해 그곳에 승탑을 세웠으나 지금은 국립중앙박물관에 옮겨져 있다. 바로 창원 봉림사지 진경대사탑(보물)이다.

그렇다면 봉림산파의 가장 큰 어른이신 원감 대사의 승탑만 없는 셈이 된다. 원감 대사 역시 당나라로 건너가 혜능 대사의 법맥인 장경(章敬, 757~816) 선사의 법을 이었고, 고달사에서 오랫동안 선풍을 일으켰다. 법손(法孫)인 원종 대사도 이 고달사에 오래 머물다 입적했기 때문에 문파의 입장에서도 원감 대사의 승탑은 반드시 건립하였을 것이다. 그래서 고달사지 승탑(국보)을 원감 대사의 승탑으로 추정하고 있는데, 실제 고달사지 승탑은 원종대사탑보다 앞선 양식이기도 하다.

여주 고달사지 원종대사탑(보물)

고달사지 승탑은 우선 규모 면에서도 다른 승탑을 압도한다. 체구가 클 뿐더러 높이가 4.3미터에 달한다. 전형적인 팔각원당형이지만 새로운 모습도 발견할 수 있다. 우선 팔각으로 짜여진 지대석 중앙에 하대석을 받는 팔각의 굄돌을 따로 조성해 놓았다. 굄돌 위에 놓은 하대석 옆면에는 사자가 사라진 대신 한 면에 두 개의 연꽃 모양 안상을 배치하고 안상 중앙에는 여의두(如意頭) 문양을 돋을새김하였다. 또한 하대석 위에는 큼직큼직한 쌍잎의 연꽃무늬를 시원스럽게 조각하였다.

가운데 받침돌인 중대석은 완전히 혁신적이다. 공양물이나 가릉빈가 조각은 찾아볼 수 없고, 용의 얼굴을 한 한 마리 거북이가 정면을 향해 당당히 앉았는데 머리가 목부터 완전히 돌출되어 사실감을 더했다. 머리 위에는 직사각형의 홈이 파여 있어 뿔 모양을 만들어 끼웠던 흔적으로 보고 있다. 거북 등 양쪽으로는 구름 속에서 여의주를 다투는 용 두 마리가 선 굵은 솜씨로 힘차게 새겨져 있다.

윗받침돌 역시 하대석처럼 연꽃무늬를 조각해 놓았는데 하대석의 연꽃보다 더 크고 두터워 튼실한 느낌을 준다. 그 위의 팔각원당형 몸돌에는 모서리마다 기둥을 세우고 앞뒤로 문짝을 조각하였는데 문짝 중앙에는 양쪽으로 용머리가 달린 자물쇠를 돋을새김하였다. 또 사천왕을 네 면에 새기고 나머지 두 면에는 고려시대 건물에서 보이는 문창살을 배치하였다.

지붕돌은 두터운 편이라 무게감이 있지만, 경사면은 완만한 편이다. 다만 내림마루 끝을 한껏 들어 올려 커다란 귀꽃을 앉혀 놓아 평범한 지붕돌에 장식성을 추가하였다. 지붕돌 아랫면 안쪽으로는 구름무늬와 비천상을 번갈아 가며 얕은 돋을새김으로 완성하였는데 선의 처리가 간결하다. 지붕돌 위에는 배가 나온 원통형 돌을 하나 놓고 보개를 얹었는데 보개 또한 지붕돌과 같은 형식이다. 공 모양에 가까운 돌은 '十'자로 묶고 교차점은 어떤 장식을 가하였는데 이는 보통 부처님의 밥그릇인 발우를 엎어 놓은 모양에서 따온 것이라 하여 복발(覆鉢)이라고 보기도 한다. 석탑의 상륜부에도 항상 복발이 있기 때문이다. 보개 위에는 보주만 남아 있는데 다른 승탑처럼 보륜도 있었을 것으로 본다.

고달사지 승탑은 활달하고 기개 넘치는 고려 초의 기운을 반영하듯 씩씩하고 듬직한 대장부의 기백이 잘 나타난 승탑이다. 압도적인 큰 키에다가 조각이 시원시원하고 전체적인 비례감도 뛰어나서 고려 승탑의 절정이라고

여주 고달사지 승탑 중대석

여주 고달사지 승탑 몸돌

사찰에 가면 문득 보이는 것들

필자는 생각한다.

한편 고려 초에는 탑비를 절 경내에 두고, 승탑은 절 뒤쪽이나 산등성이에 두는 방식이 많은 특징이 있다. 한 예로 940년에 세워진 강릉 보현사 낭원대사탑비(보물)는 보현사 경내에 있는데, 낭원대사탑(보물)은 절 뒤쪽 산꼭대기를 거의 다 올라간 지점에 세워져 있다. 또 958~960년경에 세워진 괴산 각연사 통일대사탑비(보물)도 절에서 1킬로미터 떨어진 산속에 있는데 통일대사탑(보물)은 탑비가 있는 곳에서도 30분 정도 걸어 올라간 능선 위에 있다.

이처럼 절에서 떨어진 산록에 설치된 승탑으로는 문경 봉암사 정진대사탑(보물)이 있고, 원주 흥법사지 진공대사탑(보물)과 원주 거돈사지 원공국사탑(보물)도 탑비와 떨어져 산록에 있었으나 지금은 국립중앙박물관에 소장되어 있다.

물론 승탑과 탑비가 나란히 절 뒤편에 서 있는 곳도 있다. 서산 보원사지 법인국사탑(보물)과 법인국사탑비(보물)가 그러한 예에 속한다. 법인(法印, 900~975) 국사 사후 978년경에 탑과 탑비가 세워진 것으로 생각된다.

독특한 것은 법인 국사는 선종 승려가 아니라는 점이다. 서산 보원사는 의상 대사가 창건한 화엄십찰(華嚴十刹)의 하나로 고려 때에도 여전히 화엄

서산 보원사지 법인국사탑(보물)과 탑비(보물)

종 사찰로 유지되고 있었다. 법인 국사도 화엄종 승려였기에 보원사에 내려와 임종을 맞게 된 것이다. 광종이 내린 시호가 '법인'이었고 탑명은 '보승(寶乘)'이었기 때문에 이 팔각원당형 승탑을 '법인국사보승탑'이라 불렀다.

이는 선종이 아닌 교종에서도 승탑을 세우게 되었음을 알려 주며, 이제 승탑은 선종의 전유물이 아닌, 불교의 모든 종파에 적용되는 보편적 불교문화로 편입하게 되었음을 의미한다. 실제로 교종에서 많은 승탑이 세워지게 된다.

새로운 양식의 등장

팔각원당형 승탑이 널리 퍼진 가운데 특수한 승탑도 나타난다. 바로 충주 정토사지 홍법국사탑(국보)이다. 고려 현종 8년(1017) 무렵에 세워진 승탑으로, 현재는 국립중앙박물관 경내에 탑비와 함께 옮겨져 있다.

홍법국사탑은 팔각원당형을 유지하였지만 몸돌에서 두드러진 변화를 주었다. 팔각원당형 몸돌이 사라지고 공처럼 둥근 모양에 위아래가 약간 납작한 형태의 돌을 얹었다. 또 '十'자로 띠를 둘렀으며 교차하는 곳에는 꽃 모양을 새겨넣었다.

왜 이런 형태의 몸돌이 출현했을까? 팔각원당형을 아예 둥근 원당(圓堂)으로 만든 것일까? 발우를 엎어 놓은 모양의 복발탑에서 착상한 모습일까? 원만한 깨달음을 상징한 것일까?

이러한 새로운 모습의 원구형(圓球形) 몸돌은 고려 후기로 가면서 많이 나타나고 조선시대의 승탑에도 큰 영향을 미친다.

충주 정토사지 홍법국사탑(국보)

사찰에 가면 문득 보이는 것들

고려시대의 승탑 중에서 가장 화려하며 특이한 발상으로 우리들의 이목을 끄는 승탑은 원주 법천사지 지광국사탑(국보)이다. 이 승탑만큼 우여곡절을 겪은 승탑도 흔치 않을 것이다.

1910년 한일 합방이 되자마자 이 승탑은 비밀리에 해체되어 일본으로 밀반출, 한 일본 가문의 묘지로 이전되었다가 조선인들의 항의가 거세지자 조선총독부의 명령으로 되돌아왔다. 이후 경복궁 뜰에 무사히 안치되었으나 한국전쟁으로 또다시 큰 피해를 입었는데, 당시 경복궁에 있는 많은 석재 유물이 손상을 피했지만 가장 화려한 이 승탑만큼은 포탄을 맞고 상층부가 산산조각이 났다. 미인박명이라 하였던가. 이후 어렵사리 맞추어 다시 세웠으나 2005년 국립중앙박물관이 용산으로 이전할 때도 파손의 위험으로 옮겨가지 못하다가 기술의 발전으로 국립문화재연구소에서 전면 해체 복원 작업을 진행했다.

지광(智光, 984~1070) 국사는 법상종에 속한 스님이다. 앞에서 말했듯이 승탑문화가 각 종파로 파급되면서 국사를 지낸 스님의 승탑을 세우게 된 것이다. 당연히 법상종에서는 선종의 승탑 양식을 본받으려 하지 않았을 것으로 짐작된다. 그래서 사각을 기본으로 다양한 문양과 화려한 장엄 요소들을 적절히 배치하여 조형미가 뛰어난 승탑을 완성하였던 것이다. 이는 탑비가 세워진 1085년 무렵에 완성되었을 것으로 추정된다.

대각국사(大覺國師) 의천(義天, 1055~1101)의 승탑도 현존한다. 북한 개성 영통사에 있는 이 승탑에 대해 영통사 대각국사비에는 '다비한 후에 수습한 유골을 동쪽 석실(石室)에 안치했다가 1103년 서북쪽에 승탑을 만들고 유골을 이장하였다'고 기록되어 있다.

대각국사는 화엄종을 공부하고 송나라에 유학한 후 고려의 천태종을 개창한 고승이었다. 대각국사의 유골을 봉안했다고 전하는 승탑은 남한에도

원주 법천사지 지광국사탑(국보)

순천 선암사 대각암 승탑(보물)

사찰에 가면 문득 보이는 것들

1기 전하는데 순천 선암사 대각암의 대각암 승탑(보물)이 그것이다.

　　결국 선종에서 법을 깨달았다고 인가해 주는 제도에 의해 법을 이은 선사에게만 세워 주던 승탑은 고려시대에 들어와 교종의 고승들에게도 전파되었다. 이는 선종에서만 세워지던 승탑이 교종의 종파에서도 세울 수 있게 됨으로써 종파 간의 차별성이 반감되었다는 뜻이기도 하다.

고려 중기의 승탑

고려 초기에는 우수하고 아름다운 승탑이 경쟁하듯 많이 세워졌지만 12세기 후반부터 무신정권이 일어나고, 연이어 몽골의 침략전쟁이 일어나면서 고려사회는 크나큰 시련에 직면하게 된다. 그러한 여파로 승탑의 건립도 드물어지고 작품성도 크게 위축된다.

　　이 시기의 대표적 승탑이라면 포항 보경사 승탑(보물)과 군위 인각사 보각국사탑(보물)을 들 수 있다.

　　보경사 승탑은 보경사 경내에 원진국사비(보물)가 있어 원진국사(圓眞國師, 1171~1221)의 승탑임을 알 수 있다. 탑비가 1224년에 세워졌으므로 승탑도 이때 건립되었을 것이다. 승탑은 팔각원당형을 기본으로 했지만, 조각이 섬세하지 못하고 몸돌은 긴 편이어서 전체적으로 가늘고 기다란 느낌을 준다. 몽골과 전쟁 중인 까닭에 안정된 솜씨를 발휘하지 못한 듯하다.

　　군위 인각사 보각국사탑도 마찬가지다. 보각국사(普覺國師)는 바로 『삼국유사』의 저자 일연 스님으로 인각사에서 83세로 입적해 시호는 '보각(普覺)', 탑명은 '정조(靜照)'였다. 승탑은 동쪽 언덕에 세웠으나 근래에 경내로 이전하였다(보각국사탑과 함께 보물로 지정되어 있는 보각국사비는 1295년 세워졌다). 승탑 역시 팔각원당형이나 둔하고 치밀하지 못해 고려 말기의 쇠잔한 기운을 느끼게 해 준다. 특히 몸돌 정면에 '보각국사정조지탑(普覺國師靜照之

포항 보경사 승탑(보물)

군위 인각사 보각국사탑(보물)

장흥 보림사 서 승탑(보물) 중 남쪽 탑

사찰에 가면 문득 보이는 것들

塔)'이라는 명문이 있어 특이한 예에 들어간다.

고려 중엽의 혼란기가 닥치면서 승탑을 세우는 일도 자유로워진다. 조정에서 시호와 탑의 이름을 받지 않더라도 문파의 뜻에 따라 승탑을 세우는 풍조가 생긴 것이다. 대표적인 유물이 장흥 보림사 서 승탑(보물)이다. 2기가 함께 지정되어 있는데 비석의 흔적도 없고 기록도 없으며 양식도 뒤떨어져 고려 중기의 승탑이라고 보고 있다. 경북대학교 박물관에 소장되어 있는 대구 산격동 연화 운룡장식 승탑(보물)과 대구 산격동 사자 주악장식 승탑(보물)도 같은 경우다. 학자에 따라서는 고려 초부터 임의로 세워졌다고 보기도 한다.

고려 후기의 승탑

고려 말기가 되면 원나라의 힘도 약화되지만 고려 조정의 통치력도 약화되어 홍건적과 왜구의 침입에 제대로 대처하지 못한다. 권문세가(權門勢家)들은 저마다 개인적인 병사들을 거느리는 풍조가 만연하여 국가의 기강도 많이 흐트러졌다.

이러한 고려 말기의 혼란기에 불교계에서는 뛰어난 두 선사가 출현하였으니 바로 나옹 선사와 태고 보우(太古 普愚, 1301~1382) 선사였다.

나옹 선사는 인도 출신의 지공 선사의 제자이지만 선종의 법통으로는 중국에서 선종의 한 갈래인 임제종의 평산 처림(平山處林, 1279~1361)에게서 법을 이었고, 귀국해서는 양주 회암사에 머물며 크게 선풍을 일으켰다.

지공 선사의 사리를 모신 승탑을 회암사에 세우고 1371년에 왕사(王師)로 임명된 나

양주 회암사지 나옹선사탑(경기 유형문화재)

●
원주 영전사지 보제존자탑(보물)

사찰에 가면 문득 보이는 것들

옹 선사는 1376년 4월 15일 회암사 중창 불사를 원만히 회향하였다. 이후 수도권과 지방의 신도들이 회암사로 구름처럼 모여들었다. 민심이 나옹에게로 쏠리는 것을 원치 않았던 유학자 중심의 신진 세력은 이를 매우 경계하였고, 결국 우왕의 명으로 나옹은 회암사를 떠나 밀양 영원사로 향하였다. 그러다 안타깝게도 영원사로 가는 도중인 5월 15일, 여주 신륵사에 머물던 나옹 선사는 57세에 조용히 입적하였다.

이런 연유로 나옹 선사의 승탑은 여주 신륵사 경내 뒤편 산기슭에 자리 잡게 된 것이다. 다비 후 나온 사리와 유골은 인연처인 양주 회암사와 원주 영전사에도 승탑을 세우고 나누어 봉안하게 된다.

양주 회암사지 나옹선사탑(경기 유형문화재)은 팔각원당형이지만 몸돌이 납작한 둥근 돌 형태로 변화되었으며 중대석도 각은 살아 있지만, 배가 많이 부른 형태로 바뀌었다. 상륜부는 여러 개의 보배 바퀴와 보배 구슬 형태를 돌로 깎아 마감했다.

원주 영전사지에 있던 보제존자탑(보물)은 한 쌍의 3층 석탑 양식으로 조성되었으나 지금은 국립중앙박물관에 옮겨져 있다. '보제존자탑'이라 한 이유는 나옹 선사가 공민왕의 왕사로 책봉되었을 때 하사받은 이름이 '보제존자(普濟尊者)'였기 때문이다.

나옹 선사의 승탑 가운데 가장 특이한 것은 여주 신륵사 보제존자석종 (보물)이다. 우왕이 내린 시호는 '선각(禪覺)'이었지만 탑명이 없어 '보제존자 석종'이라고 부른다. 나옹 선사를 다비한 후 사리가 155과 출현하여 나누어 모셨고, 정골사리(頂骨舍利)는 입적한 곳을 기념해 신륵사 승탑에 봉안했다. 승탑이 마치 범종의 모양을 돌로 깎아 놓은 듯한 모습이어서 '석종(石鐘)'이라고 부르는데, 회암사터 위쪽 능선 위에 1379년에 세웠던 선각왕사비의 비문에도 '석종으로 덮었으니 감히 누구도 손을 대지 못하게 함이다'라는 기

울산 태화사지 십이지상 사리탑(보물)

록이 있어 당시에도 '석종'이라 일컬었음을 알 수 있다. 하여간 고려 말기에 나타난 완전히 새로운 스타일의 승탑이다.

혹자는 신라시대에 세워진 울산 태화사지 십이지상 사리탑(보물)을 석종형 승탑의 원류라고 말하기도 하지만 신라시대나 고려시대에 그 양식이 이어진 흔적이 없어 신라시대의 이형 사리탑이라고 보는 것이 맞을 것이다. 불국사 다보탑처럼 말이다.

신륵사 보제존자석종 옆에는 1379년에 세운 보제존자석종비(보물)가 있는데 이 비석 이름을 '신륵사 보제사리석종기(普濟舍利石鍾記)'라 하여 아예 '석종'이라 부르고 비문 내용에도 '석종탑(石鍾塔)'이라 하여 석종형 승탑임을 말하고 있다.

이러한 석종형 승탑 양식은 인도의 불탑인 복발탑으로부터 온 것으로 보고 있는데 실제로 신륵사 석종보다 먼저 만들어진 복발형 승탑이 있다. 바로 북한 개성 보봉산 화장사터에 있는 승탑이다. '화장사 사리탑'이라고 부르고 있는 이 승탑은 1370년경에 만들어진 유물로 나옹 선사의 스승인 지공 선사 사리탑이다. 반구형(半球形) 몸돌에 '지공정혜영조지탑(指空定慧靈照之塔)'이라는 한문 각자가 있어 지공 선사의 승탑임을 확실히 알게 해 준다.

지공 선사의 사리가 나옹 선사에게 전달된 것이 1370년 1월이었기 때문에 나옹 선사는 지공 선사의 인연처인 회암사와 화장사에 사리를 봉안한 승탑을 세웠던 것이다. 지공 선사가 인도인이었기에 인도의 불탑 형태인 복발탑 형태로 한 것은 아닌가 짐작하기도 한다.

사찰에 가면 문득 보이는 것들

여주 신륵사 보제존자석종(보물)

개성 화장사터 지공선사부도

사찰에 가면 문득 보이는 것들

이 사리탑은 팔각의 하대석 위에 연꽃무늬가 새겨진 팔각의 굄돌을 놓고 둥근 몸돌을 얹었는데 몸돌 윗면에는 화려한 연꽃무늬를 돌아가면서 조각하였다. 정상부에는 마치 석탑의 상륜부 보륜과 같은 원형의 납작한 돌을 중첩해 깎아 올렸고, 꼭대기에도 보개를 올려놓은 모습으로 마감하였다. 마치 인도의 복발형 불탑을 보는 듯하다.

축대도 모두 팔각 2단으로 처리하였는데 기존의 팔각형 기단부를 적극적으로 활용한 듯하다. 이 사리탑을 조성할 때 나옹 선사 또한 존경하던 스승의 사리탑인 만큼 일정한 역할을 하였을 것으로 믿어진다. 화장사는 지공 선사가 고려를 방문하였을 때 창건한 사찰로 알려져 있으며 그러한 인연으로 승탑을 세웠던 것으로 생각된다. 지금은 폐사되어 절터만 남아 있다.

이 양식이 여주 신륵사 보제존자탑에 적용되면서 몸돌은 범종과 닮아가고 상륜부는 커다란 불꽃에 싸인 보배 구슬 모습으로 바뀌게 된다. 화장사 사리탑보다도 더 범종처럼 보이게 된 것이다.

또 기단부와 축대도 모두 사각으로 변모된 것이 화장사 사리탑과 달라진 점이다. 이렇게 새롭게 태어난 석종형 승탑 양식은 이후 조선시대에도 간략해진 모습으로 계속 이어지게 된다.

태고 보우 국사는 1347년 중국으로 건너가 석옥 청공(石屋淸珙, 1272~1352)의 인가를 받고 법등(法燈)을 이었다. 1356년 왕사, 1371년 국사로 책봉되었으며 중국으로 건너가기 전에 이미 북한산 중흥사에 머물며 후학들을 지도하고 그 동쪽에 태고암을 창건했다. 82세에 입적하였으며 시호는

고양 태고사 원증국사탑(보물)

'원증(圓證)', 탑호는 '보월승공(寶月昇空)'이다. 사리는 인연이 있었던 양산사, 사나사, 청송사, 태고암에 나누어 모셨다. 북한산 고양 태고사에 원증국사탑비(보물)가 있으며 절 뒤 언덕 위에 원증국사탑(보물)이 있다. 1385년경 팔각원당형으로 조성하였으나 지대석과 하대석이 사각형으로 변모하였고 몸돌이 배가 나온 원통형으로 조각되어 고려 말기의 특징이 잘 나타나 있다.

조선에서 살아남다

조선시대가 도래하면서 국가 이념이 바뀌어 억불숭유 정책이 진행되었다. 사원에 소속된 토지와 노비는 몰수되고, 승려의 신분을 보장해 주는 도첩제가 폐지되어 출가의 길이 막힌 데다 사찰과 승려의 수도 제한되었다.

그래도 조선 초기에는 고려시대의 유풍이 남아 있었고, 불교를 애호하는 왕들도 있어 그런대로 명맥을 유지할 수 있었다. 태조 이성계는 무학 대사를 왕사로 책봉했고, 세종은 궁 안에 내불당(內佛堂)을 두었으며, 세조는 도성 안에 원각사를 짓고, 간경도감을 설치해 여러 가지 불서를 한글 해석본으로 간행하였다. 승탑도 이러한 시기에 만들어진 것이 몇 점 전하고 있다.

충주 청룡사지 보각국사탑(국보)은 태조 3년(1294)에 조성된 승탑으로 조선시대에 처음으로 시호를 받은 탑이다. 보각(普覺, 1320~1392) 국사는 고려 우왕 9년(1383)에 국사로 책봉되었지만 조선 태조 1년(1392)에 입적했다. 고려의 마지막 국사였지만 태조 이성계에 우호적이었고, 태조 또한 스승으로 섬겼기에 시호를 '보각(普覺)', 탑호를 '정혜원융(定慧圓融)'으로 내려 주었다. 그러니까 '보각'은 조선 조정에서 받은 시호이고, '국사'는 고려 조정에서 받은 것이다. 참고로 조선에서는 무학 대사가 조선 태조 1년(1392)에 왕사로

사찰에 가면 문득 보이는 것들

충주 정통사지 보각국사탑(국보)

책봉되고, 태조 3년(1394)에 천태종 고승 조구(祖丘, ?~1395) 스님이 국사로 책봉된 것을 마지막으로 국사나 왕사의 책봉은 없어지고 만다. 서서히 유교 우선 사회로 전환되어 간 것이다.

보각국사탑은 지대석부터 옥개석까지 전부 팔각원당형으로 하였는데 두드러진 변화는 몸돌에 나타났다. 전체적으로 약간의 배흘림이 있으며 각각의 모서리에는 용이 휘감고 올라가는 기둥을 세웠다. 기둥 사이의 여덟 면에는 무기를 든 신장들을 돋을새김으로 표현하면서 문짝과 사천왕 조각이 사라졌다.

지붕돌의 내림마루 끝에도 고려시대에 유행하던 귀꽃이나 여의두 문양이 사라지고 용머리 조각이 등장했다. 목조 건축물에서 보이는 지붕의 용머리가 나타난 것이다. 또 이렇게 나타난 지붕돌의 용머리는 조선시대 승탑 지붕돌에 면면히 이어지게 된다.

양평 용문사 정지국사탑 및 비(보물)는 정지 국사(正智國師) 지천(智泉, 1324~1395)을 기리기 위한 유물로 태조 7년(1398)에 세웠다. 지천은 공민왕 2년(1353) 무학 대사와 함께 원나라로 가서 지공 선사를 뵈었는데 고려에서 먼저 온 나옹 선사가 지공의 인가를 받았으므로 두 사람은 함께 나옹의 제자가 되었다. 공민왕 5년(1356)에 귀국하여서는 자취를 감추고 오로지 수행에만 힘썼다. 깊은 산에 숨어 지내고 대중을 거느리거나 법회를 여는 일도 없었다.

어느 해 7월 7일, 천마산 적멸암에서 시자(侍者)에게 '나는 간다'는 말을 남기고 61세에 앉은 채로 훌쩍 입적하였다. 며칠이 지나서 그의 제자 해참(海岾)의 꿈에 나타나 '너희들은 어찌하여 사리를 버리고 거두지 않느냐'고 하여 제자들이 다비장(화장장)으로 달려가 많은 사리를 수습했는데 그 사리의 빛이 너무 맑고 빛났다. 태조 4년(1395)의 일이다.

태조 이성계는 이 스님의 이야기를 듣고 '정지국사'로 추증하였다. 곧 살아 있을 때 국사로 책봉된 것이 아니고 입적한 뒤 명예직으로 받은 것이다.

양평 용문사 정지국사탑(보물)

아마 나옹 선사의 동문 제자였던 무학 대사로부터 지천의 수행력을 전해 들었을 것으로 짐작된다.

정지국사탑도 팔각원당형인데 바닥돌과 아래받침돌이 사각 형태로 바뀌었다. 가운데 받침돌도 북 모양으로 아무런 장식이 없고 몸돌에는 한 면에만 문짝을 표현하였다. 지붕돌 내림마루 끝에는 꽃장식이 있는데 귀꽃이 낮아지고 작아진 모습이다. 지붕돌 꼭대기에는 피어나는 연꽃 모양의 장식이 놓여 있다. 팔각원당형 승탑이 점점 퇴화되고 있는 모습을 보여 주는 승탑이다.

조선 초기에 가장 정성을 기울여 만든 승탑은 양주 회암사지 무학대사탑(보물)이다. 무학 대사는 태조의 왕사이기도 했지만, 조선 창업을 도와준 공신이기도 했다. 태조와의 친밀한 인연으로 이 승탑은 무학 대사가 살아 있을 때 태조의 명으로 미리 만들어졌으며 입적했을 때도 태조는 생존해 있었기에 소홀히 다룰 수 없었다.

태종 5년(1405) 무학 대사가 금강산 금장암에서 입적하자 태종은 무학 대사의 영골을 이 승탑에 안치했다. 또 무학 대사에게 '자지홍융(慈智洪融)'이라는 탑의 이름을 내려 주었다. 시호를 내려 주지 않은 것은 아버지이자 조선을 건국한 태조 이성계가 무학 대사를 왕사로 책봉할 때 '묘엄존자(妙嚴尊者)'라는 호를 내려 주었기 때문에 따로 정하지 않은 것으로 짐작된다. 그래서 무학대사탑 앞에 있는 무학 대사의 비에도 '묘엄존자 탑명 병서(並序)'라고 하였고, 비문의 내용에도 태종이 탑의 이름만 내려 준 것으로 나온다. '묘엄존자'가 시호라고 쓴 글들이 많은데 엄연히 왕사로 책봉될 때 받은 이름이다.

원래 이 승탑은 누구의 승탑인지 정확하지 않다고 하여 '회암사지 부도'라고 불렀으나 무학대사비나 『태조실록』 등의 기록을 살펴볼 때 무학 대사의 승탑이 확실하다 하여 2007년 지금의 명칭으로 변경되었다.

무학대사탑은 팔각의 축대를 2단으로 쌓고 그 위에 난간석을 둘렀다. 난간 안쪽 중앙에는 구름무늬가 새겨진 팔각의 바닥돌을 놓고 그 위에 팔각원당형 승탑을 올렸다. 아래받침돌부터 위받침돌까지의 조형미와 조각 솜씨도 훌륭하지만 가장 두드러진 부분은 역시 몸돌이다.

둥근 형태의 몸돌에는 용과 구름이 깊은 돋을새김으로 가득 새겨져 있다. 정면을 향한 용의 얼굴과 다섯 개의 발톱이 새겨진 튼튼한 앞발, 구름 속을 오가며 드러난 몸의 비늘이 선 굵은 솜씨로 활기차게 표현되어 금방이라도 뛰쳐나올 듯 생동감이 있다. 팔각원당형에서 몸돌이 점차 원형으로 변해가고 있음을 알 수 있다.

보은 법주사 복천암 수암화상탑(보물)은 신미 대사의 승탑이다. 잘 알려져 있다시피 유학자 김수온(1409~1481)의 맏형이다. 신미 대사는 성균관에 입학했다가 출가한 것으로 알려져 있으며, 세종 28년(1446) 무렵 세종을 만

나 불사를 도왔고, 세종이 내린 법호는 '혜각존자(慧覺尊者)'였는데 당시 유교 우선 사회에서는 매우 이례적인 일이었다.

　　세조가 간경도감을 설치하고 불경을 번역·간행할 때 이를 주관했던 사람도 신미 대사였다. 『석보상절』 편집을 이끌었고 『원각경』, 『선종영가집』 등의 불서를 번역해서 간행했다. 또한 세종의 훈민정음 창제에도 깊이 간여했다고 해서 관련한 소설과 영화에 등장하는 고승이다.

　　신미 대사가 노후에 속리산 법주사 복천암으로 옮겨 가자 세조는 1464년 스스로 복천암까지 행차하여 큰 법회를 열었다. 그만큼 신미 대사에 대한 세조의 신임은 두터운 것이었다.

　　수암화상탑은 팔각원당형 양식을 계승하고 있으나 문양이나 조각이 없이

간결하게 조성하였다. 이 승탑에 이르러 몸돌이 둥글게 변모하였고 가운데 받
침돌에 '수암화상탑(秀庵和尙塔)'이라는 명문과 1480년에 세웠다는 조성 연대
를 새겨넣었다. 이렇게 승탑에 주인공의 이름을 새기는 것은 고려 일연 스님의
군위 인각사 보각국사탑 몸돌에 나타난 뒤 화장사 사리탑에 등장했다가 100여
년 뒤 수암화상탑에서 나타난 후에는 조선 후기의 승탑에 계속해서 이어진다.

　　수암화상탑 옆에 있는 복천암 학조화상탑(보물)도 수암화상탑과 같은
양식이다. 학조 화상은 학조 등곡(學祖燈谷) 대사를 말하는 것으로 신미 대사
의 수제자이다. 이 승탑도 몸돌이 동그란 구형이며 역시 중대석에 '학조등곡
화상탑'이라는 한문 명문과 1514년 세웠다는 조성 일자가 남아 있다. 지붕돌
내림마루 끝에 귀여운 꽃을 살짝 조각해 넣었다.

두 승탑은 조선시대 후반기에 많이 나타나는 원구형 승탑의 모델이 되는 중요한 승탑이다.

부도전의 탄생

조선시대 승려들이 유학자들에게 항상 비판받는 점은 '충효(忠孝)'의 문제였다. 낳아 주신 어버이를 버리고 출가한 것은 '효'를 버린 것이며, 효를 버린 사람들이 어찌 만백성의 어버이인 임금을 섬기며 충성할 수 있느냐는 것이다.

이러한 유학자들의 고정관념을 깨부수는 사건이 조선에 밀어닥쳤다. 임진왜란이 터진 것이다. 고통당하는 백성들을 좌시할 수 없고 나라가 쓰러질 위기에 처했으니 잠시 불경을 덮고 칼을 든 스님들의 활약은 눈부시도록 놀라웠다. 서산 대사를 필두로 사명당, 영규 대사 등의 지휘 아래 승려는 하나같이 단결하여 조국을 위해 피를 뿌렸다.

영규(靈圭, ?~1592) 대사는 임진왜란 초기 승군 수백 명을 이끌고 관군과 함께 처음으로 청주성을 빼앗아 승군의 기세를 올렸다. 또한 조헌의 의병과 함께 금산전투에서 모두 다 순국하였지만, 그 대가로 왜군의 전라도 침입을 막았다.

이순신 장군의 휘하에는 수군 승병도 있었다. '의승 수군(義僧 水軍)'으로 불린 이들은 후방 지원을 맡은 것이 아니라 전투 시 돌격대를 맡는 용맹한 부대였다. 여수 흥국사에 주로 주둔했으며 갑오경장 때까지도 300명이 계속 주둔했다고 기록되어 있다.

사명 대사의 평양성 전투 참전과 처영 대사의 행주대첩 참전도 승병의 용맹함을 알린 전투였다. 임진왜란이 끝난 후 일본으로 가는 사절단을 꾸릴 때도 죽음을 각오하고 떠나야 했기에 어느 조정 대신도 나서지 않아 결국 사명 대사가 그 임무를 맡게 될 정도로 불교계의 위상은 달라져 있었다.

이후 전국의 중요한 산성의 축성과 수비는 대부분 승군들이 맡게 되었고, 정국이 안정되면서 사찰도 조정의 지원과 백성들의 협력으로 경제력을 회복해 나갔다.

이러한 때에 불효의 문제를 비켜 가기 위하여 등장한 것이 바로 승탑의 조성이었다. 스승이나 고승에 대한 승탑을 조성하는 일을 민간사회에 비교한다면 바로 묘를 조성하는 것과 같다. 차츰 불교계에서도 어버이 같은 스승을 위해 승탑을 조성하게 되고 이러한 풍조는 전국 사찰로 퍼져나가게 된다.

그러자 승탑을 어디에 세울 것이냐 하는 문제가 대두되었다. 예전의 방식대로 절의 뒤편이나 산등성이에 모시면 절에 드나드는 신도나 유람객들과 마주칠 일이 없게 된다. 오히려 많은 사람들에게 보여 주고자 하는 것이 하나의 목적이었기 때문에 자연히 승탑은 일주문 밖 길섶으로 나오게 되었다. 마치 충효각이나 열녀각이 동네 입구에 세워져서 그 동네의 위상을 말해 주듯 절집의 효도 풍습을 나타낸 것이다.

조선시대 후기에 이렇게 사찰의 초입에 집중적으로 만들어지기 시작하면서 그 공간을 '부도밭', '부도전(浮屠殿)'이라고 불렀다. 고승들의 승탑은 비석과 함께 세웠지만, 몸돌에 간단히 법명을 새긴 승탑도 많이 생겨났다. 웬만한 절에는 이러한 승탑들이 모여 있었는데 팔각원당형에서부터 원구형, 석종형 등이 간략해진 모습으로 많이 나타났다. 물론 사각형도 있고, 알지 못할 문양을 새긴 것도 있으며 거북, 다람쥐 같은 동물이 새겨진 승탑 등 독창적인 이형의 승탑들도 있다. 가장 많이 눈에 띄는 것이 마치 포탄처럼 길쭉하게 생긴 승탑인데 이는 나옹 선사의 승탑에서 나타난 석종형 승탑이 긴 형태로 변모한 것이다.

지금은 이러한 부도전을 '승탑군(僧塔群)'이라고 부르는데 양산 통도사나 해남 대흥사와 미황사, 순천 선암사 승탑군 등 볼만한 곳들이 많다. 이러한 흐름에도 꿋꿋하게 옛 풍습을 지키는 사찰도 있으니 바로 순천 송광사 승탑군이다.

송광사는 일주문 들어서기 전 오른쪽에 커다란 비림(碑林)이 있다. 역대 고승들과 공덕주들의 비석을 많이 세워 놓았지만 승탑은 없다. 송광사의 승탑은 큰절 뒤편 언덕 위의 율원(律院) 입구 부도전에 있다. 율원은 예전에 '부도암(浮屠庵)'이라 하였는데 노스님들이 거주하며 부도전의 승탑과 송광사 여러 암자에 흩어져 있는 승탑과 비를 돌보았다고 한다.

광해군 8년(1616) 부휴 선수(浮休善修, 1543~1615)의 승탑을 처음 세우기 시작해 고승들의 승탑을 근년에 이르기까지 끊이지 않고 세웠다. 현재 보조선사비, 송광사 사적비를 비롯해 5기의 비와 30여 기의 승탑이 있다. 사찰의 입구로 자리를 옮기지 않고 절 뒤쪽에 승탑을 세우는 전통을 지켜 온 승탑군이어서 한 번 돌아볼 만하다.

근래에는 현대적이며 독창적인 모습의 승탑들도 나타나기 시작했다. 해인사에 조성된 성철 스님 사리탑이 대표적이며, 같은 구역에 있는 일타 스님 사리탑도 마찬가지다. 한마음선원 대행 스님 승탑은 전통적 미감에 바탕을 둔 새로운 모습을 선보였고, 법주사 월산 스님 승탑은 전통미와 현대미를 조화시킨 모습으로 나타났다.

이처럼 신라 말기 선종이 들어오면서부터 세워지기 시작한 승탑은 지금까지도 꾸준히 이어져 왔고, 또 앞으로도 계속 이어져 갈 불교문화의 중요한 자산이다. 비록 시대 상황에 따라 위축되기도 하고 장소도 변경되었지만, 이 또한 우리의 역사 아니겠는가?

순천 송광사 부도전

노주석

이상한 돌기둥

홍천 수타사는 영서 지방의 고찰로 널리 알려진 절이다. 더구나 국가 지정 보물과 강원도 지정 유형문화재 여러 점을 보유하고 있어 문화적으로도 아주 중요한 사찰이다.

영서 지방이라고 하면 대관령을 중심으로 백두대간 서쪽 지역을 말하는 것으로 춘천시, 원주시를 포함 양구군, 화천군, 인제군, 철원군, 홍천군, 횡성군을 아우르는 지역이다. 또 대관령 동쪽 지역을 영동 지방이라 부르니 강릉시, 속초시, 동해시, 태백시, 삼척시와 고성군, 양양군을 포함하는 지역이다.

두 지방은 같은 강원도에 속하지만 언어도 다르고, 날씨도 다르다. 대관령을 포함 금강산, 설악산, 오대산, 태백산으로 이어지는 백두대간이 두 지방을 갈라놓고 있기 때문이다. 일기예보에도 영동과 영서의 날씨를 구분하여 예보하는 것만 보아도 알 수 있다. 날씨와 생활권이 다르니 자연히 언어도 달라졌다. 우리가 흔히 말하는 강원도 사투리는 영동 지방의 말투이고, 영서 지방은 경기도와 인접하여 경기도 말투에 가깝다.

영서 지방은 한국전쟁 때 남과 북이 서로 밀고 밀리는 격전지였던 탓에 산간에 있던 많은 사찰들이 큰 피해를 입었다. 춘천 청평사, 양구 심곡사, 인제 백담사, 화천 천불사, 횡성 봉복사, 철원 도피안사 등 많은 고찰이 잿더미로 변했고, 겨우 살아남은 곳이 홍천 수타사와 원주 구룡사 두 곳뿐이다. 오랫동안 간직되어 왔던 겨레의 문화재가 순식간에 사라져 버린 것이다. 그러니 우리에게는 두 절이 갖는 의미가 각별할 수밖에 없다. 다행스럽게도 영동 지방에는 한국전쟁 때 피해를 입지 않은 고찰이 다섯 곳 남아 있으니 속초 신흥사, 양양 영혈사, 강릉 보현사, 삼척 영은사, 삼척 신흥사가 그곳이다.

강원도의 남부에 위치한 정선군, 평창군, 영월군은 영서 지방에 인접해 있지만 언어나 문화, 생활권이 영동에 가깝다고 하여 영동 지방으로 분류한다. 이 지역의 고찰인 정선 정암사, 영월 보덕사, 평창 오대산 상원사가 전쟁의 광풍 속에서도 피해를 입지 않아 지금도 많은 문화재를 간직하고 있다. 이중 가장 안타까운 일은 오대산 월정사와 양양 낙산사, 간성 건봉사가 전쟁 중에 불에 타 버린 일일 것이다.

이러한 아픔들로 인해 강원도에 가면 고찰을 만나기가 쉽지 않고 특히 영서 지방으로 가면 발길은 저절로 수타사를 향한다. 수타사 초입의 계곡과 숲길, 그 숲속 저만치에서 조용하게 흘러가는 세월을 무심히 바라보고 있는 승탑들도 좋다. 오래된 건축물과 함께 문화적으로 살펴볼 거리도 많다. 작은 사찰이지만 성보박물관도 갖추고 있다.

필자가 수타사에 드나들면서 유심히 살폈던 유물도 여러 점 있으니 그중의 하나가 대적광전 앞에 있는 돌기둥이다. 대적광전을 정면에서 바라보았을 때 난간이 없는 중앙 계단 오른쪽에 홀로 서 있는 돌기둥은 무슨 용도로 만든 것일까?

육각의 기다란 돌기둥 형태인 간주석은 누운 연꽃잎이 새겨진 하대석 중앙에 세워져 있는데 이 하대석 또한 땅에 묻힌 지대석 위에 놓여 있다. 간주석 위에는 발우 형태의 상대석이 얹혀 있고 옆면에는 위로 향한 연꽃잎이 새겨져 있다. 상대석 윗면도 수평으로 마감하였고 전체 높이는 2.4미터에 이른다. 그래도 법당 축대 아래에 세웠기 때문에 계단 위에서 보자면 축대 위로 1미터 가량 올라온 모습이다.

이 간주석을 자세히 살펴보니 무슨 글자를 새겼다가 지운 흔적이 보였다. 남은 글씨는 '○○○年陰六月十五日竣功(○○○년 6월 15일 준공)'이다. 추측건대 일제강점기 때 쓰던 일본 연호인 것으로 짐작되었다. 8·15해방 이후 일제강점기 때 만들어진 사찰의 석조물에 일본 연호가 쓰여진 경우 대

홍천 수타사 대적광전(강원 유형문화재)

홍천 수타사 대적광전 앞 노주석

부분 정으로 쪼아 지워 놓은 예가 많았다. 수타사 돌기둥 석주도 그런 사연을 안고 있었을 것이다.

이 돌기둥 석주(石柱)에 대한 자료를 오랫동안 찾아보아도 확실하게 설명해 주는 글이 없었다. 어떤 글에서는 '청수대(淸水臺)'라고 설명하였지만 부처님께 올리는 청정수를 왜 여기에 올려놓았는지 이해가 되지 않았다.

만약 이 석주가 청수대라면 다른 사찰에서도 볼 수가 있어야 하지만 그런 이름으로 부르는 유물을 발견하지 못했다. 사찰들은 풍습이 서로 비슷하므로 다른 곳에서도 동일하게 쓰여야 정상이기 때문이다. 그렇다면 이 돌기둥은 청수대가 아닐 것이다.

결국 이 궁금증은 많은 문화재를 답사 다니면서 유사한 석조물들을 보고 이를 종합하며 차츰 해결되었다. 이제 이를 정리해 보자.

사찰에 가면 문득 보이는 것들

유교의 정료대

향교나 서원은 조선시대의 중요한 교육 공간이자 제사 공간이었다. 유교가 조선의 국가 경영 이념이었기에 정부에서는 유교를 백성들에게 교육시킬 학교가 필요했고, 그 학교가 바로 향교와 서원이었다. 향교가 국가에서 세운 공립학교라면, 서원은 지방의 유림들이 세운 사립학교라고 할 수 있다.

향교나 서원에서 야간에 제사를 모시거나 회의를 여는 등 공식적인 행사를 하게 되면 관련된 사람들이 많이 모이게 되는데 조명 시설이 없던 시절이라 마당이 몹시 어둡다. 그래서 등장한 것이 바로 마당을 비춰 줄 '정료대(庭燎臺)'이다.

정료대는 돌기둥을 세우고 넓은 돌판을 얹은 다음 그 가운데에 관솔을 놓고 태움으로써 마당에 불을 밝히도록 고안된 조명 시설이다. 소나무 옹이 주변에 송진이 모여 빨갛게 된 부분을 '관솔'이라 하는데 이를 쪼개어 불을

대구 도동서원 강당(중정당)
기단 위 중앙에 선 정료대는 서원 강당과 뜰을 밝혔다.

붙이면 아주 오래 타기 때문에 정료대에는 꼭 이 관솔을 썼다. 그래서 '관솔대'라고도 부르지만 순수한 우리말은 '불우리'이다. '불을 가두어 놓은 우리'라는 뜻일 것이다.

조선의 서원은 중종 38년(1543)에 세워진 풍기 소수서원을 그 시작이라고 보고 있다. 이 소수서원 장서각 앞에 높직한 정료대가 있다. 자연석 위를 파내고 팔각기둥을 세운 다음 석등의 상대석을 닮은 태극무늬 받침돌을 얹었고, 그 위에 다시 두꺼운 팔각형 판석을 놓았다.

소수서원 창건 이후 전국적으로 수많은 서원이 생겨났고, 이름 있는 서원일수록 방문객도 많고 배우는 학인도 많으니 마당을 밝혀 줄 조명 시설은 필수적이다. 그래서 유네스코 세계문화유산으로 등재된 아홉 곳의 서원 중에서 앞에 말한 소수서원을 포함해 안동의 도산서원과 병산서원, 경주 옥산서원, 대구 달성 도동서원, 함양 남계서원, 논산 돈암서원 등 일곱 곳의 서원에는 정료대가 남아 있다.

경주 옥산서원에 자리한 정료대

사찰에 가면 문득 보이는 것들

원래 정료대는 돌기둥 위에 넓은 돌판을 얹고 그 위에 관솔불을 피우기만 하면 되기 때문에 딱히 정해진 양식이 없어 각양각색이다. 기둥돌도 팔각, 육각, 사각, 원통형 등 다양한 모습이고, 위에 얹은 돌판이 둥근 것도, 네모난 것도, 팔각인 것도 있다. 돌판 위도 평평한 것이 있는가 하면 함지박처럼 움푹 파인 것도 있다.

　　그중 눈에 띄는 것은 경주 옥산서원의 정료대이다. 아무래도 사찰의 석등에서 화사석 아랫부분을 가져다 놓은 것 같기 때문이다. 인근에 정혜사라는 큰 절이 있다가 폐사된 후 국보인 정혜사지 십삼층석탑만 그 자리에 남아 있으니 그 절터에서 가져다 놓은 것은 아닐까? 지대석, 간주석, 상대석 양식이 팔각석등의 기본 양식과 같고 상대석 윗면도 석등의 상대석처럼 돋을새김되어 있어 화사석을 얹었던 흔적으로 보이기 때문이다.

　　이러한 정료대는 당연히 향교에서도 나타난다. 통영의 통영향교, 산청 단성향교, 완주 고산향교, 홍성 홍주향교 등에 정료대가 남아 있어 유교문화

서울 운현궁 이로당 정료대. 오른쪽 계단 옆에 서 있다.

권 건축물에서 가끔 만날 수 있는 것이 바로 이 정료대이다. 이 중에서도 통영향교의 정료대는 통돌을 원통형으로 대강대강 깎았는데 윗면이 넓고 아랫면을 작게 마감하여 턱 갖다가 세운 것처럼 기교라고 할 것이 없다. 그런데도 민간의 돌절구통을 보는 듯 구수하고 정겹다.

이렇게 마당을 밝혀 주는 편리한 조명 시설은 궁궐에도 보인다. 창덕궁 낙선재 한정당(閒靜堂) 축대 아래에 세워진 정료대가 그것이다. 또 구한말 고종의 아버지로 막강한 권력을 휘둘렀던 흥성대원군의 저택인 운현궁 이로당(二老堂) 앞에도 정료대가 그대로 남아 있다.

당연히 노비가 많고 부유한 양반가의 저택에도 있었을 것이니 대표적인 유물이 '경주 최부자댁'으로 널리 알려진 최씨 고택 마당에 있는 정료대이다. 9대에 걸쳐 진사를 배출하고 12대를 내려가며 만석꾼을 유지한 명문가이니 들고나는 사람도 많았을 것이다.

•
경주 최부자댁 안채 전경. 들어가는 계단 쪽으로 정료대가 보인다.

그런 만큼 이 가문의 정료대는 만들어진 시기가 꽤 올라가겠지만 돌기둥 위에 얹은 상대석이 손상된 탓에 근래에 다시 만들어 얹었다. 정료대는 관솔불을 자주 피울수록 불을 먹고 갈라지거나 깨지기도 하기 때문이다. 기둥돌과 하대석이 또한 석등에 썼던 부재로 보이는데 아마도 옛 상대석이 그대로 있었다면 훨씬 더 고풍스러운 맛이 있었을 것이다.

이처럼 '불우리', '관솔대'라 부르던 정료대는 조선의 유교사회에서 향교, 서원, 궁궐, 사대부가에서 다 찾아볼 수가 있다. 어둠을 밝히는 편의성 때문에 등장한 정료대, 당연히 사찰에도 등장하게 된다.

사찰의 노주석

정료대는 사찰에 먼저 등장했을까

민간에서 나타난 정료대의 편의성은 자연스럽게 절집에도 흘러들어 왔다. 아니, 사찰에서 먼저 나타난 정료대가 민간으로 퍼져나갔을 수도 있다.

최초의 서원인 소수서원은 1534년에 세워진 건축물이다. 이 서원의 정료대가 창건 시기에 세워졌다면 남아 있는 정료대 중에서는 가장 빠른 시기의 제작 연대를 갖게 된다.

절집에 남아 있는 정료대 중 정확한 조성 기록을 가진 유물은 문경 대승사의 정료대이다. 기둥에 "雍正七年(옹정 7년)"라 새겨진 명문이 있으니 이는 영조 5년(1729)에 세워졌음을 알 수 있다.

문경 대승사의 정료대는 '노주석(露柱石)'이라는 공식 명칭을 가지고 있으며, 대웅전 마당 양쪽에 서 있는 2기는 경북 유형문화재로 지정되어 있다 (절집에서는 '노주석'이라는 이름 이외에도 '노반석주(爐盤石柱)', '광명대(光明臺)', '불

● 문경 대승사 노주석(경북 유형문화재). 대웅전 앞마당에 좌우로 1기씩 서 있다.

우리', '관솔대', '화사석(火舍石)' 등 다양한 이름으로 불리지만 공식 명칭이 '노주석'으로
정해진만큼 이 글에서도 노주석으로 부르겠다).

　　　대승사 노주석(경북 유형문화재)은 사각형의 지대석을 놓은 뒤 하대석 없
이 곧바로 굵은 사각 기둥을 세웠다. 그 위에 사각의 받침돌을 놓고 다시 넓
은 사각형 판석을 얹었다. 높이가 2미터에 이르기 때문에 두 기의 노주석 앞
에는 디딤돌이 하나씩 놓여 있다. 관솔불을 피우기 위해서는 그 돌을 딛고 서
야만 자유롭게 불을 관리할 수 있기 때문이다. 이처럼 노주석은 정료대와 같
이 사찰의 야간 행사에 불을 밝히는 기능을 가지고 있어 많은 절에 그 자취가
남아 있다.

사찰에 가면 문득 보이는 것들

사실 대부분의 노주석에는 명문이 남아 있지 않기 때문에 언제 만들어진 것인지 알 수 없으나 대승사 노주석보다 먼저 제작된 것으로 추정되는 노주석도 있으니 바로 양주 회암사지 노주석이다.

회암사지 노주석은 대승사의 노주석처럼 사각의 지대석 위에 사다리꼴 민흘림 돌기둥을 세운 뒤 그 위에 받침이 없는 두터운 판석을 얹어 놓았다.

잘 알려져 있다시피 양주 회암사는 고려 말 우왕 4년(1378) 나옹 선사가 중건하여 그 규모가 266칸에 이르렀으며, 승려 수가 3,000명에 이를 정도로 큰 대찰이었다. 조선 초기에는 무학 대사와 태조 이성계가 머물렀으며 태종에 의해 적극적인 불교 핍박이 시작되었다. 그래도 세종 6년(1424)에는 회암사에 250명의 스님들이 살고 있었다.

명종 조 문정왕후(文定王后, 1501~1565)가 다시 불교부흥정책을 쓰면서 보우(普雨, 1510~1565) 대사와 힘을 합해 도첩제와 승과제도를 부활시키는 등 큰 역할을 하였다. 이때 보우 대사가 회암사에 주석하면서 사찰도 대대적으로 중창되었으나 문정왕후가 명종 20년(1565)에 급작스레 별세하자 보우 대사도 체포되어 제주도로 유배된 뒤 제주목사 변협에게 바로 죽임을 당하였다.

한편 보우 대사가 체포되던 해, 회암사도 또한 불교를 반대하는 극렬 유생들에 의한 방화로 소진된 것으로 알려져 있는데, 회암사터에 7~8기 남아 있는 이 노주석은 1565년 이전에 세운 것이라 할 수 있으니 소수서원의 창건 연대와도 그 시기가 멀지 않다.

노주석과 정료대는 고려시대 유물로 전해진 것이 없고 조선시대 중·후반에 만들어진 것으로 알려져 있으므로 회암사지 노주석은 대단히 빠른 시기의 유물이

양주 회암사지 노주석

라고 볼 수 있다.

정료대의 시작이 노주석인지, 노주석의 시작이 정료대인지 현존하는 자료로 확실히 알 수 없다. 하지만 회암사의 경우를 살펴보았듯이 그 시작점이 사찰로부터였음을 배제할 수는 없다.

불교 사찰의 노주석과 유교 서원의 정료대 중 가장 먼저 등장한 것은 무엇일까? 이러한 상상을 해 보는 것, 그리고 현존하는 사료를 통해 가늠해 보는 것도 역사 공부 · 역사 탐방의 매력이다.

연호가 새겨진 노주석

노주석은 문경의 봉암사와 김룡사, 합천 해인사, 대구 동화사, 경산 환성사, 부산 범어사, 수원 용주사 등에서도 찾아볼 수 있다. 이 중에서 김룡사 대웅전 마당 양쪽에 세워진 두 기의 노주석에는 각기 다른 문양과 조각이 새겨져 있는데, 서쪽 노주석에는 "○○十五年庚辰"이라는 명문이 있다. 희미한 글자를 자세히 보면 "昭和"임을 알아볼 수 있는데, 이는 일본 연호로서 8 · 15 해방 이후 이를 지우고자 한 것이다.

'소화 15년'이면 1940년이다. 이는 조선시대 중반부터 일제강점기까지 꾸준히 노주석의 명맥이 이어졌다는 것을 말해 준다.

한편 동쪽 노주석에는 "五十一年壬辰五月日立"이라 새겨져 있으니 두 노주석은 만든 시기가 다르다는 것을 알 수 있다. 그런데 서쪽 노주석과 마찬가지로 "五十一年" 앞에 두 글자가 정으로 쪼아낸 흔적이 있어 자세히 살펴보니 "康熙"인 것이 확실하다. '강희'는 청나라의 연호로 조선의 유교사회에서 별로 달가워하지 않는 연호이다. 인조가 남한산성에서 내려와 송파 삼전도에서 청나라 태종에게 삼배구고(三拜九叩)의 굴욕을 당한 이후 조선의 유생들은 청나라 연호를 사용하지 않고 이제까지 문화선진국으로 섬겨 왔던

사찰에 가면 문득 보이는 것들

명나라의 마지막 연호인 "崇禎"을 고집했다. 힘으로 굴복당했지만 오랑캐 청나라를 마음으로 섬길 수 없다는 뜻이었다.

그래서 연월 기록을 남길 경우 '숭정 기원 후 몇 번째 간지인가'를 확인해 연도를 기록하는 것이 하나의 풍속이 되었다. 예를 들면 "崇禎紀元後四甲午"라 하면 '숭정 연호가 시작된 후 4번째 돌아오는 갑오년'이니 1834년이된다. 유생들의 비석이나 문집에는 이렇게 쓰여진 연호가 매우 흔하다.

그러나 사찰에서는 유생들처럼 명나라의 마지막 연호를 군이 고집할 필요가 없었다. 조선은 공식적인 연호가 없고, 유생들이 선호하는 방식을 꼭 따라서 해야 할 의무도 없으니 편의를 위해 청나라의 연호를 그대로 사용한 것이다. 사찰의 노주석이나 석축에도 청나라 연호가 남아 있듯이 불교 탱화의 조성 내력을 알려 주는 화기(畵記)에도 청나라의 연호를 자연스럽게 사용

•
문경 김룡사 대웅전 앞마당의 노주석

문경 김룡사 노주석에 새겨진 명문

하였다. 서로의 입장이 달랐던 것이다.

청나라 4대 황제인 강희제(康熙帝, 재위 1661~1722)는 61년 동안 황제의 자리에 있던 이로서 중국역사상 가장 긴 재위 기록을 가지고 있다. 김룡사 노주석 명문에 청나라 성조(강희제) 때의 연호인 '강희(康熙)'를 넣어 보면 "康熙五十一年壬辰五月日立"이 되니 곧 '강희 51년 임진 5월에 세움'이란 의미가 된다. 강희 51년은 바로 임진년, 서기로 치면 1712년이다. 그렇다면 대승사 노주석이 1729년에 세워졌으니 김룡사 동쪽 노주석은 무려 17년 빨리 세워진 것이다.

김룡사 영상회괘불도(보물)는 길이가 873센티미터, 폭 660센티미터에 이르는 대형 괘불인데 이는 숙종 29년(1703)에 조성되었고, 대웅전 석축 기단에도 "雍正丁未春"이라는 석각이 있어 1727년 봄에 축대를 다시 손보았음을 알 수 있다. 곧 김룡사는 18세기 초에 대대적인 불사가 이루어졌음을 확인할 수 있고, 노주석도 이때 만들어진 것이다. 그러나 후일 청나라

사찰에 가면 문득 보이는 것들

연호를 버젓이 드러내 놓고 쓴 것에 대해 유생들과의 마찰이 있었는지, 아니면 스님들 간에 의견 충돌이 있었는지 알 수 없으나 노주석의 청나라 연호는 지우는 것으로 결론이 났을 것이다.

또 두 기 중에서 한 기가 사용 중에 훼손되는 일이 생겨 일제강점기인 1940년에 다시 만들어 세웠을 것이나 이 노주석 또한 일본 연호를 사용한 탓에 손상을 입게 되었다. 같은 장소에 나란히 서 있지만 조성 연대가 200여 년 이상 차이가 나고, 문양도 서로 다른 희귀한 문화재인 만큼 마땅히 지정·보호해야만 할 것이다.

신문물이 들어오다

조선조 말인 고종 13년(1876), 일본과의 강제적 수호 조약인 '조일수호조규'가 체결되면서 국제 무역이 시작되자 새로운 문명의 상징이었던 석유가 1880년경 들어오기 시작했다. 황현(黃玹, 1855~1910)의 『매천야록』에 의하면 '석유 한 홉이면 삼사 일간 밤을 밝힐 수 있다'고 기록하고 있다. 특히 이동인(李東仁, ?~1881) 스님이 개화파 사람들과 일본에 건너갔다가 석유와 석유 램프, 성냥을 가지고 귀국했는데 이것이 석유가 우리 땅에 최초로 상륙한 것이라 보고 있다.

석유가 등장하기 전에 우리 선조들은 아주까리 기름(피마자유), 들깨 기름 같은 식물성 기름이나 생선 기름, 돼지 기름 등 동물성 기름, 또는 소나무 관솔 등을 썼고, 왕실에서는 벌집에서 나온 밀랍 초를 썼다.

그러나 이러한 재료들보다 월등히 밝고 지속 시간도 긴 석유가 들어오자 그 인기가 대단하였다. '서양 기름'이라고 불리던 석유는 세간에 급속도로 퍼졌고, 석유 등잔도 빠른 속도로 보급되었다. 그러다 보니 아주까리 · 들깨 농사는 된서리를 맞았다.

1898년에는 서울 시가지에 처음으로 석유등이 점등되었고, 1900년대에 이르면 미국의 스탠다드 오일, 텍사스 오일과 영국의 쉘 오일이 시장이 작은 조선에 들어와 각축전을 벌이게 된다.

석유가 전국적으로 소문이 나면서 시골 마을에까지 석유통을 가지고 다니며 소량씩 판매하는 소매업자가 등장함에 따라 사찰도 새로운 석유 등잔에 매혹될 수밖에 없었다. 특히 어두운 마당을 밤새도록 밝혀 주는 석유등은 그 밝기나 지속 시간이 관솔불에 비할 바가 아니었다.

그렇다고 석유 등잔을 그대로 노천에 설치할 수는 없었다. 등잔불이 바람에 쉽게 꺼지고 화재의 위험도 있기 때문에 이를 안전하게 보호해 줄 외곽 보조물이 필요했다. 전통 등롱은 쇠나 나무로 뼈대를 만들고 겉면을 종이나 천으로 바른 후 그 안에 등잔을 넣었기 때문에 등잔 불빛의 밝기가 약해지는 단점이 있었다. 이런 단점을 보완하기 위해 등장한 것이 바로 유리로 만든 등롱이다. 유리 등롱 안에 석유 등잔을 넣으면 밝은 불빛이 막힘없이 환하게 주위를 밝혔다. 유리 또한 당시 최첨단 소재였고, 비바람에도 견고한 특성이 있었다.

그러나 이러한 고정식 등롱을 설치하려면 적당한 높이의 안정된 받침이 있어야 한다. 그래서 쉽게 등장한 것이 나무 기둥을 세우고 그 위에 유리 등롱을 고정시킨 나무 등롱대이다. 일제시대 전통 사찰의 사진을 보면 법당 앞에 설치한 나무 기둥 위에 등롱이 고정적으로 얹혀 있는 것을 볼 수 있다.

하지만 나무 등롱대는 영구적이지 않고, 석유 등잔이 파손되면 화재의 위험도 있으므로, 자연스럽게 돌로 만든 등롱대가 등장하게 된다. 기다란 돌 기둥 위에 상대석을 얹고 그 위에 유리 등롱을 고정시켜 놓으면 유리 등잔만 필요에 따라서 넣고 뺄 수 있기 때문에 사찰에서 크게 유용하였다. 남아 있는 석조 등롱대를 보면 가운데 부분이 동그랗게 파여 있는데 이것이 등롱을 고정시키기 위한 구멍이다.

다행스럽게도 법당 앞에 노주석과 석조 등롱대를 다 갖춘 곳이 남아 있다. 바로 합천 해인사이다. 해인사 대적광전 앞에는 1기의 노주석과 2기의 등롱대가 자리하고 있는데, 노주석은 대적광전 앞 평지에 그대로 세워져 있고, 석조 등롱대는 그 기둥돌이 축대 아래에 세워져 있다. 기둥돌은 원통형으로 길게 뻗어 축대 위로 솟아올랐고, 그 위에 상대석이 얹혀 있다. 각각의 등롱대에는 무덤 앞에 세우는 화표주(華表柱)처럼 다람쥐 같은 동물이 조각되어 있고, 상대석 아래 부분에는 연꽃무늬가 얇게 새겨졌다. 돌로 만든 등롱대의 기둥을 '등주(燈柱)'라고도 불렀는데 문경 대승사 대웅전과 응진전 앞에도 각각 1기가 있다. 응진전 앞의 등주는 시주자의 이름도 새겨서 있다.

그러나 석조 등롱대는 후일 전기의 등장으로 인해 다시 역사의 뒤안길로

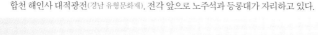
합천 해인사 대적광전(경남 유형문화재). 전각 앞으로 노주석과 등롱대가 자리하고 있다.

다람쥐 조각이 새겨진 합천 해인사 대적광전 앞 등롱대

합천 해인사 대적광전 앞 노주석

사라진다. 석유등보다 훨씬 밝고 다루기가 쉬운 전기가 절집에 들어오면서 등롱의 임무는 끝이 나고, 전기 조명 장치가 그 자리를 대신했기 때문이다.

이후 전기 조명 장치가 어디에서나 볼 수 있는 흔하고도 값싼 조명이 되자 전등은 추녀 끝에 매달리게 되고 등롱대의 조명 장치는 자취를 아예 감추게 된다. 해인사 대적광전 앞의 등롱대에도 전기를 배선했던 흔적만 남았고 조명의 역할은 끝나 버렸다.

해인사 대적광전 앞의 노주석과 등롱대를 보노라면 100여 년의 시간 속에서 명멸했던 사찰 조명의 역사를 다 읽을 수 있다. 그래서 그러한 흔적들을 없애지 않고 그대로 간직하고 있는 해인사가 고맙게 느껴진다.

한국전쟁으로 폐허가 되었던 고성 건봉사에는 당시의 석조물 일부가 남아 있는데
그중 하나가 등롱석이다. 일주문에서 계곡을 오른쪽에 끼고 능파교 방향으로 가려면 길이
어두웠기 때문에 등롱을 얹어 넣기 위해서 등롱석을 길 옆 축대 위에 배치해 놓았다.

이제 독자들은 수타사 대적광전 앞에 자리한 돌기둥의 정체를 알게 되었을 것이다. 바로 석조 등롱대이다. 이러한 등롱대는 의성 고운사 고운대암(孤雲大庵) 건물 앞에도 남아 있다. 또한 강원을 대표하는 사찰이었지만 한국전쟁으로 옛 절터만 남은 고성 건봉사의 절터에도 등롱석이 남아 있다.

　　사찰의 노주석과 등롱대는 400여 년 이상의 시간 동안 발생하고, 유지되고, 소멸된 역사를 가진 유물들이다. 모든 것에 흥망성쇠가 있듯이 이제는 역사 속으로 사라진 유물들이지만 한때는 그 당시 사람들에게 편리함을 제공하였던 신문물이었다. 문명은 그런 식으로 계속 진화해 왔고, 진화해 간다. 그러한 역사의 흔적을 간직하고 기록하는 것은 우리들의 의무일 것이다. 그래야만 법고창신(法古創新)의 정신을 후대에게 전할 수 있지 않겠는가?

당간지주

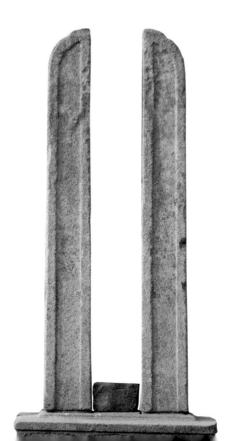

당간과 솟대

1975년 3월 29일, 가마니에 싸인 유물 한 점이 경주박물관에 도착했다. 열흘 전인 3월 19일, 당시 경상북도 영주군 풍기읍 성내2동에서 새마을사업으로 하수도 공사를 하던 중에 발견된 유물이었다. 당시에는 박물관도 귀한 시절이라 이 유물은 경주박물관으로 보내졌고, 기차 화물로 탁송돼 경주역을 거쳐 박물관에 도착한 것이다. 당시 책임자는 정양모 경주박물관장이었다.

포장을 풀어 보니 길이 83센티미터, 무게 50킬로그램에 이르는 잘생긴 용머리가 나왔다. 청동으로 만든 용머리는 금박을 입혔으며 세련되고 훌륭한 솜씨를 갖춘 신라시대 유물임이 분명했다. 또 용의 입안에는 여의주를 물렸는데 그 안쪽으로는 도르래가 설치되어 있었고, 아랫부분이 터져 있어 깃발 같은 것을 달 수 있도록 고안된 것이었다. 정양모 관장은 즉각 이 유물이 당간의 끝에 설치되는 신라시대의 용머리 장식이며 국가의 중요한 문화재라고 감정했다. 이에 정양모 관장은 발굴지의 현장 보존을 영주군수에게 의뢰하였다.

이는 1975년 3월 31일 〈동아일보〉에 실린 기사 내용으로 현재 보물로 지정되어 있는 금동 당간 용두에 관한 것이다.

'당간(幢竿)'이란 사찰 입구 언저리에 설치하여 '당(幢)'이라 불리는 깃발

금동 당간 용두 (보물)

종류를 매달아 올릴 수 있도록 만든 긴 장대를 의미한다. 그러나 긴 장대를 땅 위에 세우면 쓰러지기 쉽기 때문에 두 개의 돌기둥을 장대 양쪽에 세워 쓰러지지 않도록 지지한다. 바로 '당간지주(幢竿支柱)'다. 장대는 물론 나무로도 세울 수 있지만, 내구성이 약하기 때문에 자연스럽게 철로 만든 철당간과 돌로 만든 석당간이 출현하게 된다.

사실 우리나라 전역에는 철당간, 석당간과 함께 당간이 사라진 당간지주가 수없이 산재해 있다. 더욱이 당간 꼭대기까지 전부 갖춘 당간도 없었다. 그런데 풍기에서 당간의 머리를 장식하는 용머리가 출현한 것이다.

그럼 당간은 왜 세우는 것일까? 그에 대한 대답은 청주 용두사지 철당간(국보)에 새겨진 명문에 쓰여 있다.

> 일찍이 듣건대 당간이 만들어진 바는 불문(佛門)을 꾸미는 옥과 같이 귀중한 표지이며 번개(幡盖)의 유래는 법당을 장엄하는 신령스러운 깃발이라고 하였다. 그 모양은 학이 푸른 창공을 날아오르고 용이 푸른 하늘을 뛰쳐 오르는 것과 같다. 세운 사람은 크게 신심을 일으키고 바라보는 사람은 반드시 올곧은 정성을 기울일 것이니 진실로 마귀를 항복하는 쇠지팡이요, 도적을 물리치는 무지개 깃발임을 알겠다.

이 철당간은 본래 원통형 철통 30개를 연결하여 세운 것이지만 지금은 대략 20개만 남아 있다. 원래 높이라면 60척, 18미터에 이르는 높이이니 대략 5층 건물의 높이이다. 그러한 높이에 맞춘 깃발이 휘날리는 풍경이 어떠했으리라는 것은 쉽게 상상이 된다. 어디에서나 깃발이 보였을 것이고, 누구에게나 종교적 심성을 일깨웠을 것이다.

사찰에 가면 문득 보이는 것들

이러한 당간 역시 인도에서 발생해 중앙아시아를 거쳐 중국과 한반도에 전래된 것으로 알려져 있다. 하지만 불교권 국가 가운데 우리나라처럼 많은 당간을 세운 나라는 없다. 중국의 경우 돌로 된 당간을 가지고 있는 사찰이 일부 있고, 동남아 불교권에서도 가끔씩 당간이 발견되기는 하지만 우리나라는 당간과 관련된 문화재만도 국보 2점, 보물 29점을 보유하고 있다.

당간을 세우는 장소도 확연히 다르다. 대개 사찰의 경내에 세우기 때문이다. 당간 수도 달라 중국의 경우는 2기의 당간을 가진 사찰도 있지만 우리나라는 어느 사찰이든 1기만을 세웠다.

그럼 왜 당간은 유독 한반도에서 유행하였으며 수많은 유물을 보유하게 되었을까? 이렇게 한반도에 당간문화가 발달한 것은 불교 유입 이전 민족의 전통 신앙과 관계가 있다고 학자들은 말한다. 바로 솟대문화와 깊은 관련이 있다는 것이다.

기다란 장대 위에 나무로 깎은 새가 앉아 있는 솟대를 모르는 사람은 없을 것이다. 지금도 솟대를 세우는 전통을 유지하고 있는 마을들이 있고, 관광상품으로 작게 만들어진 솟대를 어렵지 않게 만날 수 있기 때문이다.

그러나 이 솟대는 우리 민족과 함께한 역사가 그리 만만치 않다. 국립중앙박물관에 소장되어 있는 농경문 청동기(農耕文靑銅器, 보물)의 한 면에 이미 나뭇가지에 앉아 있는 새 모양 조각, 즉 소도(蘇塗, 솟대)와 신간(神竿)의 모습이 새겨져 있는 걸 확인할 수 있기 때문이다.

솟대는 '하늘로 솟아 올라간 장대 위에 새를 앉혀 놓은 신앙의 대상물'이다. 대개 나무로 만들지만 마을 공동체에서 돌로 만들어 정월달에 동제(洞祭)를 모시는 곳도 많이 남아 있다. 마을의 안녕과 수호를 빌고 풍농을 기원하는 것으로 대개 마을 입구에 장승, 선돌, 돌탑(돌무더기), 신목(神木) 등과 함께 모셔진다.

농경문 청동기(보물). 이 유물은 의례용 도구로 사용되었다고 추정되며, 제의를 담당했던 자나 부족의 실권자가 소지한 것으로 본다. 두 갈래로 갈라진 나무 끝에 새가 앉아 있는 모습을 확인할 수 있다.

사찰에 가면 문득 보이는 것들

장대 위의 새는 보통 오리라고 하는데 여러 가지 종교적 상징성을 가지고 있다. 가을에 날아와 봄이 되면 또 어디론가 날아가는 오리는 하늘의 전령으로 여겨졌다. 따라서 지상에 사는 인간들의 바람을 하늘에 전달해 주는 메신저 역할이 부여됐다. 오리가 왔다 가면 농사가 시작되기 때문에 우순풍조(雨順風調)하기를 천신(天神)에게 잘 전달해 달라는 뜻이다. 또 오리는 물속에서도 살고, 땅 위에도 살고, 하늘도 날아다닌다. 홍수에도 걱정 없고, 화재와도 무관한 존재이니, 오리가 그렇듯 마을도 아무 탈 없이 지낼 수 있도록 보호해 달라는 의미인 것이다.

이처럼 농경사회에서 여러 가지 의미를 지니는 솟대의 오리는 농경문 청동기에 확인했듯 오랜 역사를 지니고 있지만 이러한 신앙이 어떻게 형성되었는가는 우리 민족의 연원과도 관계가 있다고 밝혀지고 있다.

솟대

초원길과 새

우리 한민족은 크게 '퉁구스족'으로 분류한다. 중국 북방 사할린부터 만주, 몽골고원, 바이칼 호수와 그 너머 예니세이강 유역에까지 분포해 살고 있는 인종이다.

중국의 만리장성 이북, 몽골고원에서 알타이산맥과 텐샨산맥에 둘러싸인 중가리아 초원을 거쳐 키르키스 초원을 지나 흑해에 이르는 길, 즉 초원길(Steppe Road)은 기원전 6~7세기경 기마 민족인 스키타이가 활약했던 초원지대이다. 한나라 무제(기원전 156~기원전 87)가 기원전 60년 흉노를 굴복시키고 비단길이 뚫리면서 로마와도 많은 교류가 시작되었지만, 이 북방 초원길을 통해서도 많은 교류가 있었다.

《 초원길의 민족 》

중국 북쪽의 이 초원 지대에는 퉁구스 계열의 수많은 민족들이 있어서 그때그때 힘 있는 민족들이 역사의 전면에 나섰다. 중국 쪽에서는 물론 말을 타고 북방을 어지럽히는 이 오랑캐들을 곱게 볼 리 없었다. 그래서 항상 그 민족의 한문 이름에는 나쁜 글자를 골라 썼다. '흉노족(匈奴族)', '선비족(鮮卑族)', '몽고족(蒙古族)' 등이 그러한 예들로, 이들은 중국을 괴롭히던 북방의 기마 민족이다.

또 각 민족에게는 많은 부족들이 있어 이들을 모두 규합하면 큰 세력이 되었다. 어느 때는 흉노족이 초원의 세력들을 규합해 한나라와 싸우고, 어느 때는 선비족이 그 자리를 차지하는 방식이었다. 흉노족은 '훈(Hun)족'이라고도 부르는데 이

사찰에 가면 문득 보이는 것들

훈족이 초원길을 통해 유럽까지 침공함으로써 게르만 민족의 대이동이 일어났다. 한편 몽고족 인물 가운데 가장 유명한 자는 단연 칭기즈칸일 것이다. 그가 있을 당시 몽고족 인구는 150만 명에 군사는 20만 명 정도였다고 한다. 그러한 민족이 세계를 제패하고 최대의 제국을 건설한 것이다. 여진족(女眞族)은 시대에 따라 '숙신', '읍루', '말갈족'이라고 불렸지만 청나라를 세운 후 1636년 '만주족'으로 이름을 바꾸고 인구 1억 5,000만 명의 중국을 정복했다. 당시 만주족은 인구 100만 명에 군사 15만 명이었다고 알려져 있다. 이외에도 요나라를 세운 거란족, 한때 흑해에서 내몽골에 이르는 돌궐제국을 건설했던 돌궐족이 있었다.

초원 지대에서는 크고 잘 자란 나무를 신령스럽게 생각한다. 초원길에 있는 국가들에는 지금도 나무에 색깔 있는 천을 매다는 풍속이 있다. 우리나라도 1960년대까지만 해도 서낭당의 신목에 매어 놓은 오색천을 흔히 볼 수 있었다. 물론 초원지대가 아니라고 해도 오래되고 잘생긴 나무는 아시아권에서 항상 믿음의 대상이 됐다. 우리나라의 당산나무만 보아도 그렇고, 인도나 네팔, 또는 다른 동남아시아 국가에서도 흔히 볼 수 있는 현상이다.

초원 지대에서는 사슴도 귀한 대접을 받았는데, 목축이 일반화되기 전까지는 사슴 사냥이 중요한 삶의 자원이었기 때문이다. 수렵에서 목축으로 삶의 방식이 달라진 지금도 이 초원 지역에는 순록을 기르고 말처럼 타고 다니는 부족들이 있을 정도로 사슴은 중요한 자원이다. 나아가 발정기의 수사슴은 용맹함을 상징하기도 한다.

또한 초원 지대에 사는 민족들은 하늘을 중히 여긴다. 하늘에서 비를 뿌려 주어야 초원의 삶을 이어갈 수 있기 때문이다. 청명한 푸른 하늘 어딘가에

내몽골 흉노족의 무덤에서 발굴된 기원전 3세기 금관

존재하는 신령을 믿는 것이다. 몽골에서는 이러한 천신(天神)을 '텡그리'라고 하며 하늘을 자유롭게 나는 새 모습을 닮은 상징을 사용한다.

이러한 초원 지대에서의 삶의 중요한 코드들은 그들의 문화에 자연스럽게 나타났다. 그리하여 청동기에도 새가 많이 나타나지만, 초원길에서 명멸했던 세력들의 무덤에서 출토된 금관(金冠)들에서도 새가 발견된다.

기원전 4~3세기 유물로 알려진 카자흐스탄 이식쿠르간 고분의 금관에는 새 장식이 있다. 흑해 북부에서 출토된 기원전 1세기 무렵의 유물, 사르마트 금관에도 나무, 사슴은 물론 새 장식이 되어 있다.

특히 이 금관은 나무에 달린 작은 나뭇잎 표현을 통해 신라 금관과의 친연성을 보여 주는데, 현재까지 알려진 여섯 개의 신라 금관 중 금관총에서 나온 금관에는 내부에 새의 날개 형상을 한 장식물이 있고, 서봉총에서 나온 금관에는 가지 끝에 새의 형상을 평면으로 표현하였다.

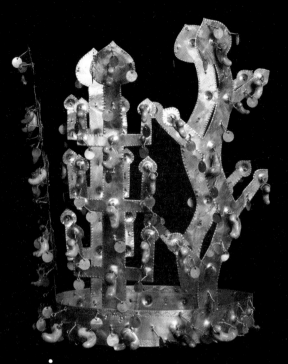

금관총 금관(국보)의 측면. 정면에 3단으로 '出'자 모양의 장식 3개를 두고, 뒤쪽 좌우에 2개의 사슴뿔 모양 장식을 세웠다.

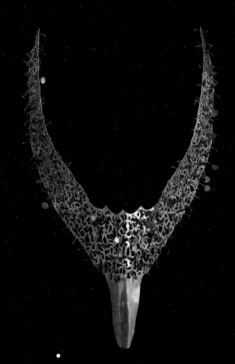

새 날개 모양의 금관총 금관 관모 장식

사르마트 금관의 뒷부분
(러시아 에르미타주 미술관). 나무와
사슴, 새의 형상이 장식되어 있다.

아프가니스탄 금관(아프가니스탄국립박물관).
신라 금관과 매우 흡사한 모습을 한 이 금관
에는 또한 새 모양의 금 장식도 달려 있다.

서봉총 금관(보물). 내부 골격인 금판대 위에 세 가닥 나뭇가지를 붙이고
가지 끝에 새 모양 장식판을 부착했다.

사찰에 가면 문득 보이는 것들

경주 부부총 금귀걸이(국보)

　　신라 금관은 5~6세기경에 만들어진 것으로 알려져 있다. 이들 금관에
서 확인되는 새의 형상에 대해서는 중국 진나라 진수(陳壽, 233~297)가 쓴『삼
국지(三國志)』「위서(魏書)」〈변진전(弁辰傳)〉에 이미 실려 있다. '변한과 진한
에서는 큰 새의 깃털로 장식해 죽은 사람을 보내는데 그 뜻은 죽은 사람이 잘
날아가게 하려는 것이다[以大鳥羽送死 其意欲使死者飛揚]'라고 기록하고 있는
것이다. 후에 진한 지역이 신라가 되고 변한 지역이 가야가 되었으니 금관의
새와 가야토기에 새겨진 새의 형상이 다 역사적 배경이 있다고 믿어진다.

　　그럼 신라 금관이 초원길 8,000킬로미터를 건너와서 전달된 양식이라
는 것은 어떻게 알 수 있을까? 그것은 금세공을 다루는 누금(鏤金) 기법과 감
옥(嵌玉) 기법에서 찾을 수 있다. 누금 기법은 좁쌀같이 작은 금 알이나 가는
금줄을 금의 표면에 붙이는 기술이고, 감옥 기법은 금 테두리 안에 여러 가지
색깔의 옥을 박는 기술이다. 경주 부부총 금귀걸이(국보)의 누금 기법은 그
정교하고 화려함이 매우 뛰어나고 금령총에서 나온 방울 모양 금귀걸이에는
감옥 기법을 사용해 옥을 박았다. 원래 이 두 기법은 이집트에서 나온 공예

기법으로 페르시아를 거쳐 중앙아시아로 전파되고 초원길을 따라 한반도로 전래된 것으로 추정되고 있다.

이처럼 초원길을 통해 전달된 한반도의 금관 양식은 일본으로 건너갔고 6세기에 제작된 후지노키[藤ノ木] 고분 금동관에 그대로 전달된다. 역시 나무가 있고 가지 끝에 새의 형상이 있다.

솟대 문화도 우리나라에서만 나타나는 문화현상은 아니다. 만주의 퉁구스족 중에는 나무 백조 솟대를 세우는 부족이 있고, 셀쿠프족, 돌간족, 에벵크족 등 소수 민족들도 이 풍속을 가지고 있다. 일본 신사 입구의 도리이[鳥居]도 원래 솟대에서 유래한 것으로 보고 있다. 옛 자료를 보면 도리이 위에

일본 교토 후시미이나리 신사의 도리이

사찰에 가면 문득 보이는 것들

나무 새를 안치한 것도 있고, 실제로 야요이시대(기원전 3세기~기원후 3세기)의 나무 솟대 오리가 이께가미[池上] 유적에서 출토되기도 했다. '새의 거주지'라는 '도리이'의 뜻과 부합되는 것이다.

결국 솟대는 북아시아 일대에서 고대로부터 지켜져 왔던 신앙적 요소였으며 장대가 우주의 중심인 우주 나무를 상징한다면 새는 하늘을 오고 가는 사자(使者)의 상징으로서 믿어졌을 것이다. 곧 우주 나무가 우주의 시작이자 생명을 의미한다면 새는 지상과 하늘을 연결하는 신령한 존재다. 이렇듯 중요한 솟대문화가 있는 한반도에 불교가 유입되자 솟대를 받아들인 불교의 당간이 출현했다고 보는 것이 일반적인 견해라고 하겠다.

당간이 들어오다

앞에서도 말했듯이 당간은 인도에서 먼저 출현했다. 그러나 인도의 당간은 중국이나 우리나라처럼 땅 위에 세워진 것이 아니라 불탑의 정상부에 설치된 것이다. 석가모니 부처님이 열반한 후 많은 불탑이 만들어졌고, 그 불탑 위에 기둥을 세워 깃발을 달아 부처님의 공덕을 찬탄하고 불탑의 신성함을 나타냈던 것이다. 인도에는 그 당시에 남겨진 불탑이 온전하게 남아 있지 않지만, 불탑의 모습을 새겨 놓은 조각품을 보면 둥근 불탑 위에 양쪽으로 휘날리는 깃발의 모습을 찾아볼 수 있다.

이처럼 불탑을 꾸미는 것에 대해서는 『반니원경(般泥洹經)』에 자세히 나온다. 석가모니 부처님이 열반한 후 다비하여 나온 사리는 여덟 나라에 나누어졌고, 각 나라는 석가모니 부처님 사리를 모신 불탑을 세운다.

황금 항아리에 사리를 담아 탑 안에 안치하고 (그 위에) **긴 기둥을 세**
위 법륜(法輪)을 표시하고 비단 번을 단 후 등(燈)과 꽃, 향, 음악으로
받들어 섬기며 공양하였다.

이러한 경전 내용은 이후 불탑의 조성과 장엄에 그대로 적용되었기에 인도
불탑의 상륜부는 깃발이 휘날리는 장면까지 조각으로 나타나게 된다. 그 예
가 서역 키질석굴 벽화, 중국 운강석굴 제2굴 동벽 중앙불탑, 그리고 북쪽 불
탑 조각 등이다. 둔황 막고굴 257호굴 남벽 중앙 삼존불상 위에도 역시 불탑
위에 양쪽으로 나부끼는 깃발이 길게 그려져 있다.

그런데 막고굴 61굴이나 159굴에는 중국화된 당간의 벽화가 나타나 있
다. 긴 장대를 세우고 그 꼭대기를 용머리 모양으로 장식한 다음 거기에 깃발
을 단 그림이 벽화로 남아 있는 것이다. 이는 중국 사찰에서 이러한 당간을
세우고 있었다는 것을 의미한다.

앞서 이야기한 대로 중국 사찰 가운데는 실제 당간지주가 남아 있는 사
찰도 있고, 소림사나 원조사(圓照寺)처럼 당간을 지금까지 소장하고 있는 사
찰도 있다. 오대산 지역에도 나무 당간이 있는 사찰이 있는가 하면 돌로 만든
2기의 석당간이 서 있는 대라정(大螺頂) 사찰도 있다. 다만 인도의 당간과 달
라진 것이 있다면 당간이 불탑의 꼭대기에서 내려와 사찰 경내 대지 위에 세
워졌다는 것이다.

이로 미루어 보면 중국의 당간이 한반도로 전래된 것은 확실하다고 하
겠고, 우리의 선조들은 그러한 당간을 받아들여 솟대 문화와 결합해 새롭게
발전시켜 나갔던 것이라고 생각된다. 신성 지역에 긴 장대를 세우는 것은 불
교 이전부터 전래되던 풍속이었기 때문이다. 『삼국지』「위서」〈동이전(東夷
傳)〉에 이런 기록이 있다.

사찰에 가면 문득 보이는 것들

[삼한(三韓)에서는] 귀신을 믿는다. 국읍(國邑)에 각기 한 사람씩을 세워서 천신(天神)의 제사를 주관하게 하는데 이를 천군(天君)이라고 부른다. 또한 여러 국(國)에는 별읍(別邑)이 있으니 이를 소도(蘇塗)라고 한다. [그곳에] 큰 나무를 세우고 방울과 북을 매달아 놓고 귀신을 섬긴다. 모든 도망자가 [소도에] 들면 돌려보내지 않으니 기꺼이 도적질을 하였다. 소도를 세운 뜻은 부도(浮屠, 불탑)와 유사하나 선악을 행하는 것에 차이가 있다.

이에 따르면 고구려·백제·신라가 생기기 전 한반도에 있었던 마한·변한·진한의 부족 국가들에는 그 중심 고을에 제사를 담당하는 천군이 있었고, '소도'라는 신성 지역에 방울과 북을 매단 큰 나무를 세워 놓았다. 이 소도에 죄를 지은 자가 들어가도 돌려보내 주지 않으니 마음 놓고 도적이 되었다는 것이다. 『삼국지』는 297년 이전에 지어진 책이므로 중국에는 이미 불교가 들어왔지만, 삼한에서는 불교를 모를 때이다. 한반도는 고구려 소수림왕 2년(372)에 처음 불교가 공식적으로 들어왔기 때문이다. 그래서 불교 사찰처럼 신성한 지역인 것은 같은데 행하는 바가 서로 다르다고 표현한 것이다.

이 소도를 땅이 솟아오른 높은 언덕이나 장소라고 하기도 하고, 소도에서 솟대가 나왔다고도 하지만 아직까지 확실한 것은 아니다. 다만 신성 지역을 표시하기 위하여 큰 나무를 세우는 것은 동일한 방식이다.

그렇다면 당간 끝에 매달려 허공에 휘날리는 당(幢)은 어떤 모양일까? 깃발 종류에는 기(旗)와 당, 그리고 번(幡)이 있다. 기는 평면 형태의 천에 그림이나 문양을 넣은 깃발이니 태극기를 연상하면 된다. 번은 법당을 장엄하기 위하여 걸 수 있도록 만들어진 형태다. 보살상이나 명호(名號)를 넣기도 하고 수실이나 매듭으로 장식을 하기도 하며 꾸미개 천들을 덧붙여 화려하

양산 통도사 광무4년명 감로탱(경남 유형문화재). 상단의 일곱 여래 아래로 당과 번이 매달려 있다.

사찰에 가면 문득 보이는 것들

게 만든다. 사십구재나 천도재 때 불단이나 영단을 꾸미는 여러 가지 번이 여기에 해당한다. 당은 그것이 사각형이든 원통형이든 기본적으로 입체적으로 만든 형태라서 기나 번보다는 훨씬 무게감이 있고 장중하다. 또 당은 법당 내에 설치하는 것이 아니라 외부의 장대 끝에 매다는 것이므로 번과는 다르다. 그러나 중국에서도 '당번(幢幡)'이라고 붙여 쓰며 혼용하기 때문에 정확히 구분 짓기가 쉽지 않다.

신라의 당간

통일신라시대부터 본격적으로 세워지기 시작한 당간은 사찰의 입구 근처에 세워져 신성 지역을 나타내는 징표가 된다. 푸른 하늘에서 호쾌하게 휘날리는 당은 부처님의 위신력을 나타내며 보는 이의 신심을 불러일으켰다.

또한 펄럭이는 깃발에 따라 어느 종파인지, 무슨 행사가 있는지도 알 수 있었다고 하니 통신 시설이 미약했던 시절이라 큰 도움이 되기도 했을 것이다. 그러나 이에 대한 기록이 미비하여 좀 더 연구가 진행되어야만 확실히 알 수 있을 것이다.

현재 통일신라시대 당간지주는 40여 기 정도가 남아 있다. 높이 5미터가 넘는 당간지주도 있지만 3~4미터에 이르는 당간지주가 가장 많다. 당간은 언제 조성되었는지 기록이 남아 있지 않아 제작 연대를 거의 알 수 없지만, 그중에서도 기록이 확실한 통일신라시대 당간지주가 1기 있으니 안양 중초사지 당간지주(보물)다.

높이가 3.64미터에 이르는 이 당간지주는 지주 바깥면에 123자의 음각 명문이 남아 있다. 명문에 의하면 이 당간지주는 '흥덕왕 1년(826) 8월 6일에

• 안양 중초사지 당간지주(보물)

경주 사천왕사지 당간지주

• 경주 남간사지 당간지주(보물)

사찰에 가면 문득 보이는 것들

채석하여 같은 달 28일에 두 무리가 옮기기 시작하였고 9월 1일에 이곳에 이르렀으며 (다음 해인) 정미년 2월 30일에 모두 마쳤다'고 하였다. 곧 채석을 시작하여 6개월 만에 모든 공사를 완료한 것이다. 석재를 옮기는 거리에 따라서 조성 기간이 달라지겠지만, 당시에는 대략 이 정도 기간이면 당간을 세울 수 있었을 것으로 본다.

경주 사천왕사지에 남아 있는 당간지주도 조성 연대를 알 수 있는 유물이다. 668년 신라가 삼국을 통일한 후 다시 당나라와 대립하게 되었을 때, 불법의 힘을 빌려 당군을 물리치기 위해 세운 사찰이 사천왕사다. 사천왕사는 문무왕 19년(679)에 완공하였으니 당간지주도 이때 완성되었을 것으로 본다.

이 당간지주는 사천왕사지 근처 민가 옆에 있던 것을 옮겨 세운 것인데 기단부와 당간의 받침돌인 간대석(竿臺石)도 남아 있지 않아 불완전한 모습이다. 별다른 장식 없이 소박한 형태여서 통일신라 초기의 양식으로 간주된다.

경주 일대에만 12기 이상의 당간지주가 남아 있지만 그 지역에서 가장 키가 큰 당간지주는 8세기에 조성된 것으로 보이는 남간사지 당간지주(보물)이다. 그 높이가 3.62미터에 이른다. 두 지주에 총탄 맞은 자국이 많이 남아 있어 역사의 아픔을 간직하고 있는데 예전에는 논 가운데 서 있었던 탓인지 기단부는 흔적이 없다. 당간을 고정시키기 위해 지주 안쪽 맨 위에 파 놓은 간구(杆溝)가 '十'자 형태로 특이하게 조성되어 있다.

땅에 바로 놓이는 지대석부터 기단과 간대석, 당간지주까지 온전하게 남아 있는 당간지주도 있다. 바로 김제 금산사 당간지주(보물)이다. 금산사는 경덕왕 대(742~765)에 창건되었지만, 대찰의 규모로 발전하게 된 것은 진표 율사가 중창한 혜공왕 대(765~780)로 보고 있다. 역시 신라문화가 가장 꽃피었던 시기다. 그래서 당간지주도 이 시기에 조성되었을 것으로 본다. 당시 서라벌은 경제적·문화적으로 성숙하여 불국사와 석굴암을 짓던 무렵이어서

김제 금산사 당간지주(보물)

그러한 기술력이 지방에도 전파되었을 것이고, 이 당간지주 또한 조형미에 있어서 안정되고 세련된 미감을 간직하고 있기 때문이다.

기단부는 먼저 네모난 자연석을 바닥에 넓게 깔고 그 위에 기다랗게 다듬은 직사각형 돌을 올려 지대석을 삼았다. 지대석 위에는 통돌로 된 단층의 기단석을 올렸고, 측면에는 안상(眼象)을 조각하여 소박한 멋을 추가했다. 기단 위쪽에는 2단의 괴임을 돋을새김으로 마련한 후 두 지주를 세우도록 배려하고 가운데의 간주석 역시 기단석에서 둥글게 깎아 올렸다. 곧 기단석과 간주석이 하나로 붙은 일체형이다. 간주석 가운데에는 당간의 아래를 끼워서 맞출 수 있도록 둥근 원형 구멍을 파 놓았다.

두 지주의 앞면과 뒷면, 바깥면에는 9~11센티미터 너비의 윤곽대를 돌렸으며 바깥면 중앙에는 반원으로 튀어나온 돌기 띠를 조각하여 단순성을 피하였다. 지주의 정상부 바깥쪽으로는 부드러운 곡선으로 마감하면서 중간을 다시 한 번 접어 조용한 변화를 주었다. 볼수록 은은하고 세련된 정취를 가진 당간지주다. 신라 당간지주의 모범이라고 부를 만하다.

이와 유사한 솜씨를 보여주는 당간지주도 있다. 금산사에서 멀지 않은 익산 미륵사지 당간지주(보물) 2기다. 특이하게도 미륵사지 당간지주는 2기가 90미터 가량 떨어져서 서로 마주 보고 있는데 이처럼 하나의 사찰에 2기의 당간지주가 있는 것은 우리나라 사찰에서 보기 드문 예이다. 불국사 당간지주도 그런 예에 속하지만 다른 곳에서 옮겨오면서 그렇게 배치된 것이고, 미륵사지 당간지주는 원래부터 제자리이기 때문이다.

간주석은 따로 조성하여 두 지주 사이에 끼워 넣었는데, 더 특이한 점은 당간의 재료가 나무가 아니라 돌이란 점이다. 발굴된 당간용 기둥돌은 팔각형이었으며 아래는 굵고 위로 갈수록 가늘게 만들어 이를 다 연결하였을 경우 당간의 높이는 11미터 이상 되었을 것으로 추정되었다. 기본 양식이 금산

　　　　　　　　　　　　　　사찰에 가면 문득 보이는 것들

익산 미륵사지 당간지주(보물)

사 당간지주와 많이 닮은 양식을 가지고 있다.

공주 갑사 철당간(보물)도 통일신라시대의 당간이다. 갑사는 백제 때 창건된 사찰로 통일신라시대에 들어 중창이 이루어졌다. 철당간은 지금의 갑사 남쪽의 개울 건너에 있는 대적전 아래쪽에 있지만, 정유재란(1597) 이전에는 이곳이 원래의 갑사터로 알려져 있다. 정유재란 때 원래의 갑사가 소실되면서 중건할 때 지금의 자리로 옮겨간 것으로 본다. 곧 철당간은 원 갑사터 초입에 서 있는 것이다.

철당간의 두 지주는 별다른 장식 없이 소박하면서 약간 둔한 모습을 가지고 있다. 신라 후기로 가면서 점차 세련미가 줄어든 것이다. 그래서 9세기에 건립된 것으로 추정하고 있다.

이는 당간이 철로 조성된 점만 보아도 그렇다. 철은 불에서 녹는 용융점이 섭씨 1,538도이고 청동은 섭씨 950도이기 때문에 통일신라 후기에 이르러서야 야금 기술이 더욱 발전해 철을 녹여 자유롭게 주물 제품을 만들 수 있었다. 명문을 통해 장흥 보림사 철조비로자나불좌상(국보)이 859년에 완성되었음을 알 수 있듯 점차 철 주물 불상이 증가하고 고려시대에 들어서면 철불이 유행하게 된다.

철 주물 기술이 발전하며 나무보다 내구성이 좋고 돌보다 높게 만들기가 좋은 철당간이 자연스럽게 출현한 것이니 중간에 보수하였다고 하더라도 처음부터 철당간으로 조성했다고 보는 것이다. 현재 철당간은 24단이 남아있는데 1893년 7월 25일 벼락을 맞아 상부의 네 단이 떨어졌다고 한다. 현재의 높이가 15.43미터이니 28단이었으면 18미터

공주 갑사 철당간(보물)

높이에 이르렀을 것이다.

신라시대의 당간 암각화도 1점이 있다. 2011년에 발견된 것으로 경주 탈해왕릉 인근의 표암(瓢岩)에 새겨진 마애암각화다. 신라시대의 사찰 풍경을 선각(線刻)으로 남긴 것으로 탑과 법당, 공양을 올리는 스님 한 분이 서 있다. 오른쪽 끝에는 당간과 바람이 펄럭이는 당이 조각되어 있다.

'천보(天寶)'라는 당나라 연호가 새겨져 있어 742~743년 사이에 만들어진 작품임을 확인할 수 있다. 명문 해석에 대하여 '천보 2년(743)에 만월부인이 아들을 얻기 위하여 당간을 공양하고 발원하는 그림'이라고 주장하는 학자도 있다. 어쨌든 당이 휘날리는 그림으로는 유일한 신라시대의 암각화이다.

경주 표암 마애암각화. 오른쪽 끝에 당간과 바람이 펄럭이는 당이 표현되어 있다

고려의 당간

모든 당간지주를 통틀어 거칠면서도 호방한 기개를 보여주는 당간지주는 강릉 굴산사지 당간지주(보물)를 쫓아갈 만한 유물이 없다. 굴산사는 847년 당나라에서 귀국한 범일(梵日, 810~889) 국사가 창건한 사찰로 구산선문 아홉 사찰 중의 하나다. 범일 국사는 강릉 출신으로 이 지역 호족들의 지원을 얻어 굴산사를 창건하고 사굴산파(闍崛山派)를 형성하게 되었다. 범일 국사 입적 이후 강릉 지역 호족 김순식이 928년 왕건에게 귀부(歸附)함으로써 이 지역도 차츰 고려 조정의 영향권으로 들어가게 된다.

그렇다면 이 당간지주는 언제 세웠을까?

보통은 범일 국사가 활동하던 신라 말기에 조성된 것으로 보지만 남성답고 씩씩하며 건강한 인상을 보여 주는 이 당간지주는 고려 초기에 세워진 것은 아닐까? 확실한 기록이 없기 때문에 나말여초(羅末麗初), 곧 신라 말기나 고려 초기의 건립이라고 주장하는 것도 이 때문이다.

고려가 후삼국을 통일한 이후 국가의 위엄과 당당한 기세를 상징하는 대형 석불들이 교통 요지나 중요 지역에 세워진 바 있다. 은진미륵으로 알려진 논산 관촉사 석조미륵보살입상(국보)이나 논산 개태사 석조여래삼존입상(보물), 충주 미륵리 석조여래입상(보물), '태평미륵'이라 불리는 안성 매산리 석불입상 등이 그것이다.

굴산사 당간지주는 몸체도 클 뿐만 아니라 높이도 5.4미터에 이르는 크기로 절터보다도 훨씬 높은 언덕 위에 당당히 서 있어 시원하고 호쾌한 기운이 주변을 압도한다. 그러한 점에서 고려 초 대형 석불들을 통해 느낄 수 있는 씩씩한 기운이 이 당간지주에 실려 있는 것이라 생각해 보는 것이다.

또 한 가지 생각해 볼 문제가 있다. 구산선문에 속한 아홉 개 사찰 가운데 현재까지 당간지주가 남아 있는 곳은 굴산사지 한 곳뿐이다. 지금까지 운영되고 있는 실상사, 보림사, 태안사에도 당간지주는 없다. 그럼 왜 굴산사에만 당간지주가 남아 있는 것일까?

이러한 경향으로 볼 때 통일신라 초기 교종 사찰에 수없이 나타난 당간은 신라 말기에 들어 온 선종 사찰에 나타나지 않았다고 볼 수 있다.

이는 선종의 종지(宗旨)와도 관련 있다고 할 수 있다. 선종의 종지는 '직지인심 견성성불(直指人心 見性成佛)', 즉 '자신의 마음을 직시하여 본성을 보면 부처가 될 수 있다'는 것이다. 쉽게 말한다면 '나도 깨달으면 부처다'라는 뜻이다. 선종의 입장에서 살불살조(殺佛殺祖)의 정신, '부처가 나타나면 부처를 죽이고 조사가 나타나면 조사를 죽인다'는 기개가 살아 있는 것을 중히 여기는데 교종에서 세우는 당(幢)을 쫓아갈 필요가 있느냐는 것이다.

그렇다면 굴산사지 당간지주는 김순식이 고려에 귀부한 이후 정국이 안정되면서 이 지역 호족들의 적극적인 후원으로 이루어진 것이 아닌가 추측해 볼 수 있다.

어쨌든 굴산사지 당간지주는 방문 때마다 느끼는 것이지만 볼수록 남성답고 씩씩하며 시원해서 가슴 속이 뻥 뚫리는 기분이 든다. 그런 기분이 드는 사람이 필자뿐이랴. 정 자국이 그대로 남아 있어 세련미보다 거친 느낌이 물씬 풍기지만 야성미란 거친 멋이 있어야 하는 것 아닌가 하는 생각이 든다.

고려 역시 신라를 이은 불교국가로서 국가에서도 많은 사찰들을 경영했고 그에 따라 당간도 많이 건립해 남아 있는 유물이 많다. 그중에서도 명문이 남아 있는 철당간이 있으니 바로 청주 시내 한복판에 있는 청주 용두사지 철당간(국보)이다.

이 철당간은 밑에서 세 번째 철통에 393자의 명문이 남아 있어 조성 내력과 연대를 정확히 알 수 있다. 글을 짓고 쓴 사람은 김원(金遠, ?~944)이며

강릉 굴산사지 당간지주(보물)

청주 용두사지 철당간(국보) 명문

새긴 사람은 손석(孫錫)이다.

'청주의 호족인 김예종(金芮宗)이 우연히 병에 걸리자 철당간을 지어 사찰을 장엄하기로 부처님과 하늘에 약속하였으나 이를 이루지 못하고 죽었다. 집안의 형님 되는 김희일(金希一) 등이 그 뜻을 이어 철당간을 완성하니 준풍 3년(962) 2월 29일이었다'는 것이 명문의 주요 내용이다.

그러나 이 철당간은 처음부터 새로 만든 것이 아니고 원래 당간이 있었으나 어떤 연유로 훼손되면서 재건하지 못하다가 고려시대 들어 철당간으로 복원해 다시 세운 것으로 알려져 있다. 고려시대 명문이 남아 있어 조성 내용을 알 수 있는 것은 이 용두사지 철당간이 유일하다.

또 하나의 당간 관련 국보는 리움미술관에 소장되어 있는 금동 용두보당(국보)이다. 높이는 73.8cm에 지나지 않지만 당간의 전체 모습을 알 수 있는 귀중한 유물이다. 이중 기단 위에 당간지주를 세우고 여덟 개의 마디가 있는 원통형으로 당간을 구성하였다. 당간의 정상에 있는 용머리를 생동감 있게 주조하였고 금박을 입혔었다. 1975년 금동 당간 용두가 발견되면서 완전한 당간의 형태를 알 수 있는 데 중요한 자료가 되었다.

고려시대 당간의 모습은 송나라 사신으로 1123년 고려에 온 서긍이 남긴 『고려도경』에 자세히 묘사되고 있다.

홍국사는 광화문(廣化門) 동남쪽 길가에 있다. 그 앞에
시냇물 하나가 있는데 다리를 가로질러 놓았다. 대문은
동쪽을 향하고 있는데 '홍국지사(興國之寺)'라는 방(榜, 간

청주 용두사지 철당간(국보)

금동 용두보당(국보)

판)이 있다. 뒤에 법당이 있는데 매우 웅장하다. 뜰 가운데 동(銅)으로 부어 만든 번간(幡竿)이 세워져 있는데 아래 지름이 2척, 높이가 10여 장(丈)이고 그 형태는 뾰족하며 마디에 따라 이어져 있고 황금으로 칠을 했다. 꼭대기는 봉황의 머리로 되어 있으며 비단 번을 물고 있다. 다른 절에도 혹 있으나 다만 안화사의 것에는 '대송황제성수만년(大宋皇帝聖壽萬年)'이라고 쓰여 있다.

개성 흥국사의 당간은 금속으로 만들어졌는데 폭이 60센티미터, 높이가 30여 미터에 이르며 정상은 봉황의 머리로 장식되어 있다는 것이다. 곧 당간 머리 장식이 용두(龍頭)만 있었던 것이 아니라 봉두(鳳頭)도 있었다는 것을 알 수 있다. 안화사는 중창 불사 때 송나라에서도 많은 지원을 했던 사찰이다. 그래서 당간에 송나라 황제의 만수무강을 비는 번을 달았던 것이다. 또한 송나라 사신이 왔으니 손님 접대의 의미로 달아 놓았을 수도 있다.

철당간과 석당간

철당간은 법주사에도 있었다. 법주사는 진흥왕 14년(553)에 의신(義信) 조사가 창건하고 혜공왕 12년(776)에 진표 율사가 중창한 것으로 알려져 있지만 당간지주는 그 양식으로 보아 고려시대에 만든 것으로 보고 있다. 실제로 철당간에 남아 있던 명문이 『대동금석서(大東金石書)』에 실려 있어 통화(統和) 24년, 곧 1006년에 세웠음을 증명하고 있다.

그러나 고종 3년(1866) 대원군이 당백전(當百錢)을 만들기 위해 철당간과 함께 용화전의 청동미륵불상을 떼어가는 바람에 옛 당간을 잃어버렸다. 그 후 여러 차례 재건을 거쳐 1970년 지금의 철당간으로 복원한 것이다.

안성 칠장사에도 철당간이 남아 있다. 칠장사는 혜소국사(慧炤國師,

보은 법주사 철당간

칠장사 당간(경기 유형문화재)

사찰에 가면 문득 보이는 것들

972~1054)가 머물면서 중창하였다고 보기 때문에 칠장사 당간(경기 유형문화재)도 이 무렵에 건립된 것으로 본다. 현재 철통 15단이 남아 있으며 원래는 30단이었다고 한다. 그렇다면 전체 높이가 20미터 가량 되었을 것이다.

이렇게 철당간이 온전하게 남아 있지 못한 것은 바로 벼락 때문이다. 하늘 높이 솟은 철당간이 피뢰침 역할을 하면서 직접 번개를 맞게 되니 자주 손상을 입을 수밖에 없었다. 당간뿐만 아니라 높은 건물들은 다 이런 수난을 겪었다.

경주 황룡사 구층목탑의 경우 선덕여왕 14년(645)에 완공된 후 여러 차례 벼락을 맞았다. 낮게 잡아도 높이만 53미터, 상륜부까지 66미터에 이르렀을 것이라고 하니 서라벌에서는 가장 높은 건물이었을 것이다. 기록을 보아도 여러 차례 벼락을 맞았고, 그때마다 보수공사를 해야만 했다. 고려시대에 들어와서도 이 목탑은 서라벌의 상징적 랜드마크로 유지되었으나 광종 5년(954)에 또 벼락을 맞아 소멸되었고, 60여 년이 지나 현종 3년(1012)에 복원을 시작해서 9년 뒤인 현종 12년(1021)에 완공되었다. 이후에도 정종 2년(1035), 헌종 1년(1095)에 벼락을 맞아 보수 공사를 했지만 결국 고종 25년(1238) 몽골군의 방화로 소실되고 말았다.

이처럼 키가 큰 건조물들은 하늘에서 떨어지는 벼락의 재앙을 피할 수가 없었으니 철당간도 그러한 아픔을 반복했을 것이다. 또 한 번 손상을 입으면 많은 경비와 인력이 필요했기 때문에 억불숭유의 조선조에서는 다시 복원하기가 쉽지 않았을 것이다.

이러한 당간의 피해는 목당간이나 석당간도 마찬가지였을 것이다. 그래도 완형을 유지하고 있는 석당간이 있으니 담양 객사리 석당간(보물)과 나주 동점문 밖 석당간(보물)이다.

담양 객사리 석당간은 돌로 된 팔각석주 세 매를 연결하여 세우고 그 위

담양 객사리 석당간(보물)　　　　　　　　　나주 동점문 밖 석당간(보물)

　　　　　　　　　　　　　　　　　　　사찰에 가면 문득 보이는 것들

로는 여섯 개의 원통형 철통을 올렸다. 말하자면 석당간과 철당간의 혼용이다. 당간의 정상부는 불법의 바퀴를 상징하는 보륜을 설치하였는데 이중의 철 띠를 두른 것처럼 보인다. 보륜 바깥쪽 띠에는 방울이 하나 매달려 있는데, 근처에 오층석탑과 절터가 있어 사찰에서 세웠던 당간임을 알 수 있다.

나주 동점문 밖 석당간은 정상부까지 전부 석재를 가공하여 완성한 것으로 매우 귀한 유물이다. 부등변팔각형의 당간은 위로 올라갈수록 가늘게 하여 안정감을 주었고, 돌기둥의 상하부는 수직으로 일정 부분을 반절로 절단하여 서로 이어 맞추었다. 서로 닿는 부분은 철 띠를 둘렀으며 수직으로 닿는 부분은 두 개의 고정쇠를 박았다. 정상부에는 지붕 모양의 장식인 보개를 또한 통돌로 운치 있게 가공하여 얹었고, 그 위에 다시 여의두 문양이 새겨진 보주를 맨 위에 놓았다.

이외에도 돌로 만든 당간 기둥이 일부라도 남아 있는 석당간은 양산 통도사 석당간, 영광 단주리 당간지주, 부안 서외리 당간지주 등 여러 점이 있다.

고려의 당간지주

남아 있는 고려시대의 당간지주 중에서 가장 정돈된 아름다움을 보여 주는 유물은 천안 천흥사지 당간지주(보물)를 꼽을 수 있다. 이곳에서 출토된 천흥사 동종의 명문에 1010년에 주조되었다고 밝혀 놓았으므로 당간지주도 이 무렵에 조성되었을 것이다. 곧 신라의 양식을 이어받은 고려 초기의 대표적인 당간지주라고 하겠다.

기단석의 안상에 여의두 문양이 새겨져 있고, 지주의 안쪽 면에는 당간을 지지하기 위한 구멍이 하나도 없으며, 상단 안쪽으로 파인 간구만 시공하였다. 지주 상부에서 바깥면으로는 부드럽게 활 모양 곡선을 그리면서 내려오다가 다시 한 단을 꺾어 올리면서 아래로 뻗어 내려갔다. 이로써 당간을 견

천안 천흥사지 당간지주(보물)

고하게 고정시키기 위한 어떤 장치가 있었던 것으로 추정된다. 지주 바깥면 중앙에서 세로로 반원형으로 돌기한 띠를 돌렸는데 이 띠 양쪽에 가느다란 실선을 두어 장식성을 추가하였다. 전체적으로 신라 양식에서 변화된 모습을 보이지만 고려시대의 전형적인 양식으로 인정할 만하다고 생각된다.

　이외에도 단정한 당간지주로는 부여 무량사 당간지주(충남 유형문화재)와 서산 보원사지 당간지주(보물)가 볼만하고, 장대한 당간지주로는 홍성 오관리 당간지주(보물)가 4.8미터의 큰 키를 자랑한다. 또한 원주 법천사지 당간지주는 4.2미터이지만 간주석이 잘 남아 있어 한 번쯤 돌아볼 만하다.

　고려 말이 되면서 마지막 불꽃처럼 일어난 사찰이 양주 회암사다. 물론 나옹 선사라는 걸출한 스님이 있었기에 가능한 일이었다. 이 회암사터에 익

　　　　　　　　　　　　　사찰에 가면 문득 보이는 것들

무량사 당간지주(충남 유형문화재)　　　　서산 보원사지 당간지주(보물)

홍성 오관리 당간지주(보물)　　　　　　원주 법천사지 당간지주

양주 회암사지 당간지주

산 미륵사지처럼 2기의 당간지주가 있다. 그중 1기는 당간지주가 한 개뿐이다. 원래 이 당간지주들은 서로 더 떨어져 있었지만 쓰러진 것을 다시 세우면서 지금처럼 한자리에 모였다.

　　당간을 세우고 고정시키기 위해 지주 안쪽에 뚫어 놓은 구멍이나 홈이 하나도 없어서 새로운 당간 고정 장치를 사용했을 것으로 추정한다. 사각의 돌기둥을 위는 좁고 아래는 넓은 민흘림식으로 가공하여 안정된 자세를 갖추었다. 높이가 3.29미터에 이르지만 아무런 조각도 없이 미끈하게 다듬어서 시각적으로 훤칠한 인상을 준다. 새로운 양식이지만 고려시대 끝 무렵의 유작으로 남게 된 당간지주다.

강진 무위사 극락보전(국보) 앞 마당 좌우로 배치되어 있는 괘불지주

당간지주의 그림자

조선시대에 들어 국가의 통치 이념이 바뀌자 불교계는 급격한 위축을 맞게 된다. 결국 조선시대에 들어와 당간지주에 당간을 거는 명맥은 끊어졌지만 그 모습이 괘불지주로 응용되었다. 괘불이 클수록 괘불지주도 커졌기 때문에 큰 공사비가 들었고 조성 기록이 남아 있는 괘불지주도 있다. 청도 적천사 괘불지주(보물)는 강희 40년(1701), 강진 무위사 괘불지주는 강희 17년(1678), 영광 불갑사 괘불지주는 강희 49년(1710)에 세워졌다는 명문을 그 몸에 간직하고 있다.

괘불지주가 조성된 배경에는 조선에 밀어닥친 임진왜란의 영향이 컸다. 이러한 국가적 재난을 겪은 다음 나라의 안녕을 빌고 평안을 이루려는 의욕

해남 미황사 괘불재. 미황사 괘불탱은 보물로 지정되어 있다.

이 높아지고, 또한 전쟁 중에 죽거나 다친 사람들을 위하여 수륙재나 예수재에 동참하려는 사람들이 사찰로 모이게 되었기 때문이다. 그래서 기존의 작은 법당에서는 많은 사람이 함께하는 의식을 진행하기 어려워 두 기둥에 걸 수 있는 대형의 불화를 마당에 설치하고 그 앞에서 의식을 행하게 되었다. 그 대형의 불화가 바로 괘불(掛佛)이다.

야외용 걸개 불화인 괘불은 높이가 10미터에 이를 만큼 큰 것도 있기 때문에 이를 지탱할 지주 또한 이 불화의 무게를 견딜 수 있을 만큼 튼튼해야만 했다. 또 이러한 대형 행사에서는 일시적으로만 불화를 설치하는 것이라서 나무 기둥을 썼기 때문에 이 기둥을 세울 지주대 2기가 필요해졌다. 이 괘불용 지주를 만들 때 응용된 것이 바로 당간지주다. 당간지주를 작게 축소해서 법당 앞에 2기씩 세워 놓은 것이 지금 우리가 흔히 볼 수 있는 괘불지주다. 그러니까 괘불지주는 당간지주와 그 용도도 다르고, 세워져 있는 장소도 다르며, 개수도 다르다.

이렇게 해서 괘불은 많은 사람들이 모여 큰 의식을 치르는 의례용으로 많이 조성되었으며 그 의식도 기우제부터 수륙재, 예수재, 영산재 등으로 다변화되었다. 또한 의식을 치르는 장소도 다양화되어 기우제나 수륙재는 냇가나 강변에 괘불을 설치하고 치르는 경우도 있었는데, 이는 백성들 곁으로 다가가 더 많은 사람들이 의식에 동참할 수 있도록 배려한 것이었다.

현재 남아 있는 괘불 중에서는 1622년에 조성된 나주 죽림사 세존괘불탱(보물)이 제일 이른 시기의 작품이며, 1722년에 그려진 진주 청곡사 영산회괘불탱(국보)은 높이가 10.4미터에 이르는 대작이면서도 당대 최고의 승려화사(畫師)인 의겸 스님이 그린 것이어서 걸작으로 인정받고 있다. 최장신의 괘불은 상주 북장사 영상회 괘불탱(보물)으로 키가 13.3미터에 이르며 1688년에 그려진 것이다. 지금까지 전해지고 있는 괘불은 110여 점이 되는데 국

보 7점과 보물 51점이 포함되어 있다. 그만큼 괘불지주도 많이 세워졌다는 뜻이다.

조선시대에도 살아남은 솟대

당간이 세워지는 데 큰 영향을 주었던 솟대는 민간에서 끈질기게 전승되어 조선시대에도 여전히 살아남았다. 나무뿐만 아니라 돌로도 만들어진 솟대가 출현하였는데 전라북도 부안 지역에 많이 분포되었고, 지금도 정월에 동제를 모시는 곳이 있다.

솟대는 지역에 따라 '짐대', '오릿대', '솔대', '액맥이대', '별신대' 등으로도 불리고 강릉에서는 오리 세 마리를 얹어 '진또배기'라 부른다. 나무로 솟대를 만들면 내구성이 문제가 되어 아예 돌로 만드는 솟대가 출현한 것은 돌로 만든 석당간에서 영감을 받았는지도 모르겠다.

그렇게 돌로 만든 솟대가 절집에도 하나가 있으니 바로 1928년에 세워진 고성 건봉사 입석(立石)이다. 민간에서는 '건봉사 돌솟대'라 부르는 이 솟대의 새 조각은 사각형 돌기둥 위에 오리가 아닌 봉황을 앉힌 것이지만 언뜻 보면 통통한 암닭 같은 모습이다.

건봉사는 '마를 건(乾)', '봉황 봉(鳳)'을 쓰는데 '원각사'라는 원래 이름을 나옹 스님이 바꾸었다고 한다. '건(乾)'은 하늘을 뜻하고 풍수에서 '건방(乾方)'은 서북 방향을 말한다. 곧 하늘을 나는 봉황새가 솟대에 내려앉아 서북쪽을 바라보고 있는 것은 아닌가 생각되기도 한다. 그

고성 건봉사 입석

만큼 명당이라는 뜻일 것이다.

근래에 새로 만든 보당(寶幢)도 있다. 오대산 상원사 마당 한 켠에 세워져 있는 봉황보당이다. 당은 원래 깃발 형태이고 불법의 위신력을 나타낸다고 해서 '법당(法幢)', 보배로운 깃발이라 해서 '보당(寶幢)'이라고도 불리지만 상원사 봉황보당은 깃발 없이 금속 당간 위에 황금빛 봉황을 안치한 것이다.

세조가 상원사에 행차했을 당시 임금의 상징인 어룡기(魚龍旗)를 걸었던 것으로 추정되는 지주가 있었는데 상원사에서 왕을 상징하는 황금빛 봉황으로 대체하여 보당을 건립한 것이다.

이처럼 당간과 솟대는 우리의 전통문화 속에서 서로 영향을 주고받으며 오랫동안 전승되어 내려왔다. 그러한 만큼 당간지주 일부, 솟대 1기라도 남아 있는 유물은 우리의 정신문화를 담고 있는 귀중한 문화유산이라고 생각하고, 다시 한 번 눈여겨 보아 주는 것도 우리 후손들의 의무라 하겠다.

평창 상원사 봉황 보당

모든
것에는
역사가
있다

수미단과 탁자

부처님께 공양하다

불교 신자들이 법당에 들어가기 전에 반드시 준비하는 것이 부처님 전에 올릴 공양물이다. 석가모니 부처님이 이 세상에 계실 때에도 왕이나 대신, 장자 들이 승단에 필요한 많은 공양물을 올렸고, 훗날 여섯 가지 법다운 공양이라는 육법공양(六法供養)으로 정리되어 지금도 등(燈), 향(香), 차(茶), 꽃, 곡식, 과일을 법회 날에 올리는 것을 볼 수 있다.

개인적으로는 각자의 형편에 따라 공양물을 준비해 부처님 전에 올리는데 보통 등 대신에 초를 올리고 향이나 쌀을 같이 올린다. 요즈음에는 사시사철 생화가 공급되어서 꽃을 올리는 신도분들도 많다.

이 공양물들을 올려놓는 단을 '수미단(須彌壇)', 또는 '불단(佛壇)'이라고 부르는데 새로 지은 사찰들은 보통 계단식 3단으로 구성되어 있다.

•
부안 내소사 대웅보전(보물) 내부의 계단식 수미단

제일 아랫단에는 촛대와 향로 등 공양구(供養具)를 진설하고, 가운데 단에는 과일이나 떡 등의 공양물을 올리며, 맨 윗단에는 부처님을 모신다. 신도들이 갖고 온 향, 초, 쌀 등은 보통 제일 아랫단, 촛대와 향로가 놓인 곳에 올려놓은 절이 많다.

이렇게 구성되어 있는 단을 '불단'이라고 부르는 것은, 물론 부처님을 모신 단이라는 의미로 호칭하는 것이며, 절집의 제일 중요한 어른을 모신 단이라서 '상단(上壇)'이라 부르기도 한다. 자연스럽게 부처님과 부처님의 법을 지키는 신장들을 모신 신중단을 '중단(中壇)', 조상들의 영가를 모신 영단(靈壇)을 '하단(下壇)'이라 부른다.

'수미단'이라는 용어는 석가모니 부처님이 수미산 정상에 있는 도리천(忉利天, '33천'이라 부르기도 한다)으로 올라가 돌아가신 어머님을 위해 설법하신 적이 있기 때문에 그 법회의 장면을 본받아 붙인 이름이다.

	후불탱화	
	본존불	
감로도	불단 (상단)	신중도
영단 (하단)		신중단 (중단)

남쪽

● 불전 내 불단 배치.
불전 내 주불을 모신 상단을 중심으로 오른쪽에 신중단, 즉 중단을, 왼쪽에 영단, 즉 하단을 배치한다.

곧 석가모니 부처님이 도리천에서 설법하실 때 시방세계의 한량 없는 세계에서 이루 말할 수 없이 많은 부처님과 보살마하살이 모두 법회에 와 석가모니 부처님의 공덕을 찬탄하였기 때문에 그때의 장엄하고 화려한 모습을 수미단에 재현하려고 온갖 정성을 기울이다 보니 조각사적으로도 뛰어나게 우수한 수미단이 여러 사찰에 남아 있게 되었다.

그럼 이 수미단은 언제 만들어진 것일까? 고려시대에도 이런 형식의 수미단이었을까?

누구나 부처님을 만날 수 있던 곳

과거에도 지금처럼 신도들이 구별 없이 법당에 들어가 부처님께 다가가서 참배할 수 있었을까? 아마 삼국시대와 통일신라시대까지는 왕족·귀족 중심의 불교 시대였으니 출입이 지금처럼 자유롭지는 못했을 것이다.

우선 가람 배치나 법당의 구조만 보아도 그렇다. 이 시기에는 전면에 탑이 있고, 그 뒤에는 금당, 다시 그 뒤에는 강당(설법전)이 있는 구조였다. 대중이 많이 모이는 법회는 강당에서 행해졌다는 뜻이고, 금당은 특별한 날에 특정한 인원만이 출입하지 않았나 생각된다. 왜냐하면 신라시대 법당 구조는 법당 정 가운데에 높은 대좌를 설치하고, 그 위에 불상을 봉안하였기 때문이다. 또한 이때는 건축 기술이 부족해 법당 내부에 많은 기둥을 세울 수밖에 없었다.

신라시대의 금당 터에 가 보면 금당 내부에 기둥을 세우기 위한 많은 주춧돌이 배치되어 있음을 볼 수 있다. 물론 경전에 나와 있듯이 부처님께 예경하기 위해서는 부처님 주위를 오른쪽으로 세 번 돌고 합장 공경해야 하기 때문에 당연히 부처님을 법당 정중앙에 모시는 구조가 되었지만 그러한 점은 많은 인원이 들어와 의식을 행하기에는 장소가 협소해지는 단점을 면할 수 없었다.

또 복잡한 신분사회에서 누구나 금당에 마음대로 출입할 수는 없었을

경주 남산 신선암 마애보살반가상(보물). 남산은 과거 신분 차별 없이 누구나 기도할 수 있는 곳이었다.

•
원주 거돈사지 금당지와 불좌대. 신라시대에 창건된 사찰로, 금당 정가운데에 높은 대좌가 설치되어 있다. 법당 내부에 기둥을 세운 흔적도 남아 있다.

것이니 정해진 날 외에는 개방을 금하지 않았을까 추측해 본다. 『삼국유사』에 실려 있는 기록대로 '욱면(郁面)이라는 계집종은 법당에 들어가지 못해 마당에 서서 염불했고, 다섯 살에 눈이 먼 희명(希明)이라는 여자아이는 분황사 왼쪽 법당 북쪽 벽에 그려진 천수관음 앞에서 기도했'고 하지 않았던가. 두 사람 다 신분 문제로 법당에 들어가지 못했다는 뜻이다.

신라는 골품제도를 기반으로 관직을 제약하는 등 불평등한 사회였기 때문에 육두품 출신인 원효 대사도 과감하게 승복을 벗고 평민 속으로 뛰어들어 평등의 불법을 폈다. 또한 신라 제일의 문장가 최치원도 골품제도의 한계로 외직을 떠돌다 가야산으로 자취를 감추지 않았던가. 결국 신라 말까지 이어진 왕족·귀족 중심의 불교는 평민에게 금당의 문을 쉽사리 열어 주지 않았을 것

사찰에 가면 문득 보이는 것들

이다. 그럼 서라벌의 평범한 백성들은 보통 어디에 가서 기도했을까?

필자는 바로 경주 남산이 일반 백성의 기도 도량이었으리라 생각한다. 항상 열려 있고 언제나 기댈 수 있는 남산의 수많은 마애불이 그 증거가 아닐까?

탁자가 나타나다

신라시대의 법당 양식은 고려시대 초기에도 그대로 유지되어 법당 정중앙에 대좌를 설치하고 부처님을 봉안하였다. 그런데 부처님 앞에서 예경을 올리자면 공양구를 올려놓을 법구가 필요했을 것이다. 실제로 그런 용도로 쓰였을 것으로 추정되는 탁자가 두 곳에 남아 있으니 하나는 예산 수덕사 대웅전(국보)에 있는 탁자고, 다른 하나는 청양 장곡사 상 대웅전(보물)에 있는 탁자이다.

수덕사 대웅전은 고려시대 후기 1308년에 건축된 기록이 남아 있는 독보적인 목조 건축물이다. 이 대웅전은 우리가 보유하고 있는 고려시대의 법당 건축물 5점 중에서도 가장 큰 건물인 데다, 안에 봉안된 부처님 세 분과 함께 가운데에 모신 석가모니불을 받치고 있는 대좌형 수미단까지 보물로 별도 지정되어 있다.

수덕사 대웅전의 대좌형 수미단은 목조로 만든 수미단으로서는 국내 유일의 문화재로 1308년 대웅전을 건축할 때 조성한 것으로 믿어지고 있다. 왜냐하면 이 수미단은 외부에서 제작해 법당 마루에 옮겨진 것이 아니라 처음부터 대웅전 마루 아래로 육각형 수미단에 맞게 돌로 만든 지대석을 설치하고 그 위에 짜 올렸기 때문이다. 또 이 육각형 수미단에 꾸며져 있는 조각 양식이 고려시대 건축물로 알려진 황해도 자비산 심원사 보광전의 수미단에 붙어 있는 조각 양식과 같은 형식을 보이고 있어 더욱 신빙성을 갖게 한다.

예산 수덕사 대웅전(국보)

청양 장곡사 상 대웅전(보물)

● 예산 수덕사 대웅전 수미단(보물). 부처님을 모신 상단 앞으로 보탁이 자리하고 있다.

청양 장곡사 상 대웅전 내부.
세 부처님 앞으로 탁자가 놓여 있다. 중앙의 것은 근래 복원한 것이다.

같은 고려시대 유물로 수덕사 대웅전의 수미단과 같은 흐름을 보이고 있는 심원사 보광전의 2단형 사각 수미단도 현존하지만 특히 수덕사 대웅전 수미단은 고려불화에도 등장하는 양식인 만큼 더욱 귀하게 보아야 한다.

　　수덕사 대웅전 안에서 또한 눈길이 가는 것은 앞에서도 말한 수미단 앞에 놓인 탁자이다. 실제 수미단 위로는 공양구나 공양물을 올릴 공간이 없어 보조용 탁자가 필요하였을 것이다. 그래서 이러한 탁자를 '보탁(補卓)'이라고도 부른다. 필자는 이 탁자도 고려시대부터 내려온 문화재가 아닌가 생각하고 있다.

　　고려시대 건축물인 안동 봉정사 극락전(국보)에도 이러한 양식의 탁자가 있었는데 어느 땐가 유실되어 자료 사진만 남아 있다.

　　이 탁자가 고식(古式)을 따르고 있음은 탁자의 하단에 새겨진 조각 문양을 통해서도 알 수 있다. 고구려시대의 고분벽화에 나오는 평상의 조각 문양을 그대로 따서 옮긴 듯이 보여 주고 있기 때문이다. 결국 한민족의 문화적 전통이 이 탁자 하나에서도 오랫동안 이어져 왔음을 확인할 수 있다.

　　장곡사 상 대웅전 역시 석조대좌를 갖춘 부처님 세 분을 오랫동안 모시고 있었기 때문에 필수적으로 이 탁자들을 사용해야만 했을 것이다. 물론 세 점의 탁자가 부처님 대좌 앞에 각각 있었으리라 생각되지만 한 점은 근래에 다시 옛 방식대로 복원해 놓은 것이다.

　　수덕사와 장곡사가 보존하고 있는 이 세 점의 탁자들이 언제 만들어진 것인지는 확실히 알 수 없다. 하지만 신라시대부터 고려시대까지 법당 가운데에 모셔진 부처님 좌대 앞에 놓여 오랫동안 사용되어 온 탁자란 점을 생각한다면 평소엔 아무렇지 않게 지나쳤을 물건이지만 아주 귀하게 느껴질 것이다.

병풍식 수미단이 나타나다

신라 말기에 들어온 선종은 지방 호족들의 열렬한 환영을 받았다. 특히 선종의 등장으로 왕족·귀족 중심의 교학불교로부터 멀어져 있던 일반 백성들도 쉽게 불교에 접근할 수 있는 길이 열렸다.

선종 종지의 핵심 내용은 '직지인심 견성성불', 쉽게 말하면 '중생도 깨우치면 부처다'일 것이다. 신분이나 배움의 정도에 제한 없이 '나도 깨우치면 바로 부처다'라는 가르침은 이전의 교학불교에서는 상상도 할 수 없는 진보적 사상이었다.

왕은 부처님이고, 신하는 보살, 백성은 중생이라고 정치적인 이야기도 했던 교학불교를 완전히 뒤엎는 새로운 발상이었기 때문에 신라에 처음 선종을 들여온 도의 국사는 이단으로 낙인찍혀 설악산 자락에 은거하지 않았던가.

이 새로운 사상은 지방 호족들에게 어지러운 세상을 통일하여 새로운 국가의 왕이 될 수 있다는 정치적 명분을 제공했고, 일반 평민들에게는 신분의 고하를 떠나 누구나 깨우치면 부처가 될 수 있다는 희망을 주었다.

실제로 이 시기에 활약한 선사들의 신분은 대부분 평민이었다. 이들은 먼저 승려와 신도의 차별을 없애고 스스로 일하고 스스로 먹었다. 심지어 노비를 풀어 주고 토지의 보시를 거절하기도 했다. 국가로부터 특별 대우 받는 것을 거절하고 신도 위에 군림하는 것도 정법이 아니라고 보았다.

백성들은 자연스레 선종 사찰로 모여들었고 힘이 약해진 신라 조정도 이 거센 흐름을 인정할 수밖에 없었다. 결국 선종은 본격적인 수용 50여 년 만에 사상계의 주도권을 장악하게 되었다.

선종의 평등 사상은 법당의 문호 개방에도 새로운 바람을 불러왔을 것이고, 좀 더 많은 사람이 법당을 출입하게 되었을 것이다. 특히 고려시대에 접어들면서 건축 기술의 발달로 법당 내의 기둥 숫자가 많이 줄게 되고, 수용할 수 있는 인원도 점점 더 늘어나게 되었다. 그럼에도 부처님을 정중앙에 두고 그 앞 공간에서만 예경하기에는 공간 활용도가 떨어지니 새로운 방식이 출현하게 된다. 바로 정중앙의 부처님을 뒤쪽 벽 쪽으로 약간 물러나 앉도록 배치하는 방식이다.

지금 남아 있는 고려시대 법당인 수덕사 대웅전, 봉정사 극락전, 부석사 무량수전도 다 이런 구조를 가지고 있다. 그러나 법당 안에 놓인 탁자 하나로는 향로·촛대 등의 공양구와 여기저기서 올라오는 공양물을 다 감당할 수가 없어 자연히 공양대인 보탁에도 변화가 일어났다. 바로 가리개형 수미단 양식이다.

이 양식은 연화대좌 위에 앉은 부처님을 그대로 두고 'ㄷ'자 형태로 부처님을 가리듯 수미단을 조성한 양식이다. 부처님이 앉아 계신 연화좌대는 잘 보이지 않지만 수미단의 윗면을 넓게 짤수록 공양구나 공양물을 넉넉히 진설할 수 있는 장점이 있다.

영주 부석사 무량수전(국보)이나 포항 보경사 적광전(보물), 홍성 고산사 대웅전(보물) 등이 이러한 양식의 수미단으로 만들어졌다. 부석사 무량수전 수미단의 경우 지금은 검은 칠이 되어 있어 원래 모습을 확인할 수 없지만 상단에 아래로 향한 화살 모양 나무 조각이 연속해서 설치되어 있음을 볼 수 있다. 이 양식은 바로 수덕사 대웅전의 대좌형 수미단 상단 부분에서도 확인할 수 있는 양식이라 이 가리개형 수미단도 만만치 않은 역사를 갖고 있음을 알게 한다.

연화대좌가 사라진 수미단도 등장한다. 법당 안에 으레 있었던 연화대좌, 법당 가운데에 있었던 석조대좌나 목조대좌가 사라지고 부처님이 아예 수미단 위로 자리바꿈한 불단이 나타난 것이다. 그 예가 바로 안동 봉정사 극락전(국보)의 수미단이다. 이 수미단은 조성 시기를 알 수 있는 귀중한 불단으로 1361년에 제작된 것이다.

영주 부석사 무량수전(국보) 내부. 여래좌상(국보)을 중심으로 'ㄷ'자 형태의 수미단을 조성했다.

안동 봉정사 극락전(국보) 내부. 연화대좌가 사라진 수미단 위로 아미타불 친님을 모셨고, 수미단 위로는 천개를 두었다.

윗면이 직사각형인 수미단에는 중앙에 부처님을 모셨고, 부처님 주위로 네 개의 기둥을 세워 천개(天蓋)형 닫집을 지탱하도록 하였다. 천개는 인도에서 햇빛이나 비를 막기 위한 가리개에서 출발한 것으로 귀인의 상징이었기 때문에 불교에 들어와 불보살님의 머리 위를 장엄하도록 발전한 것이다.

이 천개형 닫집은 초기에 봉정사 극락전의 경우처럼 네 개의 기둥 위에 설치되다가 점차 천장에 고정적으로 부착되는 형식으로 발전하게 되는데 부석사 무량수전의 아미타 부처님 위에도 이러한 방식의 닫집으로 꾸며져 있다.

그러나 봉정사 극락전 수미단은 단층으로 되어 있고, 부처님 앞에 빈 공

황해북도 심원사 보광전 내부

사찰에 가면 문득 보이는 것들

간이 없어 공양구나 공양물을 진설하기 위한 보탁을 놓았을 것으로 추측되는데 현재는 새로 만든 탁자를 배치하고 있다.

보탁 없이 부처님과 공양구, 공양물을 함께 올릴 수 있는 일체형 수미단도 등장한다. 황해도 자비산 심원사 보광전의 수미단이 그 예에 속한다. 심원사 보광전은 1374년에 중건한 법당으로 수미단도 이때 제작되었을 것이다. 이 수미단 역시 직사각형 형태로 조성되어 있지만 봉정사 극락전 수미단과 달리 2단의 계단식으로 조성되었다. 물론 윗단에는 부처님 세 분을 나란히 모셨고, 아랫단에는 공양구와 공양물을 진설할 수 있도록 하여 보탁을 썼을 때보다 훨씬 넓은 공간을 확보할 수 있게 되었다.

계단식 수미단이 등장하다

조선시대로 접어들면서 불교계는 정부와 귀족에게 의지하던 호시절이 지나갔음을 절감해야만 했다. 국가의 지원도 끊어졌으며 도심 사찰은 철거되었고 스님들은 강제적으로 환속되었으며 신분도 천민으로 강등되었다. 이제는 스스로 먹고 살아야 하는 시대가 닥친 것이다.

조선의 새로운 국가 이념이 된 유교는 '효'를 바탕으로 하는 도덕 윤리의 사회였고 불교계도 자구책으로 이러한 사회적 변화에 적응할 수밖에 없었다.

우선 법당 안의 부처님 위치가 어느 절이나 가릴 것 없이 전부 벽면으로 후퇴하여 뒷벽과 부처님 좌대 사이의 공간이 사람 몇 명 통행할 정도로 좁아졌다. 한편 임진왜란 이후 차츰 사회가 안정되면서 법당 복원 불사가 시작되는데 이 시기에 건축되기 시작한 법당들은 모두 계단식 수미단의 형식을 갖

강화 전등사 대웅전(보물) 내부. 불단 장엄의 우수한 사례인 수미단은 인천 유형문화재로 지정되어 있다.

추어 가기 시작한다.

이미 고려 말에 중건한 황해도 자비산 심원사 보광전의 수미단에서 보았듯이 이때 등장한 2단의 계단식 수미단을 좀 더 편리성 있게 조성하게 된다. 곧 이 수미단은 하단에 공양구와 공양물을 같이 올리게 되어 있고, 좁은 상단에는 부처님 세 분만 겨우 모실 수가 있었다.

이 수미단에서 더 진보한 것이 2단 계단식으로 조성하되 부처님이 앉아 계신 앞쪽 공간을 확보하여 공양물을 올릴 수 있도록 배려한 것이다. 곧 하단에는 촛대, 향로 등의 공양구를 놓고 부처님 앞쪽으로는 과일이나 떡 등 공양물을 올릴 수 있도록 한 것이다. 이러한 양식을 갖고 있는 고찰들이 많이 남아 있다.

여기에서 한 발짝 더 나아간 양식이 부처님 앞 공간에 낮고 기다란 보조용 탁자, 곧 보탁을 설치한 것이다.

강화도 전등사 대웅전(보물)은 임진왜란이 끝나고 약 17년 뒤인 1615년에 착공하여 1621년에 준공한 법당이다. 안에 모셔진 삼존불도 삼세불 양식으로 1623년에 조성하였는데 워낙 우수한 작품이라서 삼존불만 따로 보물로 지정되었다. 삼존불 조성이 1623년이라면 수미단도 이 무렵에 제작되었을 것인데 이 수미단 또한 불단 장엄의 우수작으로 인천 유형문화재로 별도 지정되어 있다.

이 수미단을 살펴보면 계단식 2단으로 되어 있고, 상단 앞쪽에 낮고 기다란 보조용 탁자가 놓여 있어 전체적으로는 3단으로 사용할 수 있게끔 되어 있다.

보탁 양쪽 끝에는 청색·황색 사자가 화염문에 둘러싸인 둥근 거울을 등에 진 채 마주 서 있다. 바로 사자 업경대로 1627년에 제작했다는 명문이 있어서 수미단이 이 무렵의 작품임을 증명해 준다.

곧 전등사 대웅전 수미단은 보탁을 포함해 계단식 3단으로 사용할 수 있도록 고안한 방식이라 하겠다. 보탁은 사용하지 않을 때에는 떼어 놓을 수 있도록 제작된 것인데 지금은 어느 절에나 상단에 고정시켜 놓았다.

그다음으로 볼 수 있는 수미단이 계단식 3단 수미단이다. 물론 맨 위 상단에만 불보살님을 모시고 아래쪽의 2개 단에 공양구와 공양물을 진설할 수 있도록 제작한 것이다. 일제강점기에 접어들면서 수미단은 점차 계단식 3단의 구성으로 제작되는데 나아가 이 수미단 자체가 부처님의 뒷벽으로 밀려나서 완전히 붙게 된다.

법당 안에서 부처님 주위를 세 번 돌고 예경하는 의식도 거의 없어졌고, 법당 내의 기둥도 건축 기술의 발달로 전부 제거되면서 좀 더 넓은 공간 확보를 위해 완전히 벽에 붙은 수미단이 등장하게 된 것이다.

이렇게 수미단 하나에도 오랜 기간에 걸친 변화와 역사의 과정이 있다. 무려 1,000년 이상의 시간 속에서 지금의 수미단이 탄생한 것이다.

법당 안 부처님 앞에 간단히 놓여 있던 탁자가 가리개형으로 바뀌고, 다시 부처님까지 함께 모시는 계단식 2단, 3단의 수미단으로 발전해 온 것이다.

그 과정 중에 남아 있는 수덕사 대웅전의 대좌형 수미단과 함께 앞에 놓인 탁자도 다 우리가 귀하게 보고 보호해야 할 문화재가 아닌가 생각해 본다.

계
단
과
석
축

불타는 불국사

불교를 국교로 삼은 신라가 삼국 통일 후 불교문화의 완성미를 보여 주었던 불국사는 임진왜란 당시 가장 큰 피해를 입었다. 1592년 4월 부산에 상륙한 왜군은 20여 일 만에 한양에 도착했으나 조선의 왕 선조가 백성을 버린 채 의주로 피신하는 바람에 왜군도 이를 뒤쫓아 평양성까지 점령하였다.

왜군의 원래 계획은 육군은 육로로 진군하여 한양에서 선조를 붙잡아 항복을 받고 수군은 서해를 돌아 한강을 거슬러 한양에 입성해 군수 물자를 보급하는 것이었다. 그러나 수군은 구국의 영웅 이순신 장군에게 연패하며 서해 바닷길이 막혔고, 육군은 평양까지 진출하는 바람에 군수 물자 보급선이 길어져 큰 어려움에 직면하게 되었다. 더구나 왜병이 예상치 못한 복병이 둘이나 나타났다. 바로 의병과 승병이었다.

나라를 구하기 위해 스스로 무기를 들고 일어난 백성이 의병이요, 백성들이 왜군들에게 어육이 되는 것을 차마 볼 수 없다는 자비심 하나로 칼을 들고 일어선 것이 승병이다.

전쟁 초기만 해도 왜군은 승려에 대해 적대적이지 않았다. 일본도 불교 국가였기 때문이다. 금강산에 머물던 사명당이 유점사에 들어온 왜군들과 담판하여 잡혀 있던 스님들을 구해내고 조용히 물러가게 했다는 설화에서도 그런 내용을 읽을 수 있다.

그러나 사명당은 나라와 백성을 구하기 위해 승병을 모집하여 평양성으로 갔고, 다음 해인 1593년 1월 평양성 전투에 승병 5,000여 명이 참전하게 된다. 평양성 전투 중에서도 가장 치열했다는 모란봉 공략을 승병이 맡아 승리하면서 그 용맹함이 널리 알려지게 되었고, 평양성으로 들어가는 길목인 중화 지역에서도 게릴라전으로 왜군의 군수 물자 보급을 차단한 승병들의 활약이 부각되면서 승려는 왜군들에게 적으로 간주되기 시작하였다.

이후의 전쟁 상황에서 왜군이 거쳐 간 모든 사찰은 승병의 근거지로서 방화에 의해 전부 불타게 되었고 그러한 재난은 불국사도 피할 수 없었다.

불국사는 경주 인근 왜군의 보급로 가까이에 있었지만 전쟁 후 1년 동안 별다른 피해가 없었다. 그러나 영규 대사의 금산 전투와 평양성 전투를 겪은 왜군은 승려를 강력한 적으로 여기기 시작하였고, 1593년 5월 불국사에 온 왜군 수십 명이 절의 아름다움에 감탄하다가 관군이 절에 감추었던 무기를 발견하고, 스님 8명을 죽인 후 절을 모두 태워 잿더미로 만들어 버렸다. 이때 타 버린 건물이 60여 동, 2,000여 칸에 이르렀다.

불국사는 임진왜란이 끝난 후 70여 년을 두고 중건하였으나 본래의 규모로는 회복할 수 없었고, 조선조 말 나라의 쇠퇴기에 다시 황폐화되었다.

자연과 인공의 조화

현재 불국사에 가면 신라시대의 건물은 남아 있지 않지만 국보로 지정된 두 개의 석탑과 금동비로자나불좌상, 금동아미타여래좌상이 남아 있다. 또 대웅전으로 이어지는 청운교·백운교(국보), 그리고 극락전으로 이어지는 연화교·칠보교(국보)가 옛 자리를 지키고 있다.

불국사는 지정된 문화재 이외에도 신라의 아름다움을 보여 주는 것이 여러 곳에 남아 있으니 바로 석축과 법당의 기단부이다.

흔히 한중일 삼국의 문화를 비교할 때 '중국은 과장된 인공, 일본은 인위적 자연, 한국은 반자연 반인공'이라고 평한다. 중국의 자금성과 일본의 절제된 정원, 우리나라의 창덕궁(비원)을 비교해 보면 쉽게 알 수 있다.

경주 불국사 청운교·백운교(국보)

경주 불국사 연화교·칠보교(국보)

경주 불국사 대석단. 불국사 경내는 이 석단으로 크게 양분된다. 석단 위는 부처님의 세계, 그 밑은 아직 그에 이르지 못한 범부의 세계이다.

경주 불국사 대석단 부분. 장대석 아래를 자연석 굴곡과 맞아떨어지도록 깎아낸 모습.

반은 자연이고, 반은 인공이라는 우리나라의 미는 삼국시대부터 나타나 있고 그것을 상징적으로 보여 주는 곳이 바로 불국사의 대석단이다. 이것은 '경주 불국사 가구식 석축'이란 명칭으로 보물로 지정되어 있다.

토함산의 서쪽 산록 경사진 곳의 남쪽 면을 직선으로 절개하고 그 자리에 쌓아 올린 불국사 대석단은 자연이 갖는 자유로움과 인공의 조화를 한껏 펼쳐 보인다. 대석단 맨 아래쪽에는 아주 큰 자연석 돌들을 서로 이를 맞추어 쌓은 다음 작은 자연석들을 그 위에 쌓고 다시 잘 다듬어진 장대석들을 수평을 맞추어 얹었다.

바로 이 자연석과 인공의 장대석이 맞닿는 부분이 압권이다. 장대석의 아랫부분을 자연석의 들쑥날쑥한 윗부분에 서로 이가 맞도록 자연스럽게 깎아서 얹었기 때문이다. 곧 자연석 석축 위에 수평의 장대석을 얹기 위해 장대석의 아랫부분을 자연석의 굴곡과 맞아떨어지도록 깎아내는 그랭이 공법을 사용한 것이다. 이 공법은 고구려의 대표적인 건축 공법인데 삼국 통일 후 신라 건축물에 많이 나타난다.

불국사 대석단의 아름다움에 대해 전 국립중앙박물관장 최순우 선생(1916~1984)이 쓴 글은 언제나 필자의 마음을 사로잡는다.

> 크고 작은 자연석과 잘 다듬어진 장대석들을 자유롭게 다루면서 장단 맞춰 쌓아 올린 불국사 석단의 짜임새를 보면 안정과 율동, 인공과 자연의 멋진 조화에서 오는 이름 모를 신라의 신비로운 정서가 숨 가쁘도록 내 가슴에 즐거운 방망이질을 해 준다.

불국사 정면이 많은 인력과 정성이 들어갔다면 서쪽의 경사면에 세워진 석축은 훨씬 간소하지만 자연적인 지세를 그대로 이용한 멋을 보여 준다. 뒤쪽으로 갈수록 완만하게 높아지는 경사지를 이용해 기다란 장대석을 가구식으로 짜 맞추고, 그 사이사이를 자연석과 대충 다듬은 가공석으로 채움으로써 시각적으로도 전혀 어색함을 느끼지 못한다. 뒤로 가면서 점점 낮아지는 축대는 어느덧 계단과 합쳐지며 슬그머니 자취를 감춘다.

또 장대석들이 서로 교차하는 지점에는 튀어나온 쐐기돌을 끼워 마감하였다. 이 쐐기돌은 장식용으로 박아 놓은 것이 아니다. 그 길이가 120~150 센티미터나 되기 때문에 축대를 지탱해 주는 지지대 역할을 한다. 그랭이 공법이나 이 쐐기돌은 지진에도 유연하게 대처하는 기술적 역량을 가지고 있어 불국사 건립 이후 발생한 지진에도 관련 건축물들은 큰 피해가 없었던 것으로 조사되고 있다. 이러한 쐐기돌은 신라시대에 창건한 합천 영암사지 석축에서도 보인다.

•
경주 불국사 대석단 서쪽

단순함의 미학

불국사에서는 신라의 아름다움으로 눈여겨볼 명작이 또 하나 있다. 바로 법당의 기단부이다. 여러 번의 전쟁을 겪으며 목조 법당은 쓰러졌다 일어서기를 반복했지만 법당의 기단부는 아직까지 김대성이 창건했을 때의 모습을 그대로 간직하고 있다. 또한 이러한 양식은 훗날 세워진 다른 사찰 법당의 기단부에도 큰 영향을 미쳤다.

우선 대웅전 기단부를 살펴보면 주춧돌과 주춧돌 사이에 기다랗게 가공한 석재가 지표 높이로 끼워져 있다. 건물의 하부 목재가 바로 땅에 닿아 쉽게 부식되는 것을 방지하기 위한 장치다. 이는 신라시대 건축물의 한 가지 특징이어서 이러한 장치가 있으면 신라시대 창건 사찰로 인정받게 된다. 포항 보경사 적광전이나 괴산 각연사 비로전에서도 볼 수 있다.

법당의 기단도 마치 석탑의 기단부처럼 기둥을 세우고 넓은 판석을 끼워 넣었는데 땅에 닿은 지대석이나 위를 덮는 갑석을 2단으로 깎아 넣는 방식을 취했다. 그렇게 되면 기단부 위의 빗물이 갑석의 안쪽을 타고 면석으로 스며드는 것을 방지할 수 있다. 쉽게 말해 위의 갑석이 면석보다 더 튀어나오게 하고 2단으로 꺾어 넣어 빗물의 침투를 막을 수 있도록 고안한 방식이다. 이러한 대웅전의 기단부 조성 방식은 극락전이나 비로전에도 똑같이 적용되었다.

관음전도 역시 똑같은 조성 방식을 사용했지만 자세히 보면 조금 더 실용적이고 아름다운 아이디어를 적용했다. 관음전 기단부의 귀퉁이 갑석을 보면 'ㅡ'자 형태의 장대석을 서로 이은 것이 아니라 갑석 자체를 'ㄱ'자 형태로 깎아서 그 자리에 고정시킨 것이다. 귀퉁이의 갑석을 ㅡ자 형태의 장대석으로만 연결하면 안정적이지 못하고 자칫 쉽게 분리되어 아래로 떨어질 수 있기 때문이다.

경주 불국사 관음전 기단부. 갑석의 귀퉁이가 지붕 추녀처럼 살짝 올라가 있다.
또 전각 기단에 끼워진 판석을 확인할 수 있다.

　　귀퉁이의 갑석을 'ㄱ'자 모양으로 만든 것도 뛰어난 발상이지만 한 번 더 살펴보면 이 갑석의 귀퉁이 부분을 마치 탑이나 법당의 지붕 선처럼 살짝 위로 들어 올려진 것을 알 수 있다. 석재로만 마감된 기단부가 무거워 보이는 단점을 보완하기 위해 가볍게 날아오르는 한옥의 지붕 선을 그대로 차용한 것이다. 이 얼마나 섬세하고 아름다운 미감인가. 저 지붕선 하나를 살리기 위해 석공이 얼마나 많은 공력을 들였을지 싶다.

　　눈여겨볼 것은 기단부만이 아니다. 기단부와 연결된 석조 계단도 보통 솜씨가 아니다. 단순하고 소박하지만 거기에 은근한 멋을 베풀었다.

　　대웅전에 오르는 계단을 보면 '◺'형 모습의 계단이 실용적으로 만들어져 아무런 조각이나 장식도 없다. 계단 양옆을 막고 있는 소맷돌도 계단 높

　　　　　　　　　　　　　　　　　　　　　사찰에 가면 문득 보이는 것들

경주 불국사 대웅전 계단

이로 낮게 사선으로 내려왔고, 정사각으로 마감된 앞부분도 역시 아무런 장식이 없다. 소맷돌 바깥쪽 면에도 역시 조각이 없지만 대신 안쪽으로 소맷돌 윤곽선을 따라 이중으로 깎아 놓았다. 석탑이나 승탑의 안상처럼 너무 밋밋한 느낌을 상쇄하기 위해서 그렇게 처리했을 것으로 믿어진다.

그러나 파인 윤곽선을 보면 앞쪽이 살짝 들려 있다. 마치 외씨버선처럼 단정한 콧날이 가볍게 올라갔다. 윤곽선을 직선으로만 했다면 얼마나 경직되고 딱딱했을까? 단순한 선 하나로 무거운 계단을 가볍게 받쳐 든 듯한 이런 발상은 어떻게 생겨났을까?

그렇다. 이 아름다운 선의 원산지는 바로 백제이다. 석탑의 지붕 선도 익산 미륵사지 석탑이나 부여 정림사지 오층석탑에서도 확인할 수 있듯 백제에서 출발했고, 석가탑도 백제 사람 아사달이 만들었다. 그러한 백제의 미감은 고려청자에도 이어지니 통일신라의 문화가 삼국의 합작품이라는 주장도 힘을 얻는 것이다.

이러한 대웅전의 기단부와 계단의 조성 양식은 불국사 내의 다른 법당에도 동일하게 적용되었고, 의상 대사가 창건한 부석사 무량수전이나 김천 수도암 대적광전에서도 이런 양식을 확인할 수 있다.

보은 법주사 팔상전 기단부와 계단도 한 번 볼 만하다. 이 법당도 임진왜란 때 불타서 지금의 5층 목탑 양식 건물을 새로 지었지만 신라시대 때 조성된 기단부와 계단의 튼실함, 그리고 미감은 답사 때마다 필자를 감탄케 한다.

이 팔상전 기단부 귀퉁이의 갑석은 신라 양식인 'ㄱ'자 형태를 물려받았고, 땅에 묻힌 지대석 귀퉁이 돌도 같은 양식을 취했다. 계단은 신라의 전형적인 양식을 그대로 지키고 있지만 조금 더 실용적으로 진화했다. 계단은 5단으로 구성하면서 경사진 소맷돌을 둘로 나누어 서로 맞물리게 함으로써 소맷돌이 기단부의 무게에 밀려나지 않도록 설계했다. 사방으로 한 개씩 있는 네 개의 계단을 다 같은 방식으로 조성하였는데 어느 계단에서도 밀려나거나 깨진 흔적을 찾을 수 없다. 그만큼 기단부 아래의 지하 구조물도 오랫동안 기반을 다지고 공력을 들였을 것이다.

사실 주춧돌 하나를 놓기 위해서는 지하의 기반 공사가 훨씬 더 중요하다. 사계절의 변화로 땅이 얼고 녹으면서 지반이 흔들리면 주춧돌이 기울고 결국 건물이 무너질 수 있기 때문이다. 지금이야 콘크리트를 치고 주춧돌을 쉽게 올리지만 과거에는 주춧돌 아래를 깊이 파고, 잔돌과 숯, 소금을 넣어 다졌다. 여러 사람이 터를 다지는 지경돌을 들었다 놓았다 하는 달고질로 다진 다음에야 겨우 주춧돌 한 개를 얹었으니 팔상전 기단부 지하의 기반 공사도 많은 인력과 시간, 자원이 들어갔을 것이다.

사찰에 가면 문득 보이는 것들

시대 따라 변하다

통일신라시대에 자연석으로 쌓은 석축은 부석사의 대석단이 가장 아름답다. 또한 봉화 청량사의 암갈색 석축도, 합천 영암사지의 금당 터 기단부와 소맷돌도 눈여겨볼 만하다. 다만 영암사지 금당 터 기단부 면석에 사자 조각이 등장한 것으로 보아 조성 시기는 통일신라 후기로 추측된다. 후기로 내려오면서 석탑의 면석이나 몸돌에 점차 조각이 많아지기 때문이다.

신라 전성기에 나타난 자연석 석축 조성 기술은 고려시대에도 그대로 전수된다. 고려시대 석축이 많이 남아 있는 춘천 청평사에 가 보면 절의 초입에서 그랭이 기법을 사용한 곳을 금방 발견할 수 있다.

그러나 법당이나 건물의 기단부, 계단에 새로운 변화가 일어나니, 면석이 사라지고 장대석이 등장한 것이다. 또 자연석을 네모지게 가공하여 건물

영주 부석사 대석단

춘천 청평사 기단부

의 석축으로 쌓았는데 크기가 다른 돌들을 마치 쪽 보자기처럼 짜 맞추기도
하였다.

법당의 기단부는 크기가 다른 장대석을 중첩하여 쌓는 방식으로 변화
하였는데, 상단의 장대석을 아래의 장대석보다 약간 튀어나오게 한 방식은
신라의 양식을 이어받은 것이라 하겠다.

법당 중앙의 계단석 소맷돌은 계단보다 훨씬 높아져서 반원을 그리며 내
려가고 끝은 마치 북처럼 둥근 형태로 마감한 양식이 나타난다. 고려시대에
창건된 양주 회암사나 춘천 청평사의 중앙 계단 소맷돌에는 그 끝의 둥근 돌
에 태극 문양을 새겨넣었는데 공민왕비 노국공주의 정릉(正陵)에도 보이고
있다. 또한 중앙 계단이 아닌 경우 소맷돌이 없는 계단도 많이 설치했다. 결국
신라의 면석이 없어지고 장대석이 등장한 점, 사선으로 단순하게 내려갔던

춘천 청평사 계단 소맷돌

양주 회암사지 계단 소맷돌과 기단부 석축

소맷돌이 반원을 그리며 높아진 점이 고려 양식의 특징이라고 하겠다.

조선시대에 이르면 법당의 기단부는 일정한 크기의 장대석을 겹쳐 쌓는 방식으로 바뀌고 상단의 장대석이 약간 튀어나온 방식도 줄어들게 된다. 또한 막돌허튼층쌓기라고 하여 가공하지 않은 자연석을 크기에 맞춰 자유롭게 쌓는 방식도 많이 이용된다. 신라시대나 고려시대와 달리 재정이 어려운 상황을 반증하는 것이라고도 하겠다.

1800년대 이전까지는 절집의 모든 불사를 스님들이 담당했다. 불상이나 탱화 조성, 법당 건축, 석축 쌓기 등 모든 일을 자체적으로 해결했다. 산의 경사지에 자리한 대찰의 경우에도 돌을 다듬어 석축을 쌓고 기반을 다지는 일이 다 스님들의 몫이었기 때문에 지금의 용어로 말한다면 스님들은 석공의 노하우도 가지고 있었다. 임진왜란 후 남한산성이나 북한산성의 축성을 모두 스님들이 맡았고, 벌교의 홍교나 여수 흥국사의 홍교도 스님들이 건립한 것만 보아도 알 수 있다.

여수 흥국사 홍교(보물)

사찰에 가면 문득 보이는 것들

한편 조선조 후반기에 이르면 목조 법당 정면 좌우 기둥 위에 청룡과 황룡 조각이 나타나듯 반원형 소맷돌 끝의 북 모양 조각은 없어지고 용 조각이 등장하게 된다. 소맷돌 바깥면에도 연꽃을 새기거나 용을 새기기도 하고 구름 문양이 나타나기도 한다. 소재가 다양하게 변화한 것이다.

일제강점기에는 일본의 석축 기술이 수입되어 사회 전반에 퍼진다. 일본의 고성에 가면 돌을 마름모꼴로 가공하여 석축을 쌓은 것을 흔히 볼 수 있는데 바로 이 방식이 도입된 것이다. 민간에 급속하게 퍼져서 서울의 경사진 골목길에서 흔히 만날 수 있는 것이 바로 이 석축이다. 이는 제방에도 쓰였고, 헐벗은 산의 사방 공사에도 많이 쓰였다.

그러나 다행스럽게도 사찰의 석축 공사에는 깊이 뿌리내리지 못했다. 아마 그 석축 방식이 우리나라 사찰의 전통적 기술이나 미감과는 거리가 멀고 낯설었기 때문이었을 것이다. 그런 점에서 자체적으로 변화해 온 전통을 고수하며 이질적인 변화를 거부한 절집의 고집에 찬사를 보내고 싶다.

속초 신흥사 원통보전 중앙계단. 소맷돌 끝의 용 조각과 소맷돌 바깥면에 새겨진 용 문양을 확인할 수 있다.

해
우
소

샨뒤

모든 동물은 먹으면 배설한다. 배설하지 못하면 병이 생긴다. 사람도 동물이니까 당연히 배설해야만 한다. 막말로 오줌과 똥을 누지 못하면 그건 심각한 위험이다. 고상한 말로 생명이 유지되는 한 배변 활동은 신체에서 반드시 일어나야 하는 필수적인 생명 활동이다. 이 문제는 청결과 위생에 대한 문제와도 직결된다.

『레미제라블』을 쓴 빅토르 위고(1802~1885)는 '화장실의 역사가 곧 인간의 역사'라고 설파했다. 인류의 역사는 배변 활동과 함께 이루어져 왔다는 것이다.

인류는 수천 년간 배설물과의 전쟁을 치렀다. 도시로 인구가 집중될수록 배설물을 어떻게 처리하느냐가 삶의 질을 좌우하였다. 성인이 1년간 배설하는 대변의 양은 대략 35킬로그램 정도이니 100만 명이 모여 사는 도시라면 3만 5,000톤이 된다. 4톤 트럭으로 약 8,800대의 대단한 분량이다.

도시가 번성할수록 깨끗한 도시 환경을 위해 공중화장실이 필요해진다. 또 분뇨가 쌓이기만 하면 안 되므로 수세식 공중화장실도 등장하게 된다.

서양의 공중목욕탕

이러한 시설을 갖춘 나라가 바로 고대 로마제국(기원전 27~기원후 395)이다. 공중화장실은 벽을 따라 대리석으로 만든 좌변기 형태의 구멍이 줄줄이 뚫려 있고, 그 아래로는 꽤 깊은 도랑이 흐르도록 되어 있다. 튀르키예 에페수스에는 이러한 로마시대의 공중화장실 유적이 잘 남아 있는데, 그 옆으로는 공중목욕탕도 있어 상·하수도 시설이 모두 갖추어져 있었음을 알 수 있다.

공중목욕탕도 화장실처럼 중요한 위생 시설이다. 인류 역사상 가장 오

● 튀르키예 에페수스 로마 유적의 공중화장실

● 이탈리아 로마 카라칼라 공중목욕장 유적

래된 목욕탕 시설은 1920년대에 발견된 인도의 고대도시 모헨조다로 유적의 대형 공중목욕탕(기원전 4000년경)이다. 한편 그리스의 공중목욕탕도 기원전 6세기경부터 시작되었는데, 이러한 문화는 고대 로마시대에 꽃피었다. 로마의 공중목욕탕은 탈의실과 운동기구, 이발소, 마사지실은 물론 도서관을 갖춘 곳도 있었다. 화려한 복합 유흥 문화 시설이었던 셈이다.

고대 로마제국의 초대 황제 아우구스투스 때부터 짓기 시작해 로마시대 말기에는 로마 시내에만 850여 군데의 공중목욕탕이 있었던 것으로 알려져 있다. 그만큼 공중화장실도 널리 보급되었을 것이다.

로마시대가 끝나고 중세로 접어들면서 대형의 공중목욕탕은 서서히 사라지게 된다. 노예제가 없어지면서 노동력을 구할 수 없는 데다 기독교가 유럽의 종교로 부상하면서 또한 한몫을 하게 되었다. 중세 유럽에서는 씻지 않는 것을 고행의 일부로 여기는 성자와 성녀가 많았기 때문이다. 육체를 깨끗하게 한다는 것은 곧 자기 몸을 의식하는 것이므로 이는 '정신과 영혼이 아닌 육체를 생각한 죄'를 짓게 된다는 것이다. 엄격한 수도원의 경우 수도사들은 전신 목욕을 일 년에 두 번, 즉 성탄절과 부활절에만 할 수 있었고, 청빈을 강조한 수도사들은 일부러 목욕을 삼갔다. 신에 대한 경배를 최고의 가치로 중시하면서 육체를 하대하고 배척하는 금욕주의를 실천했던 것이다.

이러한 종교의 문화적 현상은 일반 사회에도 퍼지면서 평민들도 씻지 않는 풍조가 생겼다. 또한 목욕을 하려면 돈과 시간, 그리고 공간이 필요했다. 커다란 물통과 장작, 빈 방이 있어야 했으니 가난한 평민이 이를 갖추기란 쉽지 않았다.

새로운 바람이 일어난 건 십자군전쟁(1096~1270) 덕분이었다. 십자군전쟁을 치르며 유럽은 이슬람의 목욕탕문화를 접하게 된다.

기독교와 달리 이슬람은 잘 씻는 것을 믿음의 징표로 삼았다. 예언자 무함마드(마호메트)가 '청결은 신앙심의 절반'이라 선포했기 때문에 이슬람 신도는 항상 청결을 유지해야만 했다. 당연히 목욕탕 문화가 발달할 수밖에 없었고, 로마시대의 공중목욕탕을 이어받아 증기탕식 공중목욕탕이 많았다. 이를 '하맘(Hammam)'이라 불렀는데 9세기 초 이슬람 중심 도시 바그다드에 1,500개소가 있었다고 한다. 모스크에 예배하러 가기 전 몸을 씻고 마음을 정리하고자 하는 목적으로 만들어진 하맘에는 마사지사와 몸을 씻어 주는 세신사도 있었다고 전해진다.

유럽의 기사들은 씻지 않고 여성을 만나는 것은 예의가 아니라면서 청결을 찬양하기 시작했고 공중목욕탕은 큰 인기를 끌었다. 당시의 공중목욕탕은 도우미들의 시중을 받아 가며 남녀가 함께 목욕했다. 이발소도 있었고, 치료 목욕사에게 간단한 외과수술을 받기도 하였다.

점차 퍼져나간 목욕탕문화는 12~13세기 유럽에서 큰 인기를 끌었다. 그러나 시일이 지나면서 공중목욕탕이 먹고 마시는 향락 업소로 변질되기 시작했고, 심지어 매춘 장소로 이용되기도 했다. 목욕탕이 소란스러운 비행 장소로 인식되면서 정부에서는 업소를 폐쇄하기에 이르렀고, 타락한 성문화에 시민들도 등을 돌리기 시작했다. 교회 조직에서도 당연히 목욕탕 운영에 반대하다 보니 공중목욕탕은 차츰 쇠락의 길로 접어들게 된다. 그러다가 결정적 사건이 일어났다. 페스트가 발생한 것이다.

페스트와 공중목욕탕

1347년 이탈리아에서 발생한 페스트는 3년 만에 전 유럽을 휩쓸었고 유럽 인구의 30퍼센트가 희생되었다. 보통 5,000만 명이 사망에 이르렀다고 하는데 이는 유럽 전체의 인구를 1억 5,000만 명으로 계산한 결과였다.

당시만 해도 의사들은 페스트의 원인을 알 수 없었다. 원인을 알 수 없

사찰에 가면 문득 보이는 것들

으니 치료법과 예방법도 있을 리 없었다. 1348년 프랑스의 필립 6세는 파리 대학교 의학부 교수들에게 페스트의 원인과 치료법이 무엇인지 밝혀내라고 지시했다. 그에 따라 교수들은 방대한 분량의 보고서 형식의 책 『오피니옹(Opinion)』을 펴냈으니, 현대과학의 눈으로 보면 황당한 이론이지만 페스트의 원인을 천문학에서 찾았다. 토성, 목성, 화성이 겹치는 3중합(三重合)이 일어나면 질병을 일으키는 증기가 땅과 물에서 떠 올라 공기를 오염시키고, 그 오염된 공기를 면역력이 약한 사람이 마시면 죽는다는 것이다.

또한 면역력이 약한 사람으로는 비만인 사람, 음주벽이 있는 사람 등이 지적되었는데 새로운 주장이 한 가지 더 나왔으니 뜨거운 목욕이 위험하다는 것이다. 뜨거운 목욕을 하면 피부의 땀구멍이 열리고 열린 땀구멍을 통해 전염병이 몸 안으로 침투한다고 주장했다.

결국 사양길의 목욕탕이 된서리를 맞게 된다. 유럽에서 목욕탕이 줄줄이 폐업하게 된 것이다. 전염병이 돌 때마다 '목욕이 위험하다'는 주장은 확대 재생산되어 굳게 자리를 잡게 되었다. 이후 1568년에도 한 왕실의 외과 의사가 더운 목욕탕의 위험성을 언급하며 증기탕과 목욕탕 이용을 금지해야 한다고 또다시 주장한다. 결국 페스트 발병 이후 유럽에서는 400여 년간 목욕문화가 사라졌다. 이처럼 유럽의 생활 풍습은 오랫동안 청결함과는 거리가 멀었다.

서양의 화장실문화

중세시대의 화장실문화도 마찬가지다. 당시 농촌에서는 화장실을 외양간 위에 설치하여 떨어진 분뇨가 가축의 오물과 뒤섞이도록 하였다. 동양이나 서양이나 동물의 분뇨를 발효시켜 농작물의 비료로 썼기 때문에 이를 이용한 것이다.

중세 도시의 경우에는 요강을 이용했다. 그리고 그 분뇨를 하수구나 도랑, 성을 둘러싸고 있는 해자(垓子)에 갖다 버리는 방식이었다. 날씨가 가물어 비가 안 오면 오물이 씻겨 내려가지 않아 거리는 더욱 더러워질 수밖에 없었다.

귀족들이 사는 큰 성의 경우에는 화장실 아래로 관을 설치해 분뇨가 관을 통하여 아래로 내려가 일정한 장소에 모이도록 해 배설물을 처리하였다. 만약 성벽 아래가 강이나 호수라면 성벽에 돌출된 화장실을 만들어 배설물이 수직 낙하해 물 위에 떨어지도록 하였다. 귀족들은 가까운 곳에서 볼일을 보고 냄새도 차단할 수가 있어 이 돌출형 화장실을 선호했다.

그러나 왕족이든 귀족이든 씻지 않는 문화에서 벗어나지 못했다. 불결한 주위 환경에 씻지도 않으니 몸에서는 악취가 날 수밖에 없다. 그 때문에 향수가 발달했다고도 한다.

프랑스 루이 14세(1643~1715)는 1669년 대공사를 벌여 베르사유궁전을 지었다. 항간에는 루이 14세가 베르사유궁전으로 옮겨 간 이유가 배설물로 인해 악취가 나는 루브르 궁전을 피하기 위해서였다고도 한다.

루이 14세는 운동을 한 뒤에도 목욕을 하지 않았다. 대신 옷을 전부 갈아입었다. 하루에 3번을 갈아입기도 하였다. 목욕은 1년에 한 번 정도, 다 전염병을 차단하기 위한 방책이었다.

베르사유궁전은 2만여 평의 건물에 방이 700개, 벽난로 1,242개, 창문이 2,143개가 있고, 왕과 왕비를 포함해 500여 명의 귀족과 4,000여 명의 하인이 살았다. 그러나 화장실은 따로 없었다. 대신 일종의 다용도실이 많이 있었고, 거기에는 구멍이 뚫린 의자가 비치되어 있었다. 아래에는 넣고 뺄 수 있는 서랍형 요강이 있었지만 너무나 기품 있게 만들어져 뚜껑만 덮으면 변기라고 분간하기 어렵다. 베르사유궁전에는 이런 변기가 300개 정도 있었다고 한다. 조선시대 왕들의 이동식 변기인 매화틀과 같은 구조다. 물론 배설물을 치우는 건 하인들의 몫이었지만 말이다.

페스트 이후 화장실문화

유럽을 초토화시킨 페스트가 잠잠해진 이후에도 크고 작은 전염병이 유럽을 괴롭히는 가운데 18세기 후반 산업혁명이 일어나며 많은 사람들이 일자리를 찾아서 도시로 몰려들었다. 주택 문제 해결을 위해 4~5층 규모의 공동주택을 많이 건축하였지만 화장실은 외부에 있었다. 꼭대기 층 사람들이 화장실을 왕래하는 것이 번거로워지자 요강에 용변을 보고 집 뒤나 길가에 파 놓은 도랑에 내다 버렸다. 심지어 도랑 쪽으로 오물을 투척하는 사람들이 생겨나게 되자 지나가는 행인이 봉변을 당하기도 하였다. 거리가 인간의 오물뿐아니라 말의 배설물로 뒤덮이고 걸어 다니기 불편한 지경에 이르자 이를 피하려고 굽 높은 신이 출현하기도 했다.

뉴욕의 사정도 다르지 않았다. 인도에 넘쳐난 말의 배설물 때문에 집집마다 현관까지 높은 계단을 쌓았다. 계단을 올라가 현관으로 들어갈 수 있는 구조로 집을 지은 것이다. 19세기 초까지도 사정은 마찬가지였고 자동차가 보급되기 시작하면서 이런 불편은 자연적으로 해결되었다.

런던도 노동자 인구가 급증하면서 생활 환경 문제가 크게 대두되었다. 생활 하수를 비롯한 온갖 오물이 템스강에 유입되면서 강이 오염되어 물고기들이 사라졌고, 그 강물을 생활 용수로 쓰던 노동자들의 건강도 급격히 저하되었다.

그러다 1854년 여름, 런던에서 또 하나의 전염병이 유럽을 강타했다. 콜레라였다. 전염 속도가 빨라 손쓸 사이도 없이 한 달 만에 616명이 목숨을 잃었다.

다행히도 영국의 의사 존 스노(1813~1858)가 오염된 상수도로부터 공급된 물을 먹은 집에서만 환자가 발생한 것을 알게 되었고, 차츰 상·하수도 시설을 정비해 나가며 콜레라 유행을 벗어날 수 있었다. 그래도 콜레라균은 30여 년이 지난 뒤에야 확인하게 되었다.

이후 위생과 청결이 강조되면서 수세식 화장실이 보급되고 빗물 하수도와 오물 하수도가 따로 정비된다. 또한 목욕 시설이 확충되면서 사람과 도시가 깨끗해지고 말 대신 자동차가 도로를 달리게 되자 도시는 새로운 시대의 모습으로 변모하게 된다.

한반도의 경우

그럼 한반도의 화장실과 목욕문화는 어떠했을까? 원래 신라시대에 널리 퍼진 불교는 목욕문화에도 영향을 미쳤고 고려시대에도 그대로 유지되었다. 사찰에 가기 전에 목욕재계하던 관습은 민간에도 영향을 미쳐 일상적으로 목욕을 자주 하는 풍습이 되었던 것이다.

서긍이 송나라의 사신으로 1123년 고려에 왔을 때 보고 적은 『고려도경』에 고려인의 목욕 풍습에 대한 기록이 남아 있다.

> 옛 사서에 고려에 대하여 실었는데 그 풍속이 다 깨끗하다 하더니, 지금도 그러하다. 그들은 매양 중국인들이 때가 많은 것을 비웃는다고 한다. 그래서 아침에 일어나면 먼저 목욕을 하고 문을 나서며, 여름에는 날마다 두 번씩 목욕을 하는데 시내 가운데서 많이 한다. 남자나 여자 구별 없이 의관을 언덕에 놓고 물 구비 따라 몸을 벌거벗되, 모두가 전혀 괴이하게 여기지 않는다.

사찰에 가면 문득 보이는 것들

고려인들은 집에서도 씻었고, 더운 여름철엔 집을 나선 뒤에도 시내에서 남녀 구별 없이 옷을 벗고 목욕해도 일상적인 일로 생각했다는 것이다. 그만큼 고려인들에게 목욕은 일상화되어 있었다는 뜻이다.

그러나 조선시대에 들어서며 이러한 풍습은 서서히 사라지게 된다. 유교의 이념이 목욕문화에도 영향을 미쳤기 때문이다. 유교에서는 '신체발부수지부모(身體髮膚 受之父母)'라 하여 사람의 신체 모든 것은 부모로부터 받은 것이니 이를 손상시키지 않는 게 효도의 시작이라고 말한다. 당연히 귀중한 몸을 함부로 노출시켜선 안 되었다.

시내에서의 남녀 혼욕과 알몸 노출 목욕도 불온한 행위로 간주되었기에 왕족이나 양반들은 목욕 전용 옷을 걸치고 전신 목욕을 하였다. 왕실이나 양반가나 목욕 시설이 따로 없다 보니 부분 목욕이 성행해 낯 씻기, 손 씻기, 발 씻기, 뒷물, 이 닦기, 머리 감기로 세분화되고 전신 목욕은 주로 음력 3월 3일, 5월 5일, 6월 15일, 7월 7일, 7월 15일의 늦봄에서 늦여름까지 주로 행하였다. 주로 여름에만 전신 목욕을 하였음을 알 수 있고 유럽과 같이 잘 씻지 않는 문화가 정착되어 갔던 것이다.

한편 조선의 한양 도읍 초기에는 인구가 10만 명이었지만 18세기에 이르면 20만 명에 이르게 되었고, 18세기 말에 가면 40만 명에 이르렀다. 도성 안의 인구가 폭발적으로 늘어났지만 분뇨 처리에 대한 정부의 정책은 없었다. 게다가 도성 안에서는 농작물 재배가 금지되어 있었다.

결국 도성 안의 분뇨와 동물의 배설물은 처리업자가 운반하여 왕십리의 배추 농가, 살곶이다리의 무우 농가, 서대문 밖 가지·오이·수박 농가, 연희동 고추·마늘·부추·파 농가, 청파동 미나리 농가, 이태원 토란 농가 등에 공급하였지만 한계가 있었다.

또 처리업자는 밤엔 도성 문이 닫혀 활동을 할 수 없었다. 한편 낮에 길거리에 오물을 흘리면 곧장 40대를 맞아야 하는 벌칙도 있었다. 인구의 급증으로 배설물은 느는데 처리할 수 있는 양은 제한적이어서 사람들이 몰래 버리는 배설물의 양도 기하급수적으로 늘어나게 되었다.

박제가(朴齊家, 1750~1805)는 '사람들은 냇가나 거리에 분뇨를 함부로 버리고 있다. 다리 밑을 보면 인분이 덕지덕지 달라붙어서 큰 장마가 아니면 씻기지 않는다'고 남겼고, 김옥균(金玉均, 1851~1894)도 '외국인들이 조선에서 가장 무서웠던 것은 길에 가득한 사람과 짐승의 똥오줌이다. 관청에서부터 민가의 마당에 이르기까지 오물 천지로 역한 냄새가 코를 찌르는데 이 어찌 외국의 조소를 받지 않겠는가'라고 기록하고 있다.

외국인의 기록도 있다. 1890년 조선을 방문한 새비지 랜도어(1865~1924)는 '서울에, 도착하니 여름에는 비 덕택에 오물이 씻겨 내려가 지낼 만하고 겨울이면 얼어붙어서 괜찮았지만 봄철에는 얼었던 오물들이 풀리면서 풍기는 냄새가 이만저만이 아니어서 차라리 내 코가 없어졌으면 했다'고 쓰고 있다.

1901년부터 1904년까지 고종의 주치의를 지낸 리하르트 분쉬(1869~1911)는 '서울의 길거리 청소는 견공들에게 맡겨 놓은 상태다. 곳곳에 널린 대변을 개들이 먹어 치우니 길의 청결 여부는 견공의 식욕에 달려 있다고 할 것이다'라고 했다.

결국 1896년부터 오물 투척을 집중 단속하고, 1904년 공중변소 설치와 위생청결법 제정이 이루어지면서 집집마다 화장실 설치가 늘어나게 된다. 분뇨 수거를 담당하는 기관도 설립되어 체계적인 시스템이 가동하게 되면서 차차 정돈된 도시로 바뀌게 된다.

《 화장실의 명칭 》

우리가 흔히 사용하는 '화장실(化粧室)'이라는 용어는 영국에서 비롯되었다. 18~19세기 영국에서는 남자들 사이에 가발이 유행했다. 페스트 이후 유럽에서 유행했던 매독으로 인한 탈모와 자연 탈모를 감추기 위해 가발을 쓰기 시작한 것이 전 유럽으로 유행하였는데 머리를 짧게 깎으면 머리카락에 숨어 사는 이도 해결할 수 있었다. 대신 가발에서 나는 냄새를 막기 위해 오렌지 향이나 라벤더 향의 헤어 파우더를 뿌려야 했다. 그래서 상류층 가정의 화장실엔 "powder closet"이라 붙어 있었는데, 이는 '가루를 뿌리는 작은 방'이란 의미로 가발에 가루를 뿌린 뒤 손을 씻어야 하므로 물을 비치해 놓았다. 이 powder closet이 일본에서 '화장실'로 번역된 것이니 '가발을 위해 화장하는 방'이란 표현이 충실한 번역이라 하겠다. 후일에는 수세식 변기가 있는 작은 방이란 의미로 "water closet"이 만들어진 뒤 이를 약자로 "W.C."라 하여 널리 퍼졌다.

'변소(便所)'라는 용어는 1970년대 중반 이전까지 많이 쓰던 용어인데 이 말은 일본에서 건너온 것이다. 고오가[便所]는 원래 일본 사찰의 스님들 요사채 뒤편에 있는 세면장을 뜻하는 말이었지만 대개 세면장 곁에 화장실이 딸려 있었기 때문에 훗날에는 화장실을 의미하게 되었다. 일제강점기 때 우리나라에 정착하여 오랫동안 쓰이다가 1970년대 중반 이후 차츰 '화장실'이란 이름으로 교체되었다.

누구나 다 알겠지만 화장실의 우리 전통 용어는 '뒷간'이다. '뒷 마당 한 켠에 자리한 집', 즉 '뒤를 보는 집'이라는 뜻이다. 한문으로는 '측간(廁間)'이라고 쓰며 점잖게 '정방(淨房)'이라고도 부른다. 지방에 따라서는 '통시'라고도 부르며 돼지우리 한 켠에 뒷간을 짓고 돼지가 인분을 먹을 수 있게 설계된 것을 '돗통시'라고 불렀다. 지금은 더럽다고 생각해서 많이 없어졌지만 사람은 먹은 음식물의 30퍼센트만 흡수

모든 것에는 역사가 있다

하고 나머지는 몸 밖으로 배출하기 때문에 돼지에게는 맛있는 영양식이었다. 똥돼지가 맛있다고 하는 것이 이런 사육 방식에도 이유가 있다 하겠다. 또한 옛집 뒷간에는 재를 항시 비치해 놓고 볼일을 본 뒤 재를 뿌렸기 때문에 '잿간'이고도 불렀다.

불교와 해우소

그럼 우리나라 사찰의 화장실은 어떤 역사를 갖고 있을까?

많은 스님들이 모여서 함께 수행하며 생활하는 곳을 '승가람마(僧伽藍摩)'라고 하니 이는 산스크리트 'Sangharama'에서 온 말로 줄여서 '가람(伽藍)'이라 하고, 뜻으로 번역하여 '중원(衆園)'이라고 부른다.

하나의 가람은 일곱 가지 건축물을 갖추고 있어야 완성되는데 이를 '칠당가람(七堂伽藍)'이라 한다. 종파마다 칠당가람의 구성 요건이 다르나 선종의 칠당가람에는 불전(佛殿), 강당, 승당(僧堂), 주고(廚庫), 산문(山門), 동사(東司), 욕실(浴室)이 있어야 한다. 동사가 바로 화장실이다. 방향에 따라 명칭이 달랐는데 동쪽에 있으면 '동사', 서쪽에 있으면 '서정(西淨)', 남쪽에 있으면 '등사(䔯司)', 북쪽에 있으면 '설은(雪隱)'이라고 했다. 많은 대중이 함께 살기 때문에 화장실과 욕실을 필수적으로 갖추어야 하고, 그만큼 청결을 중요시했다.

사찰의 전통 화장실을 이용해 본 독자라면 기다란 복도에 나란히 칸칸마다 볼일을 보게끔 되어 있는 구조를 알 것이다. 이곳은 깨끗하고 냄새가 별로 없으므로 '정랑(淨廊)'이라 하였는데, '깨끗한 복도'라는 의미로 이 말을 민간에서 쓰기도 했다. 다만 지금 사찰의 화장실은 거의 대부분 '해우소(解憂

所)'라는 문패를 달고 있다.

이 용어를 쓰게 된 것은 근래의 일이다. 이를 처음 쓰신 스님도 잘 알려져 있는데, 바로 통도사의 큰스님 경봉(鏡峰, 1892~1982) 선사다.

한국전쟁이 끝나고 나서 얼마되지 않아 경봉 스님은 나무판에 글씨를 써서 시자에게 주며 "이것을 변소에 걸어라."라고 말씀하셨다. 그 팻말에는 각각 '해우소'와 '휴급소(休急所)'라 쓰여 있었는데 해우소는 대변보는 곳에, 휴급소는 소변보는 곳에 걸라는 것이었다.

'근심을 푸는 곳'이라는 의미의 '해우소'와 '급한 것을 쉬어 가는 곳'이라는 의미의 '휴급소'라는 이름은 변소 이용자들에게 의미 있는 웃음을 짓게 만들었다. 대소변을 보지 못하면 근심스럽고 급한 마음이 생기게 마련인데 이를 다 쉬고, 풀고 가라는 이름이었기 때문이다. 그러나 이에 대해서 경봉 스님은 이렇게 말씀하셨다.

> "이 세상에서 가장 급한 것이 무엇이냐? 자기 자신이 누구인지를 찾는 일이야. 그런데도 중생들은 화급한 일은 잊어버리고 바쁘지 않은 것은 바쁘다고 그럽디다. 내가 소변보는 곳을 휴급소라 한 것은 쓸데없이 바쁜 마음 그곳에서 쉬어 가라는 뜻이야. 그럼 해우소는 뭐냐. 뱃속에 쓸데없는 것이 들어 있으면 속이 답답해. 근심 걱정이 생겨. 그것을 그곳에서 다 버리라는 거야. 그렇게 휴급소에서 다급한 마음 쉬어 가고, 해우소에서 근심 걱정 버리고 가면 그것이 바로 도닦는 거야."

역시 선사답게 이 세상에 살면서 마음 닦는 법을 변소 이름에 집어넣어 가르침을 주셨던 것이다. 이후 해우소라는 이름은 절집에서 널리 퍼져 쓰이고 있다. 일설에는 진주 다솔사의 '해우정(解憂亭)', 공주 동학사의 '해우실(解憂室)'에서 비롯되었다고도 한다.

칠당가람의 요건 중에 욕실이 들어가 있듯이 목욕탕도 사찰에서는 매우 중요하게 여긴다. 산중 사찰에서도 욕실은 꼭 갖추고 있어서 한 달에 두 번은 의무적으로 모든 대중이 번갈아 가며 목욕하는 것이 규칙으로 정해져 있었다.

불교에서는 목욕재계를 하나의 계율로 중요시한다. 중요한 의식이나 기도에 참석하러 가기 전에 머리를 감고 몸을 깨끗이 하면서 마음을 가다듬어 부정한 것을 피해야 한다는 것이다.

고대부터 물을 신성하게 여긴 인도인이 성스러운 강인 갠지스강에 와 목욕을 하듯, 몸을 깨끗이 하는 것은 오랫동안 내려온 전통으로 불교에서도 그대로 받아들여 하나의 계율로 정착된 것이다.

석가모니 부처님이 6년 고행을 끝내고 니련선하(尼連禪河)에서 목욕한 뒤 큰 보리수나무 아래에 좌정하여 깨달음을 성취하신 것도 이 계율에 영향을 미쳤다고 할 수 있다.

불교 경전과 계율에서 말하는 목욕법

불교 경전에는 목욕하는 법에 대해서도 자세히 언급하고 있다. 1019년 송나라 도성(道誠) 스님이 출가자가 수행 생활을 하는 데 반드시 알아야 할 내용을 『석씨요람(釋氏要覽)』으로 정리하였는데 '목욕은 몸과 입과 마음까지 씻어야 한다'고 강조하고 목욕하는 방법도 자세히 언급하고 있다. 곧 목욕은 몸과 입과 마음으로 지은 업(業)을 다 씻어내는 의미가 있는 것이다.

후한의 안세고(安世高, ?~180)가 번역한 『불설온실세욕중승경(佛說溫室洗浴衆僧經)』은 경전의 이름대로 많은 스님들이 욕실에서 목욕할 때 갖추어야 할 것들을 일일이 언급하고 있다.

　목욕을 하는 스님들은 욕실에 불을 때는 일부터 맑은 물, 조두(澡豆, 팥 비누), 차조기 기름, 양지(楊枝, 버드나무 가지), 정회(淨灰, 깨끗한 재), 속옷을 갖추어야만 한다.

　양지, 즉 버드나무 가지는 고대 인도에서부터 사용되어 온 천연 칫솔로 지금도 인도 시골에서 이를 사용하는 사람들을 볼 수 있다. 가지 한 쪽을 돌로 찧어 편 다음 칫솔처럼 치아를 닦고 가늘게 깎은 가지로는 이빨 사이의 음식 찌꺼기를 제거하는 이쑤시개로 쓴다. 버드나무 가지는 살균 작용을 해 충치를 예방하고 잇몸을 튼튼하게 하며 미백 효과 또한 있다고 한다. 이 버드나무 가지로 이빨을 닦는 '양지(楊枝)질'이 음운 변화로 '양추질'을 거쳐 '양치질'로 바뀌게 되었다고 전한다.

　고대에는 어디에서나 나뭇가지를 많이 썼고, 우리나라도 대중화된 칫솔이 나오기 전까지 버드나무 가지를 많이 썼다. 우리가 이쑤시개를 이르는 말로 많이 쓰는 일본식 표현인 '요지(ようじ)'는 '양지(楊枝)'의 일본식 발음이다. 그래서 버드나무 가지를 칫솔로 쓰는 방법은 인도에서 중국과 우리나라, 그리고 일본으로 전파된 것으로 보고 있다.

계율에서 말하는 해우소 이용법

목욕에 대한 예법이 까다롭듯 해우소 이용법도 계율로 일일이 규정하고 있다. 석가모니 부처님 당시에 승단이 형성되고 수행 대중이 크게 늘어나자 자연히 공동생활을 위한 규칙이 차례로 생겨나게 되었으며 해우소의 공동 사용법도 차츰 정비되었다.

　처음에 많은 대중들이 한 곳에 모이면서 스님이나 신도 들이 건물의 앞뜰에서도 방뇨하고, 나아가 풀밭이나 채소밭에서도 볼일을 보자 자연스레 주변 마을 사람들의 항의를 받게 되었다. 이에 불교의 계율서인 『사분율(四分律)』의 권 제21에는 '살아 있는 풀에 대변이나 소변을 보지 말라'고 못박고 있다. 또한 권 제25에는 '밤에 요강에다 대소변을 누고 낮에 담 밖을 잘 살피지 않은 채 오물을 버리면 계를 범하는 것'이라고 규정하고 있다. 서양이나 동양이나 화장실 문화가 정착되기 전까지는 다 비슷한 상황이었던 것이다.

한편 권 제50에는 해우소를 짓게 된 내력과 짓는 방법에 대해서도 설하고 있다. 맨땅에 해우소를 만드니 뱀과 지네 등의 해충이 나타나므로 지금 사찰의 전통 해우소처럼 기둥을 세우고 그 위에 판자를 깐 다음 복도형 편의시설과 지붕을 얹으라고 명시되어 있다.

권 제49에는 아예 뒷간 사용법에 대해서도 자세하게 언급하고 있다. '오래 참다가 서둘러 가지 말 것', '(해우소용) 신발로 갈아 신을 것', '손가락으로 세 번 두들겨 안의 사람들이 알게 할 것', '침을 뱉거나 낙서하지 말 것', '옆 사람과 이야기하지 말 것', '해우소 안에서는 서로 인사하지 말 것', '걸어가면서 허리끈을 매지 말 것', '안의 사람을 빨리 나오라고 재촉하지 말 것' 등이 세세히 기록되어 있다.

『사분율』을 보면 당시에는 대변을 보고 풀잎으로 뒤를 닦았다는 것을 알 수 있는데 고대에는 동·서양을 막론하고 풀잎을 많이 사용했다. 발전된 로마의 공중화장실은 나무 끝에 묶어 놓은 바다 해면(海綿)으로 뒤를 닦고 이를 깨끗이 닦은 후 소금물 통에 다시 넣어 놓는 것이 예의였다. 백제시대의 익산 왕궁리 공동화장실 유적에서는 한쪽을 둥글게 깎은 막대기가 발굴됐다. 역시 뒤를 닦고 깨끗이 씻어서 다시 통에 넣어두는 것이 예의였을 것이다. 종이는 어느 나라나 비싼 재료였기 때문에 주로 나뭇잎, 풀잎을 많이 썼고 해면, 막대기, 양털, 짚, 돌, 조개껍질 등도 사용했다.

해우소를 다녀온 뒤에는 반드시 뒷물해야 한다는 계율도 있다. 풀잎이나 나뭇잎으로 뒤를 처리하는 것이 아무래도 깔끔하지 못하므로 인도의 전통 방식대로 뒷물하도록 규정한 것으로 믿어진다. 부처님도 이렇게 말씀하셨다.

> "뒷물하는 법에는 큰 이익이 있으니, 무릇 나를 스승으로 삼는 자는 모두 반드시 뒷물해야 한다. 만약 깨끗하게 뒷물을 하지 않았으면 탑을 돌거나 하지 말며, 예불과 송경(誦經)에도 참여하지 말라. 스스로 다른 사람에게 절도 하지 말고, 또한 다른 이의 절도 받지 말며, 대중과 함께 밥을 먹지도 말며, 스님들 자리에 앉지도 말며, 대중 속에 들어가지도 말라."

1970년대까지만 해도 해우소에 가는 스님들이 물병을 하나씩 들고 가는 것을 볼 수 있었다. 뒷물하기 위함이었다. 이제는 해우소 시설이 좋아져서 변기에 비데까지 설치되어 있기도 하지만 불교에서는 옛날부터 수동 비데를 계율로 정해 놓고 지켜 왔던 것이다. 그러한 유물도 전해지고 있다.

신라시대에 이미 수세식 화장실을 사용했다는 증거는 2017년 경주 동궁(東宮)과 월지(月池, 옛 안압지) 인근에서 발견되었다. 양다리를 딛고 쪼그려 앉는 판석(板石, 발판)과 그 밑으로 둥근 구멍이 뚫린 또 다른 돌판이 조합된 형태였다. 이 변기 아래로는 고랑을 파서 밖으로 흘러나가게 되어 있는데 일을 본 뒤에는 비치된 항아리의 물을 퍼서 씻겨 내려가게 하였다. 수동식 수세 화장실인 셈이다.

불국사 종각 뒤쪽 공터에도 해우소용으로 썼던 변기용 석재가 여러 점 놓여 있다. 볼일을 볼 수 있게 두 개의 돌을 대칭이 되게 반원형으로 파낸 뒤 맞붙여 놓았다. 신라인의 솜씨답게 돌을 파낸 솜씨가 유연하다.

이 대변용 석재 옆에는 평평한 돌을 물방울 모양으로 파내고 좁은 앞쪽

경주 불국사 화장실 유구

에 작은 구멍을 뚫어 놓은 석재가 있다. 또 물이 흘러갈 수 있도록 홈통이 길게 파인 석재도 있다. 홈통 끝부분은 둥글고 넓은 형태로 파여 있다. 이 석재가 무엇에 쓰였는지는 아직 정확히 밝혀지진 않았지만 북수간(北水間)에 연결되어 있던 수로용 석재로 추정하고 있다.

'북수간'이란 바로 뒷물하는 공간이다. 사람이 남쪽을 향하고 섰을 때 앞쪽을 남쪽이라 하고 뒤쪽을 북쪽이라고 하기 때문에 '북수(北水)'는 바로 '뒷물'을 한자로 표현한 것이다. 불교에서는 뒷물하는 것이 계율로 정해져 있기 때문에 해우소를 다녀온 스님이나 왕족들이 법당으로 가기 전 북수간에 들렀을 것이다. 그래서 북수간 용으로 물이 흘러갈 수 있도록 돌을 가공해 설치했던 것으로 보고 있는 것이다. 예전에는 사찰에서 해우소에 가는 것을 '뒷물하러 간다'고 말해 왔다는 것도 이러한 주장에 힘을 실어 준다.

어쨌든 사찰에서의 해우소 이용법이 까다로운 만큼 깨끗하고 쾌적해야 했다. 물론 특유의 냄새도 나지 않아야 했다. 항상 그렇게 하기 위해서 사찰의 해우소에는 자연 친화적인 방법이 이어져 내려왔다.

사찰에 가면 문득 보이는 것들

자연과 순환하다

우리나라의 전통 뒷간은 단순히 용변을 보는 것으로 끝나는 공간이 아니다. 예전에는 동물이나 사람의 분뇨가 작물 재배를 위한 거름을 만드는 데 중요한 재료였기 때문에 함부로 버리지 않았다.

사찰의 해우소도 전통적으로 자연과 순환하는 구조로 되어 있다. 분뇨를 낙엽이나 짚, 톱밥 등과 함께 발효시켜 거름으로 만들고 이를 사찰의 채소밭에 뿌려 식물을 길렀다. 거기서 자란 채소들은 다시 대중들의 먹거리가 되고 해우소를 거쳐 계속 순환하였다. 자연의 순환이 사람과 해우소를 통해 그대로 실현된 것이다. 인간과 자연이 둘이 아니라는 불이(不二)의 정신이 자신의 몸을 통해 실천된 세계다.

사찰의 해우소는 산속의 비탈진 곳에 세워지다 보니 대개 중층 누각 형태로 지어진 곳이 많다. 이는 계율에 정해진 대로 나무 기둥을 세우고 그 위에 판자를 깔아 용변 시설을 설치하였기 때문이지만 그만큼 해우소에서 만들어진 거름을 편리하게 수거하여 경작지로 운반할 수 있도록 고안된 것이다.

현대 물질문명의 빠른 속도에 떠밀려 자연 친화적인 삶의 유산들이 적지 않게 사라졌고, 그러한 유산 중의 하나가 전통 뒷간이지만 사찰의 전통 해우소는 오랫동안 자연 친화적인 가치관을 지켜 왔다. 근래에 와서는 그 중요성이 부각되어 사찰의 전통 해우소도 문화재로 지정되기에 이르렀다. 그 대표적인 해우소가 바로 순천 선암사의 뒷간이다.

선암사 해우소는 전남 문화재자료로 지정되어 공식 명칭은 '순천 선암사 측간(廁間)'으로 되어 있다. 늦어도 1920년 이전에 지어졌다고 하니 100년이 넘는 긴 역사를 가진 건물이다. 자연 지형을 그대로 이용하여 건물을 앉혔으며 언뜻 보면 해우소인지 사찰 부속 건물인지 분간이 안 될 정도로 산뜻

순천 선암사 측간(전남 문화재자료)

하다. 그런 유명세 탓에 선암사를 찾는 방문객은 꼭 찾아서 둘러보는 장소가 되었다.

우선 건물 구조가 특이하다. 왕릉 앞에서나 볼 수 있는 '丁'자형 건물이기 때문이다. 정면 6칸, 측면 2칸이지만 중층 누각 구조라서 측면은 모두 4칸이 된다. 맞배지붕 건물이며 마당에서 몇 계단 내려간 출입구도 풍판이 달린 측면 구조다. 풍판 아래의 가로 부재는 위쪽이 활처럼 휘어진 목재를 그대로 다듬어 올렸다. 시각적으로 편안한 느낌을 주면서 키가 큰 사람을 배려한 것이다. 그 가운데에 작게 매달린 편액이 있다. 한글로 쓰여진 글씨는 '뒤깐'이다. 조선시대의 한글 표기법 그대로 남아 있어 귀엽다.

입구 왼쪽 벽면에는 옷걸이가 마련되어 있다. 계율대로 옷을 걸어 놓고 들어가야 하는 곳이다. 복도를 따라 들어가면 왼쪽이 남성용, 오른쪽이 여성용이다. 남녀 칸은 각각 앞뒤 6칸으로 구성되어 있는데 문짝은 없고 칸막이도 성인의 가슴 높이로 낮다. 일을 볼 사람은 조용히 들어가서 빈칸에 들어가 볼일을 보면 된다. 정면 벽에는 환기용 살창이 설치되어 있어 밖의 풍경이 보이고 햇살이 들어온다. 시시각각으로 변하는 사계절의 풍경을 해우소에 앉아 느껴볼 수 있다. 물론 밖에서는 해우소 안이 들여다보이지 않는다.

사람들은 깨끗하고 정성이 들어간 음식을 먹고는 오줌을 누고, 똥을 눈다. 그렇다면 깨끗한 것이 더러운 것이 된 것인가? 그 더러운 것이 거름이 되고, 그것이 다시 채소를 키워 우리들의 입으로 들어온다. 그러면 그 채소는 깨끗한 것인가, 더러운 것인가?

『사분율』권 제49에는 다음과 같은 이야기가 실려 있다.

석가모니 부처님 당시 자신의 똥오줌을 싫어하는 어느 비구가 대변을 본 후 뒤를 깨끗이 한다고 날카로운 풀로 밑을 닦다가 살을 다쳐 종기가 생겼다. 결국 고름이 흘러 몸과 옷과 침구와 평상을 더럽게 되었다. 그때 석가

순천 선암사 측간 내부

사찰에 가면 문득 보이는 것들

모니 부처님이 '네가 아무리 더러운 것을 싫어한다고 해도 자기의 똥오줌까지 싫어하느냐'고 꾸짖는다. 결국 자기의 배설물은 자연적으로 순환되어 자기의 먹거리가 되니 더럽다고 피할 것은 아니다.

선암사 해우소는 살창들이 앞뒤 벽면에 설치되어 있어 자연적으로 환기가 되기 때문에 냄새도 덜 나게 되어 있다. 또 한 가지, 선암사 해우소는 낙엽을 넣어 분뇨와 함께 발효하도록 조치하고 있다. 떨어진 낙엽은 인분과 뒤섞여 배설물의 냄새를 막아 주고 거름으로 거듭난다. 특히 가을의 노란 은행잎은 해우소 특유의 냄새를 제거하는 효과가 있어 여름철에도 냄새를 막아 준다.

건물을 지은 날짜가 정확한 해우소도 있다. 강원 문화재자료로 지정된 영월 보덕사 해우소로 고종 19년(1882)에 지은 건물이다.

역시 중층 누각 구조로서 맞배지붕 건물이며 정면 3칸, 측면 1칸 규모로 되어 있다. 변기 시설은 앞뒤 2열로 나뉘어 남녀 각각 6칸으로 구성되어 있다. 곧 12명이 동시에 사용할 수 있다. 건물 사방의 나무로 만든 판자 벽에 직사각형이나 '十'자형의 환기 구멍이 나 있어 밖의 동정을 살펴볼 수 있다. 칸막이가 사람 키보다 높아서 일어섰을 때 옆 칸의 사람과 얼굴을 보게 되는 민망한 상황은 일어날 일 없지만 역시 문짝은 없다.

1990년대 초에 보덕사를 공동 답사하면서 당연히 문화재로 지정받을 만한 해우소라고 생각하였는데 2012년 1월에야 지정되었다. 이때만 해도 사찰의 전통 해우소가 꽤 남아 있었다. 그중에서도 영동 영국사 해우소나 너와를 얹은 김천 봉곡사 해우소는 기억에 남는 해우소였으나 그 후 없어지거나 새로 지어서 옛 모습을 잃어버렸다.

보덕사의 산내 암자인 금몽암의 해우소도 전통 양식이었지만 새로 짓는 바람에 옛 모습을 잃어버렸다. 그래도 옛 모습대로 복원해서 작고 앙증맞은 해우소로 기억된다. 정면 2칸 측면 1칸의 맞배지붕 건물이다.

아름다운 해우소로는 순천 송광사 해우소를 빼놓을 수 없다. 선암사 해우소처럼 'ㅜ'자형 건물인데 연못에 놓인 다리를 건너가야 한다. 다리 양쪽의 넓은 연못에는 여름철 수련이 피고 수생식물이 가득하다. 한구석에는 맑은 물이 끊임없이 유입되어 떨어진다. 해우소 팻말이 없으면 누구도 해우소라고 생각하지 못할 정도로 아름답다.

그러나 1993년 해우소를 다시 고치면서 해우소의 원형이 변형되었다. 내부가 8칸에서 12칸으로 늘어나고 칸마다 문을 달았다. 그래도 옷을 거는 횃대와 해우소용 신발로 갈아 신는 방식은 그대로 남아 있다. 아마 원형 그대로 남아 있었다면 이 해우소도 문화재로 지정되었을 것이다.

원형이 잘 남아 있는 해우소로는 문경 김룡사 해우소가 있다. 지은 지

영월 보덕사 해우소(강원 문화재자료)

영월 보덕사 해우소의 십자형 구멍(위)과 내부(아래)

영월 금몽암 해우소

순천 송광사 해우소

서산 개심사 해우소

문경 김룡사 해우소

사찰에 가면 문득 보이는 것들

300여 년이 되었다고 하지만 고증된 것은 아니다. 해체 복원하여 새 건물 같은 분위기가 있지만 원형에 충실하게 복원하였다.

해우소 중에서 밖의 풍광을 바라볼 수 있는 가장 시원한 해우소는 제천 정방사 해우소일 것이다. 정방사는 금수산 자락 높은 바위 절벽 아래에 있는 절인데다 한국전쟁 때에도 피해를 입지 않은 고찰이지만 해우소 또한 명품으로 소문나 있다.

해우소에 앉아 광활하게 펼쳐진 금수산 일대의 푸른 숲을 조망할 수 있어 '천상의 화장실'이라는 별명이 붙었다. 옛 해우소 옆에 새로 지은 현대식 해우소도 같은 구조로 건축해서 바깥 풍경을 감상할 수 있다.

안성 석남사 해우소는 분뇨를 퇴비화하는 전통 해우소를 복원해서 주목받는 곳이다. 정무(正無, 1931~2011) 스님이 주석하시면서 환경을 오염시키는 수세식 화장실을 과감히 뜯어내고, 목재를 사용하여 중층 누각 구조의 전통 해우소를 새로 지었다. 편리함만을 좇는 마음이 수행의 가장 큰 걸림돌이라는 원력과 환경을 되살리고자 하는 생명 사랑이 함께 빚어낸 해우소다.

서산 개심사 해우소도 전통 해우소 양식이었는데 2010년 태풍으로 피해를 입어 옛 구조 그대로 복원했다. 또한 새로운 목재로 복원해 깔끔해졌지만 내부 구조는 전과 같이하여 칸막이의 높이가 낮다.

전통 해우소를 돌아보면 여러 가지 특징이 있다. 그중 가장 중요한 것은 자연과 공존하는 자연 순환 방식이라는 점이다. 인간의 배설물을 거름이라는 자원으로 만들어 생명의 순환을 지키는 아름다운 건물이 바로 사찰의 해우소라고 하겠다.

전통 해우소의 여러 가지 특징을 정리해 보자.

① 사찰 중심에서 떨어진 외곽에 자리하고 있다.

② 비탈에 자리하고 있다.

③ 중층 누각 구조 건물이 많다.

④ 채소밭을 가까이 두고 있다.

⑤ '一'자형이나 '丁'자형 건물이 많다.

⑥ 북향이 많다.

⑦ 해우소 내부에 살창이나 환기 구멍을 두어 채광과 통풍을 동시에 해결한다.

⑧ 복도나 개인 칸에 낙엽, 왕겨, 톱밥, 잘게 썬 잎이 비치되어 있다.

사찰의 해우소는 버리는 공간이다. 몸 안의 배설물만 버리는 공간이 아니라 마음속의 근심 걱정도 버리는 공간이다. 탐·진·치도 함께 버려야 하는 수행 공간이다. 해우소에 들어가서 앉은 후에 처음 외우는 '입측진언(入厠眞言)'에 그 뜻이 명확히 들어 있다.

버리고 또 버리니 큰 기쁨일세.

탐·진·치 어두운 마음 이같이 버려

한 조각 구름마저 없어졌을 때

서쪽의 둥근 달빛 미소 지으리.

옴 하로다야 사바하

옴 하로다야 사바하

옴 하로다야 사바하

사찰에 가면 문득 보이는 것들

절집 문패

요즈음에야 가정집에서 문패를 보기가 어려워졌지만 예전에는 집집마다 대문 기둥에 가장의 이름이 새겨진 문패가 의젓하게 붙어 있었다. 시대가 달라지면서 남녀 평등의 가치가 높아지자 부부의 이름을 나란히 새긴 문패도 등장하였지만 그것도 잠시, 아파트가 주거 시설의 대명사가 되고 개인 정보를 보호해야 하는 시절이 되면서 문패는 점차 구시대의 유물이 되고 말았다. 아마 문패가 무엇인지 모르는 아이들도 있을 듯싶다.

절집의 대문, 즉 일주문에는 특히 큰 사찰의 경우 'ㅇㅇ山 ㅇㅇ寺'라고 쓴 현판이 공통적으로 걸려 있다. 일종의 문패이다. 지금은 일주문도 대형화되어서 버스가 자유롭게 지나다닐 수 있을 정도이지만 옛날에는 아주 작고

창녕 관룡사 일주문

창녕 관룡사 일주문. 왼쪽 중간에 '卍'자가 보인다.

소박한 일주문도 있었다. 그러한 일주문들도 사찰을 확장하며 많이 없어져 버린 탓에 이제는 찾기가 어려워졌다. 그중에 남아 있는 한 곳이 바로 창녕 관룡사이다.

높은 계단 위에 돌로 만든 독특한 이 일주문은 양옆으로 돌담을 연결하여 일주문인지 대문인지 알쏭달쏭하지만 예전에는 대문도 없는 이 문을 통해 절로 들어섰기 때문에 다들 '일주문'이라고 부른다. 하기야 일주문 옆으로 담을 붙여 이어 놓은 곳이 이 절만인 것도 아니다. 순천 송광사와 선암사나 구례 화엄사, 천은사도 일주문이 담장과 연결되어 있다.

다만 관룡사 일주문은 나무 기둥 대신 좁은 입구 양쪽을 큰 돌로 조금 깊게 쌓고 그 위에 두꺼운 직사각형 긴 돌 두 개를 나란히 가로질러 얹은 후 그 위에 다시 기와 지붕을 꾸몄다. 어느 절에서도 보기 드문, 소박하고 자연 친화적인 일주문이다.

이렇게 만들었으니 당연히 현판은 없다. 여기에서 이 일주문을 만드신 스님의 창의력과 유머 감각이 돋보인다. 절로 들어가면서 왼쪽 기둥으로 삼은 돌에 문패를 새겨 놓으신 것이다.

복잡한 내용은 없다. 네모나게 파 놓은 틀 안에 한문으로 '佛', 이 한 자만을 음각으로 새겨 놓은 것이다. 절집의 주인은 부처님이라는 뜻이 아니겠는가. 마치 여염집의 문패같이 새겨진 이름을 보고 누구나 살며시 미소 지을 수밖에 없다.

엄격한 계율과 정해진 규칙 속에서 생활하는 스님들이 어찌 이렇게 유쾌한 발상을 할 수 있었을까? 관룡사에 갈 때마다 만나게 되는 구수하고, 정다우며, 웃음을 짓게 하는 '문패 달린 일주문'이다.

연꽃 씨방 조각

연꽃은 불교를 상징하는 꽃이다 보니 연꽃 문양은 법당 안팎에 두루 쓰인다.

연꽃은 피기 시작하면 안의 씨방이 바로 보이는데, 그런 이유로 활짝 핀 연꽃 문양 한가운데에도 동그란 씨방을 그려 넣는다.

법당 건물 외부에 이 둥근 연꽃 문양이 가장 많이 나타나 있는 곳은 바로 서까래 끝이다. 둥근 서까래 끝의 절단면에는 의례히 연꽃 문양을 그려 넣는다. 그러나 입체감은 떨어진다. 수직으로 절단된 면에 연꽃 문양을 좀 더 입체적으로 보이게 하기 위해서 고안된 것이 연꽃 씨방 조각이다. 해바라기 꽃의 씨방이 동그랗듯 나무를 반원형으로 작게 조각해 연꽃 문양 가운데에 부착하고 색칠해 마감한다. 그럼 연꽃 문양이 훨씬 입체감을 띠게 된다. 연꽃 씨방이 꽃 가운데서 도드라지게 튀어나왔기 때문이다.

그러나 이렇게 만들려면 많은 공력이 들어가야 한다. 조그마한 반원형 나무 조각을 일일이 손으로 깎아야 하고 서까래 끝에 부착시키려면 따로 못도 준비해야 한다. 지금이야 공장에서 나오는 기계 못이 흔하지만 조선시대에는 대장간에서 일일이 하나하나 만들어야만 했다. 더구나 서까래가 한두 개가 아니니 수고로울 수밖에 없다.

조선시대 중기까지만 해도 사찰의 목조 건물을 짓는 일은 대부분 스님들이 자체적으로 해결하였기 때문에 결국 이러한 생각도 스님들에게서 나왔을 것이다. 스님들로서는 주요 법당을 화려하게 꾸미고 싶었을 것이고, 그러한 고심 끝에 이러한 장식이 태어났다.

이렇게 서까래 끝의 연화문에 반원형으로 도드라진 씨방 조각을 부착해 놓은 건물이 공주 마곡사 대광보전(보물)이다. 법당 정면 처마 밑 서까래의 연꽃 문양 가운데에는 전부 이 연꽃 씨방 조각을 부착했다. 양쪽 옆면에는

공주 마곡사. 아래의 전각이 대광보전(보물), 대광보전 뒤쪽 높은 곳에 자리한 전각은 대웅보전(보물)이다.

일부분만 이러한 장식을 했는데 아무래도 법당 사방의 서까래에 전부 이러한 장식을 하기에는 너무 많은 공력이 들어가기 때문이었을 것이다.

지금 대광보전은 오랜 세월에 단청 색이 많이 바래서 이 연꽃 조각 장식이 잘 보이지 않지만 처음 단청을 했을 때에는 훨씬 화려하고 섬세한 솜씨가 돋보였을 것이다. 필자도 처음 이 서까래의 연꽃 씨방 조각 장식을 발견하고 그 정성에 감탄을 금치 못했다.

마곡사는 불화를 그리는 스님들을 전문적으로 기르고 배출하는 전문 기관으로 '남방화소(南方畵所)'라 하여 '경산화소(京山畵所)'인 남양주 흥국사, '북방화소(北方畵所)'인 금강산 유점사와 함께 조선 후기의 대표적 화소 사찰로 꼽았다. 조선 말기 '마곡사에 상주하는 스님이 300여 명이었고, 불화를 배우는 스님이 80여 명에 이르렀다'고 했으니 마곡사는 불교 전통 미술을

공주 마곡사 대광보전 서까래 끝에 연꽃 씨방 조각 장식을 확인할 수 있다.

지켜 온 요람이었다. 또한 그러한 불화의 맥은 19세기 말 약효(若效, ?~1928) 스님에게서 문성(文性, 1867~1954) 스님에게로 이어지고, 이는 일섭(日燮, 1901~1975) 스님, 석정(石鼎, 1928~2012) 스님에게로 이어짐으로써 우리 불화 계의 가장 큰 집안으로 번성하였다. 그러한 예술적 전통 속에서 이러한 연꽃 장식도 출현한 것이라고 짐작해 본다.

　　전국을 답사하다 보니 태백 정암사 적멸보궁, 부안 내소사 대웅보전, 서 울 흥천사 극락보전과 청도 운문사 비로전 내부 천장에서도 이러한 방식의 연꽃 씨방 장식을 발견하게 되었다. 운문사 비로전은 스님들이 지은 건물로 확인된 건물이니 스님들이 온갖 정성을 들인 법당에는 이렇게 작은 부분에 도 섬세한 배려가 있었던 것이다.

통나무 계단

마곡사에는 눈여겨볼 것이 또 하나 있다. 창고 건물 2층으로 올라가는 통나무 계단이다. 통나무를 계단식으로 깎아 그대로 2층에 걸쳐 놓고 밟고 올라가는 것이다.

원래 사찰은 부처님 계율에 따라 동물을 기르거나 잡을 수 없다. 그러므로 스님과 대중들이 먹는 곡식이나 먹거리들을 잘 보존하는 것이 무척 중요했다. 말할 것도 없이 가장 무서운 천적은 쥐다.

서양도 마찬가지지만 근대에 이르기까지 인류는 오랫동안 쥐와의 전쟁을 치렀다. 더구나 1층에 곡식을 보관하면 어떻게든 건물을 뚫고 들어오는 쥐의 침입을 막을 수가 없었다. 게다가 절은 고양이도 기를 수 없으니 그 피해가 막심했다. 그래서 절집에서는 창고를 누각 형식인 2층으로 짓고 2층에

공주 마곡사 고방

공주 마곡사 고방의 통나무 계단

다 먹거리를 보관했다. 아무래도 2층에 먹거리를 보관하면 쥐의 피해를 덜 받기 때문이다. 보통 창고 방이라고 해서 '고방(庫房)'이라고 부르지만 2층 누각 형태가 되다 보니 '고루(庫楼)'라고도 부른다.

2층 사방의 벽은 나무판자를 길게 세로로 끼워서 빈틈없이 짜 맞춘다. 쥐가 높은 나무 벽을 기어오를 수 없도록 하고, 조그만 틈으로 쥐가 갉아 뚫고 들어오는 곳을 막을 수 있도록 고안한 것이다. 쥐가 수직의 나무판을 앞니로 갉을 수 없다는 것을 이용한 방식이다.

창고 건물은 흔히 외딴 채 단독 건물로 짓는다. 다른 건물에 붙여 지으면 쥐가 손쉽게 2층으로 올라갈 수 있기 때문이다. 그래도 약삭빠른 쥐는 어느 틈으로든 들어오기 때문에 두꺼운 나무로 사람이 들어가 누워도 될 만큼 커다랗고 튼튼하게 궤짝을 짜 그 안에 곡식을 보관했다. 쥐의 침입을 막기 위해 여러 가지 안전장치를 한 것이다.

과거에는 이러한 창고 건물들이 사찰에 많았지만 이제는 쥐의 피해를 줄일 수 있는 다른 시설물이 들어오면서 용도 폐기되어 다른 시설로 쓰거나 헐어 버리고 새 건물을 지으면서 대개 사라져 버렸다.

그러한 점에서 마곡사 고방은 매우 귀중한 유산이다. 게다가 예전 계단까지 그대로 보존하고 있으니 괜스레 정이 가기도 하다. 참고로 문경 김룡사에도 이런 누각형 창고 건물이 한 점 보존되어 있다.

백자연봉

홍천 수타사는 국가 지정 보물 등 많은 문화재를 보유하고 있는 유서 깊은 고찰이지만 여기저기 숨겨져 있는 소소한 볼거리도 많은 곳이다. 그중 하나가 백자연봉(白磁蓮峰)이다. 대적광전(강원 유형문화재)을 꼼꼼히 살펴본 방문객이라면 지붕 위 수막새기와 위에 줄줄이 서 있는 연꽃 봉우리 모양의 백자를 본 적이 있을 것이다.

지붕 위의 기와에는 바닥에 깔아 빗물이 흘러내려 가게 한 넓은 기와가 있어 이를 '암키와'라 하고 암키와와 암키와 사이를 덮어서 빗물이 건물 내부로 흘러들어 가지 못하도록 하는 기와를 '수키와'라 한다. 그리고 지붕 끝에 설치하는 암키와와 수키와는 한쪽 면을 수직으로 마감하여 만드는데 이를 '암막새기와', '수막새기와'라고 부른다. 이 역시 빗물이 건물 안으로 스며드는 것을 막는 장치이다.

수막새기와 끝부분에는 구멍이 뚫려 있어서 긴 쇠못을 기와 아래 목재에 닿도록 박을 수 있다. 수막새기와를 못으로 고정하면 비나 눈이 많이 올 경우 기와가 밀려 내려오는 것을 방지하고 평시에도 혹 기와가 떨어지면 사람이 다치는 것도 막을 수 있다.

이렇게 수막새기와를 고정하기 위해 박는 가늘고 긴 못을 '와정(瓦釘)', 또는 '방초정(防草釘)'이라고 부른다. 방초(防草)의 '방(防)'은 '막을 방' 자이고, '초(草)'는 '풀 초' 자이지만 풀은 '새'라고도 하기 때문에 '막새'를 한자로 '방초'라고 한 것이다. 곧 방초정은 '막새기와에 박는 쇠못'이다.

그런데 이런 방초정만 박아 놓으면 쇠못이 녹슬기 쉽고 물도 들어갈 수 있기 때문에 연꽃 봉우리 모양으로 백자를 구워 못 위에 씌운다. 이렇게 하면 부처님 계신 법당을 연꽃으로 장엄한다는 의미도 생기고 지붕의 안전 기능도 유지할 수 있는 것이다.

수타사 대적광전을 정면에서 바라보았을 때 보이는 이 백자연봉들은 이 법당을 지을 때 얼마나 세심하게 배려했는지를 보여 주는 귀중품들이다. 실제로 이 대적광전은 인조 14년(1636)에 공잠(工岑) 대사가 임진왜란 때 불타

홍천 수타사 대적광전(강원 유형문화재)

홍천 수타사 대적광전의 백자연봉

청자연봉(고려)

버린 수타사를 중창하며 다시 정성을 들여 중건한 건물이다. 법당 내부의 닫집 기둥 끝에 매달린 활짝 핀 연꽃만 보아도 그러한 신심을 읽어 볼 수 있다.

　이렇게 지붕 위에 백자연봉을 설치한 법당으로는 양산 통도사 대웅전, 강화 전등사 대웅전, 서산 개심사 대웅보전, 예천 용문사 대장전 등이 있는데 전부 국보나 보물로 지정되어 있는 건물이다.

　사실 이러한 전통은 고려시대부터 전해 내려 온 것이다. 당연히 청자연봉(靑磁蓮峰)도 전해지고 있으니 청자 기와를 덮은 법당도 있었을 것이다. 청자연봉은 국립중앙박물관, 일산 원각사성보박물관에 소장되어 있다.

청자 기와·청기와

수타사 대적광전 용마루 정중앙을 살펴보면 청기와 두 장이 얹혀 있음을 알수 있다. 궁궐 건물에서나 쓸 수 있는 청기와를 법당 위 지붕에 상징적으로 올려놓은 것이다. 그만큼 존귀한 부처님이 계시는 건물이라는 뜻일 것이다.

청자 기와와 청기와는 다르다. 청자 기와는 청자 도자기처럼 유약을 발라서 구워낸 것이고, 청기와는 청색이 나도록 청색 안료와 염초(焰硝, 질산칼륨)를 이용해 구운 것이다. 그래서 색깔도 다르다. 청자 기와가 비취색이라면 청기와는 짙푸른 색이다. 수타사 대적광전의 기와도 물론 청기와다.

고려시대에 청자 기와로 지붕을 덮은 예의 기록은 『고려사』에 '의종 11년(1157) 봄에 왕이 후원에 연못을 파고 양이정(養怡亭)을 세웠는데 청자를

홍천 수타사 대적광전 용마루의 청기와

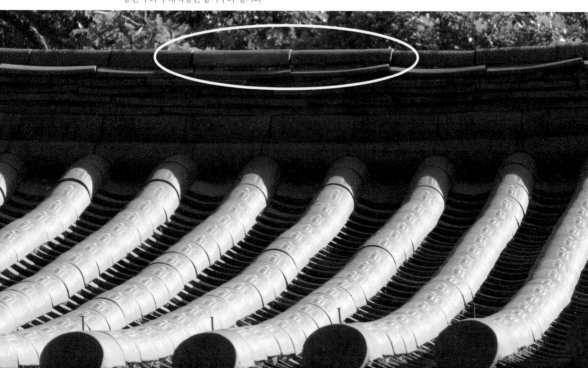

덮었다'는 내용이다. 실제로 근년에 개성 고려 왕궁 터에서도 청자 기와 조각이 발견되었다.

이보다 앞서 1964년에는 전라남도 강진군 대구면 청자 가마터에서 청자 기와가 대량 발굴되며 확실한 고증 자료가 확보되었다. 사찰의 청자 기와는 1994년 고창 선운사 도솔암 마애불 아래의 동불암터를 발굴 조사한 결과 청자 암키와, 수키와가 전부 수습되어 이를 확인할 수 있었다.

청자 기와와 제작 방식이 다른 청기와는 조선시대 들어와 왕궁에서 주로 사용하였다. 중국에 장인을 파견하여 배워 왔으나 재료가 비싸 일반 기와의 다섯 배 가격이었기 때문에 민간에서는 사용하기가 쉽지 않았다. 자연스럽게 청기와는 왕궁 전용이 되었고 차츰 왕실의 권위를 상징하게 되었다.

그러다 보니 왕실이 지원하는 사찰에서는 법당을 청기와로 덮기도 하였다. 태조 이성계가 후원한 양주 회암사가 조선시대에서는 최초로 청기와를 썼을 것으로 추정된다. 실제로 발굴 조사에서 청기와와 청기와 조각이 발견되어 양주시립회암사지박물관에 전시되어 있다.

양주 회암사지에서 발견된 청기와

사찰에 가면 문득 보이는 것들

세종이 돌아간 후 아들 문종이 세종의 명목을 빌기 위하여 왕실 후원 사찰인 대자암(大慈庵)을 중창하고 청기와로 덮으려 하자 이를 반대하는 신하의 상주가 올라온다. 『조선왕조실록』 문종 즉위년(1450) 2월 28일 조에는 장령(掌令)벼슬의 정지하가 문종에게 이렇게 아뢰고 있다.

"청기와[靑瓦]를 구워서 만드는 데 재력이 너무 많이 들어가므로 우리나라에서는 다만 근정전(勤政殿)과 사정전(思政殿)에만 청기와를 덮었을 뿐 문소전(文昭殿)과 종묘에도 오히려 덮지 못했는데 어찌 불우(佛宇)에 이를 덮겠습니까?"

문종은 이 건의를 받아들이지 않았지만 사찰에서 대대적인 청기와 사용은 세조 때에 이루어진다. 세조는 강력한 군왕으로서 원각사 창건을 밀어붙였고, 사찰 건물에 들어가는 청기와 8만 장을 조달하도록 지시한다. 세조 10년(1464)의 일이다.

세조가 죽고 난 후 세조의 명복을 빌고 왕릉을 수호하기 위해서 운악사 터에 중창된 남양주 봉선사에도 성종 19년(1488) 7월 전각의 지붕을 청기와로 바꾸었다는 기록이 있다.

임진왜란이 끝난 후에는 청기와를 굽는 기술이 단절되었다. 많은 장인들이 죽거나 잡혀가면서 기술 전수가 이어지지 못한 것이다. 또한 사찰에서도 왕실의 후원 없이 막대한 재정이 들어가는 청기와를 쓸 수도 없었다.

그 대신 사찰의 중요 건물 용마루에 청기와를 몇 장 올려놓는 절들이 등장했다. 법당을 청기와로 덮는 사찰들은 다 왕실의 후원 사찰이었기 때문에 청기와를 용마루에 올려놓는 것은 왕실의 보호 사찰이라는 의미와 청기와로 덮어야 할 중요한 전각이라는 의미를 함께 가질 수 있었다.

남양주 봉선사 큰법당 청기와

　　왕실에서 내려 준 청기와 이야기는 충북 단양군 영춘면 태화산 화장암
에 전해지고 있다. 조선 말기 폐허가 된 화장암을 김영준이라는 사람이 고종
34년(1897)년에 중창하였는데 자금이 모자라 영춘현감에게 국고 1,000냥을
빌려 썼다. 그러나 이 돈을 갚지 못해 서울로 이송되었는데 대원군이 화장암
산신령의 현몽을 받고 죄를 사해줌은 물론 친필로 쓴 화장암 현판과 청기와
3장, 고종의 초상화를 내려 주어 암자에 봉안토록 했다는 것이다. 곧 이 청기
와를 법당 지붕에 얹으면 왕실 후원 사찰이라는 상징이 되었다는 것이다.

　　송광사성보박물관에도 청기와가 소장되어 있다. 조선 조정은 고종 23
년(1886)에 축성전(祝聖殿)을 짓고 왕실의 안녕을 비는 원당으로 삼았으며 고
종의 환갑을 맞이하여 고종 39년(1902)에 성수전(聖壽殿)을 짓고 무병장수를
기원하도록 하였는데 왕실에서 모든 자금을 후원하였다. 청기와도 이 무렵

　　　　　　　　　　　　　　　　　　사찰에 가면 문득 보이는 것들

에 하사한 것으로 추정되고 있다. 이 성수전이 지금의 송광사의 관음전이다.

옛 청기와를 얹고 있는 법당으로는 수타사 대적광전 외에 해남 대흥사 대웅보전, 대구 동화사 대웅전, 남양주 봉선사 큰법당, 공주 마곡사 대광보전 등이 있고, 누각으로는 2020년 6월 보물로 지정된 고창 선운사 만세루가 있다.

스투파(Stupa)

발우를 엎어 놓은 것 같은 스투파 형식의 탑이 지붕 위에 올라간 법당도 있다. 김제 금산사 대장전(大藏殿, 보물)이 그것이다. 원래 이 건물은 임진왜란 이전 미륵전 앞에 있었던 목탑이었다. 정유재란으로 불타 버린 목탑 자리에 인조 13년(1635) 목조 건물을 짓고 지붕 용마루 중앙에 돌로 만든 복발과 보

김제 금산사 대장전(보물). 지붕 용마루 중앙에 탑의 상륜부가 올라가 있다.

양산 통도사 대웅전 및 금강계단(국보) 대웅전 지붕 위로 독특한 구조물을 확인할 수 있다.

륜, 보주를 차례대로 얹었다. 보륜과 보주는 하나의 돌로 만들어졌다. 맨 아래쪽에 받침대처럼 놓여 있는 것은 철로 만든 우산 모양의 산개인 듯하다. 이 부재(部材)들은 원래 목탑 꼭대기에 설치된 상륜부에 있었던 것으로 알려져 있다.

경전을 보관하던 목탑이 없어지고 다시 중건할 때 지금 같은 전각의 형태로 변형되면서 전각의 이름도 '경전을 보관하는 전각'이란 의미의 '대장전'으로 바꾼 것이다. 안에는 석가모니 부처님과 제자인 가섭·아난존자를 모시고 있다. 이후 전각을 재배치하는 과정에서 지금의 위치로 1922년에 이전하였다.

원래 목탑이 있던 자리에 세운 건물이라서 목탑 위에 있었던 복발과 보주를 다시 올린 것이지만 이 유물들이 진표 율사가 신라 때 금산사를 중창하면서부터 전해져 내려온 것이라면 오랜 역사를 함께한 귀중한 문화재일 것이다.

이렇게 법당을 탑으로 생각하고 지붕에 상륜부를 올린 건물은 양산 통도사에도 있다. 바로 적멸보궁 대웅전이다. 통도사는 석가모니 부처님의 진신사리를 모시고 있는 오대적멸보궁 중의 한 곳으로 대웅전에 불상을 모시지 않고 유리창을 통해 사리탑에 예경할 수 있도록 되어 있다.

원래 탑에는 목탑이든 전탑이든 석탑이든 인도 스투파에서 유래한 상륜부가 설치되도록 정착되었다. 하지만 통도사 사리탑에는 이러한 장치가 없다. 그래서 나온 대안이 대웅전을 탑으로 삼아 지붕 위에 상륜부를 설치한 것으로 짐작된다.

통도사 대웅전은 사리탑에 있는 금강계단(金剛戒壇)과 함께 국보로 지정되어 있는 긴 사각형의 건물이지만 지붕은 '丁'자 형태로 되어 있는 특이한 구조를 갖고 있다. 가로 지붕과 세로 지붕이 만나는 교차점에는 다른 건물에서 볼 수 없는 특이한 설치물이 보인다. 마치 탑의 상륜부를 연상케 한다.

쇠로 만든 받침대 위에 동(銅, 구리)으로 만든 듯한 구조물에는 탑의 장식물과 비슷한 장치가 있다. 우선 맨 아래쪽에는 불꽃무늬에 휩싸인 보배 구슬[宝珠]이 크게 자리 잡았다. 그 위로 탑 상륜부의 보개 모습이 보이고 다시 용의 여의주 같은 용차(龍車)가 있다. 또 맨 꼭대기에는 연꽃 봉우리 같은 조각으로 마무리하였다.

통도사 대웅전 지붕 위의 상륜부는 비록 그 격식이 간략화되었지만 법당과 금강계단을 탑의 몸체로 삼고 조성한 것이다. 사실 불상이 없던 시대에는 탑을 부처님의 상징으로 여겼으므로 불상을 모신 법당 위에 상륜부를 설치한다고 해도 크게 어긋나는 일은 아닐 것이다. 우리나라의 유일한 목탑인 법주사 팔상전도 내부가 법당으로 꾸며져 있고, 1984년 신도의 부주의로 불에 탄 후 다시 지은 화순 쌍봉사 삼층목탑도 대웅전 현판을 달고 1층은 법당으로 꾸며져 있기 때문이다.

불기대

고찰의 법당을 참배하다 보면 출입문 옆의 기둥에 평평한 나무 선반이 가로로 끼워져 있는 것을 보게 된다. 도대체 이 선반은 어느 때 무슨 용도로 쓰는 장치일까?

석가모니 부처님은 이 세상에 계실 때에 하루에 한 끼만을 드셨다. 이를 '일종식(一種食)'이라 부르는데, 지금도 스님 중에 일종식을 지키는 분이 있는 것도 부처님의 행(行)을 따르고자 하는 뜻이 있기 때문이다.

석가모니 부처님은 아침 일찍 발우를 들고 걸식을 나가 부잣집과 가난한 집을 가리지 않고 차례대로 일곱 집을 돌며 음식을 얻는 것을 기준으로 삼았다. 대중들이 있을 때면 탁발해 온 음식을 공평하게 나누어 먹는 것이 원칙이었다.

　이러한 석가모니 부처님의 공양 규칙은 의례화되어 하루 한 번 공양을 올린다. 법당의 부처님에게 사시(巳時, 오전 9시~11시)에만 올리는 공양이므로 이를 '사시마지(巳時麻旨)'라고 부른다. 법당의 부처님이 그 공양을 드실 리 없지만 부처님의 가르침을 따르는 스님들이나 신도들은 마치 부처님이 살아 계신 듯이 모시며 공양을 올리고 가르침대로 수행할 것을 다짐한다. 사시마지를 올리면서 행하는 의식도 그런 내용을 담고 있다.

　예전에는 공양을 올리는 대상에 따라 부르는 밥의 이름도 달랐다. 부처님이 드시는 밥은 '마지', 산신이 드시는 밥은 '노구매', 조상신이 드시는 밥은 '메', 잡귀가 먹는 밥은 '잡밥'이라고 하였다. 또 임금이 드시는 밥은 '수라'라고 불렀다.

　'마지(摩旨)'의 '마(摩)'는 '공을 들이다'라는 뜻이고 '지(旨)'는 '맛있는 음식'이란 뜻도 있으니, '지감(旨甘, 맛있는 음식)', '지주(旨酒, 맛있는 술)'라는 말처럼 마지는 '정성 들여 지은 맛있는 공양 밥'이라는 의미가 있다.

　실제로 절의 부엌인 공양간에서 밥을 하는 소임자가 정성 들여 밥을 지은 후 마지 그릇에 예쁘게 담아 뚜껑이나 붉은 보자기로 덮어 놓으면 담당자가 와서 마지를 오른손으로 받쳐 들어 귀 옆으로 올리고 왼손으로 다시 오른손 팔꿈치를 받친 채 전각으로 모셔 간다.

　전각으로 마지를 옮겨 가는 동안에도 마지의 훈김을 맡을 수 없도록 마지 그릇을 코보다 높이 드는 것이 원칙인데 이는 부처님보다 먼저 공양의 훈김을 취할 수 없다는 뜻이다. 그러므로 이때 법랍이 높은 스님과 마주쳐도 예의를 차리지 않아도 된다. 오히려 높은 스님이 마지를 보고 합장을 하며 예경하도록 되어 있다.

　담당자가 마지를 높이 들고 법당에 당도해 보니 아뿔싸, 바람이 불었는

문경 김룡사 응진전 불기대

지 출입문은 꽉 닫혀 있고 안에는 아무도 없다. 혹 누가 안에 있더라도 소리 내어 부를 수 없다. 침이 마지에 튈 수도 있기 때문이다. 문은 열어야겠고 마지는 손에 들었으니 땅에 내려놓을 수도 없다. 오호라, 바로 이럴 때 쓰라고 출입문 기둥 옆에 나무 선반이 옆으로 꽂혀 있는 것이다. 공손히 마지를 선반에 잠깐 내려놓고 두 손으로 조용히 법당 문을 연 다음 다시 두 손으로 마지를 높이 들어 법당으로 들어가 부처님 전에 정성스레 올린다.

이렇게 부처님 전에 마지를 올린 이후라야 스님들도 공양을 할 수 있다. 일반 가정에서 웃어른이 먼저 수저를 들고 음식을 드셔야 아래 식구들도 먹기 시작하는 것과 같다. 부처님을 마치 살아계신 스승처럼 섬기는 것이다.

신도들도 개인적으로 올리는 공양물을 법당으로 가지고 갈 때 법당 문이 닫혀 있으면 이 선반에 잠깐 내려놓게 된다. 사실 필요에 따라서 만들어진 선반이지만 요즘에는 잘 사용되지 않는다. 시절이 달라졌기 때문이리라.

이 나무 선반을 딱 부러지게 부르는 이름은 없는 것 같다. 부처님 마지 그릇인 불기(佛器)를 잠깐 내려놓는 선반이라고 하여 '불기대(佛器臺)'라 부른다지만 공통적으로 부르는 명칭은 아닌 것 같다. 그래도 스님들이나 신도들의 공양물에 드는 정성을 나타내었던 도구이고, 또 이런 선반이 그대로 제자리를 지키고 있는 모습이 기특해서 고찰 출입문 곁에서 간혹 이 선반을 만나게 되면 괜스레 정답게 느껴진다.

화재를 막아라

앞서 당간지주 이야기를 할 때 말했듯 오리는 우리 선조들에게 신령스런 동물로 인식되었다. 가을이 되면 어김없이 북녘 하늘에서 날아와 봄이 돌아오면 홀연히 돌아가니 지상과 천상을 연결하는 매개자로 믿어졌다.

오리는 기본적으로 물에서 생활하는 동물이다. 물 위에서 살지만 물속에도 들어가고, 하늘로 날아다닐 수도 있다. 장마나 태풍에도 태연하고 불이 나도 생명에 지장을 받지 않는다.

선조들은 이처럼 신령한 오리를 용마루 위에도 앉혔다. 물 위로 떠다니는 오리가 지붕 위에 살고 있으니 화재를 방지하기 위한 상징물이다. 건물 위가 물바다이니 불이 난들 어찌하겠는가. 청주 안심사 영산전 용마루에는 기와로 구운 오리가 가운데 조용히 올라 앉아 있다. 이 전각은 임진왜란이 끝난 뒤 광해군 5년(1613)에 세워졌으나 헌종 8년(1842)에 고쳐 지었다. 그렇다면 용마루의 오리 기와는 늦어도 1842년 이전에 만들어졌을 것이다.

용마루 위의 오리는 공주 갑사 보장각에도 있다. 이 건물은 월인석보 목판(보물)을 보관하기 위하여 새로 지은 건물인데 용마루 중앙에 돌로 만든 새를 앉혀 놓았다. 역시 화재를 방지하고자 하는 마음을 담아 설치해 놓은 것이다.

이러한 염원의 상징물은 오리 외에도 더 있다. 법당 내부나 외벽에 방아 찧는 토끼를 조각하거나 그린 경우를 종종 볼 수 있다. 방아 찧는 토끼는 누구나 잘 알고 있듯 '달'을 상징한다. 한편 불교에서 많이 쓰는 비유 중의 하나가 '물에 뜬 달'인데, 이를 종합해 보면 방아 찧는 토끼는 결국 '물에 뜬 달'의 상징이다. 달만 둥그렇게 표시해서는 무엇을 의미하는지 알 수가 없으므로 방아 찧는 토끼를 그려 확실하게 '달'을 상징케 한 것이다. 달이 물에 떠 있으니 법당에 불이 나지 않기를 기원하는 것이다.

법당 천장에 토끼가 조각되어 있는 곳은 완주 송광사 대웅전, 고흥 금탑사 극락전 등인데 두 마리 토끼가 방아를 찧고 있는 금탑사 극락전 천장에는 연잎

공주 갑사 보장각 용마루의 오리 조각

위에 올라앉은 게 조각도 있어 더욱 눈길이 간다. 대개 이런 법당에 수중생물들이 같이 조각되어 있어 거북, 물고기, 게, 연꽃 줄기 등을 함께 찾아볼 수 있다. 수중생물들이 살고 있는 곳이니 자연히 달도 비친다는 발상을 한 것이다.

법당 외벽에 토끼가 방아를 찧고 있는 그림은 안동 봉정사 영산암 응진전 서쪽 벽면 윗쪽에서 찾아볼 수 있다.

한편 용마루 위에 옹기로 만든 물병을 올려놓은 법당도 있다. 물론 불이 나면 물이 쏟아져 저절로 꺼진다는 상징으로 세운 것이지만 그만큼 화재가 일어나지 않기를 기원하는 의미를 담고 있다. 청도 대비사 대웅전 용마루 양쪽 끝부분에는 옹기 물병이 각각 안치되어 있다. 우리나라에서는 보기 드문 방식의 화재 방지 상징물이다.

화재 방지를 위해 처마 밑에 소금 단지를 안치하는 사찰도 있다. 소금은 보

사찰에 가면 문득 보이는 것들

고흥 금탑사 극락전 천장 조각. 중앙의 게는 물론 오른쪽 하단의 토끼, 사방의 연꽃 줄기 등을 볼 수 있다.

청도 대비사 대웅전 용마루 끝의 옹기 물병

통 재액을 막는 정화의 의미가 있어 액땜용으로 쓴다. 재수 없는 일을 당하거나 기분 나쁜 사람이 왔다 가도 소금을 뿌린다. 초상집에 다녀온 후 소금을 몸에 뿌리고 나서 집에 들어가는 풍속도 있었다. 소금은 부패를 방지하고 신선도를 유지시켜 주며, 흰색은 부정한 것을 물리치는 힘이 있다고 믿었기 때문이다.

소금은 바다에서 얻어지므로 또한 바닷물을 상징하기도 한다. 그래서 전각의 각 모서리 처마 밑에 소금 단지를 안치하여 바닷물이 화재를 미리 막을 수 있기를 비는 것이다. 그 예로 통도사의 대웅전, 명부전 등을 들 수 있는데, 전각 처마 밑에는 이 소금 단지가 안치되어 있으며, 대광명전 천장 아래 목재에는 제액시(除厄詩)도 적어 놓았다.

吾家有一客	우리 집에 손님 한 분이 있으니
定是海中人	틀림없이 바다의 사람이라
口呑天漲水	입으로 하늘에 넘실거리는 물을 뿜어
能殺火精神	능히 불귀신을 죽일 것이네.

●
양산 통도사 대광명전에 새겨진 제액시

수신(水神)인 용을 손님으로 모시고 항상 비를 뿌려 화재를 막아낸다는 의미다.

통도사에는 매년 단옷날이면 용왕재를 지내면서 각 전각 처마에 안치한 소금 단지를 내리고 새 소금 단지를 올린다.

통도사에는 이와 관련한 이야기가 전한다. 원래 통도사터는 아홉 마리 용이 살던 큰 연못이었는데 자장 율사가 법력으로 용들을 떠나게 했고, 한 마리는 자장 율사에게 통도사터를 지키겠다고 맹세하였다. 자장 율사는 조그마한 못을 만들어 이 용을 살게 하였는데 그곳이 바로 대웅전 옆에 있는 구룡지(九龍池) 연못이다. 따라서 용왕재는 구룡지 바로 옆에서 펼쳐진다. '우리 집에 살고 있는 손님이니 화재를 꼭 막으라'는 것이다.

대광명전 구역은 영조 32년(1756) 10월 21일 화재가 발생하여 대광명전을 비롯해 법당 4채, 스님들 숙소 4동, 창고 10칸이 모두 불에 타 버렸다. 그러나 스님들의 노력으로 2년 뒤인 영조 34년(1758)에 3채의 법당을 완공하고 이듬해에는 대광명전의 단청을 완료하였다고 하였다.

이후 대광명전은 지금까지 화마의 피해를 입지 않았는데 법당 내에 써 있는 제액시와 용왕재에 모인 모든 대중들의 바람 덕분이라고도 한다. 이 시를 항화마진언(降火魔嗔言)이라고도 하니 '불귀신을 항복 받는 진언'이라는 뜻이다.

재난을 물리치기 위해 용마루에 사자를 올려놓은 법당도 있다. 장흥 보림사 명부전이다. 보림사는 한국전쟁 때 빨치산의 소굴이 된다고 하여 국방군이 소각하면서 외호문과 사천왕문, 사천왕상만 남아 있게 되었다. 당시 국보 제204호였던 2층의 대웅보전도 소실되어 국보에서 해제되었으니 여러 전각 안에 소장되었던 많은 문화재도 불길 속에 사라져 버리고 말았다. 당시 철조비로자나불좌상(국보)은 다행스럽게도 불길 속에 온전히 보존되었는데, 1968년이 되어서야 대적광전을 조그맣게 새로 지어 모시게 되었다. 이 철조비로자나불좌상은 '신라 헌안왕 2년(858)에 조성되었다'는 내용이 왼쪽 팔뚝

•
양산 통도사에는 전각 처마 밑에 소금 단지를 안치하여 화재가 일어나지 않기를 기원한다.

사찰에 가면 문득 보이는 것들

에 새겨져 있어 신라 말기의 불상 양식을 알 수 있는 귀중한 문화재이다.

그러나 이때 지은 법당이 너무 협소하여 1996년에 새로운 대적광전을 지으면서 1968년에 지은 대적광전은 지금의 위치로 옮겨 명부전이 되었다. 곧 예전의 작은 대적광전이 모태가 되어 명부전으로 재탄생한 것이다.

이 건물은 또한 지붕 장식이 너무나 특이하여 필자도 항상 기억 속에 있었는데 두 마리 용의 모습을 옹기로 구워 용마루에 얹었기 때문이었다. 용의 머리만 얹은 것이 아니라 용의 몸체를 꼬리까지 원통형으로 만들어 얹었었는데 다른 곳에서는 이러한 용마루를 본 적이 없다.

더구나 용마루 중앙에는 활짝 핀 연꽃좌대 위에 올라 앉아 있는 사자를 조성해서 안치해 놓았다. 튼튼해 보이는 어깨의 근육과 앞발, 목둘레에 나 있는 풍성한 갈기, 포효하려는 듯 벌어진 입 사이로는 날카로운 송곳니들이 삐죽삐죽 솟았다.

장흥 보림사 명부전. 용마루 중앙에 놓인 사자상을 확인할 수 있다.

사자가 울면 모든 동물이 도망가듯 액운도 모두 물리친다는 의미로 중국의 문 앞에 한 쌍으로 흔히 나타나지만 건물 지붕에서도 볼 수 있다.

지붕 위의 수호신으로 사자가 정착한 곳은 오키나와다. 오키나와는 지금 일본 땅이 되었지만 엄연히 '유구국(琉球國)'이라는 독립국이었고 중국문화의 영향을 많이 받았다. 중국의 사자를 받아들여 지붕의 수호신으로 삼은 탓에 많은 건물 지붕에 사자가 안치되어 있다. 조각 솜씨도 제각각이어서 보는 이에게 즐거움을 준다.

우리나라에서 지붕 위에 사자 조각을 올리는 풍속은 없었다. 그런데 보림사 법당 용마루에 홀연히 모셔진 것이다. 아마도 한국전쟁 때 화재로 모든 것을 잃고 작은 대적광전(지금의 명부전)을 지으면서 사자의 용맹함과 부처님의 위신력으로 다시는 재난을 당하지 않으려는 간절한 마음을 담아 사자 조각을 조성해 올린 듯싶다. 사자는 부처님을 상징하기도 하기 때문에 연화대 위에 사자를 앉힌 것이라고 생각된다.

용마루 중앙에 설치한 특이한 구조물로는 영광 불갑사 대웅전 지붕의 도깨비를 빼놓을 수 없다. 우리 불교문화에서 도깨비와 용은 혼재된 모습으로 나타나지만 이 지붕 위의 도깨비는 뿔이 없다. 뿔이 없으니 더 도깨비에 가깝지만 그 얼굴은 대웅전 내부 충량의 용 얼굴과 많이 닮았다.

불갑사 대웅전은 영조 40년(1746) 갑신년에 대대적으로 중수한 것으로 알려져 있는데 이 도깨비 조각도 같은 해에 만들어졌다. 왜냐하면 도깨비가 지고 있는 사각형 집의 벽면에 한문으로 '갑신(甲申)오월(五月)'이라고 쓰여 있기 때문이다.

도깨비가 되었든 용이 되었든 전각을 머리에 지고 있으니 마치 '이 법당은 내가 지킨다'는 굳센 의지가 보이는 듯한 조각이다. 도깨비 조각에는 이것을 만든 장인이 '척민(陟敏)'으로 새겨져 있는데 아마 스님이었을 것이다. 스

영광 불갑사 대웅전 용마루의 도깨비상

님들이 모든 불사를 담당하던 시절이었고 대웅전을 지으면서 법당을 지켜 줄 외호신을 특별하게 제작한 것으로 믿어진다.

사실 지금 불갑사 대웅전 지붕 위에 있는 도깨비 조각은 복제품이다. 근년에 대웅전을 손보며 원래의 도깨비 조각은 불갑사 수다라성보박물관으로 옮겨서 보존하고 있다. 원래 제자리에 있어야 하지만 한 번 파손되면 다시는 보지 못할 문화재이기 때문에 안전한 장소로 옮긴 것이다. 대신 박물관에 들르면 원래의 도깨비 조각을 가까이서 상세히 살펴볼 수 있다.

소금 단지를 곳곳에 묻는 사찰도 있다. 바로 합천 해인사다. 해인사는 1695년부터 1871년까지 모두 일곱 차례 큰불로 막대한 피해를 입었다.

풍수지리에 따르면 해인사 남쪽에 있는 매화산 남산 제1봉(1,010미터)이 불꽃 형세의 화산(火山)이어서 화기가 해인사로 날아들어 화재가 자주 일

사찰에 가면 문득 보이는 것들

合천 海印寺에서는 단오가 되면 境内 일곱 곳과 南山 第1봉에
소금 단지를 묻고 火災가 일어나지 않기를 祈願한다.

어났다는 것이다. 이때부터 해인사에서는 양기가 가장 활발한 단옷날에 바닷
물을 상징하는 소금 단지를 경내 일곱 곳과 남산 제1봉에 묻어 화기를 누르는
행사를 치러 오고 있다. 사찰과 산림을 보호하기 위한 화재 액막이 행사이다.

　이처럼 지붕의 용마루에는 오리, 물병을 올려 화재 방지를 기원하고, 사
자, 도깨비를 앉혀 재난 방지를 기도했다. 처마 밑에 소금 단지를 올리는가
하면 방아 찧는 토끼의 조각이나 그림을 법당 안팎에 조성하기도 했다.

　모두 임진왜란이나 한국전쟁을 겪으며 화마에 모든 것을 잃었던 스님
들이 다시는 그러한 참혹한 재난을 겪지 않으려는 간절한 마음에서 이렇게
특별한 조형물들을 만들어 설치한 것이라 짐작된다.

사진 출처

- 국립경주박물관   275
- 국립광주박물관   181
- 국립문화재연구원   60, 230(左)
- 국립중앙박물관   112(下), 126, 127, 172, 175, 189, 191, 213, 228, 234, 278, 283(下), 284(下), 285, 388, 400, 402
- 노승대   64(左), 67(下), 81, 83, 105, 116(下·右), 134, 136, 141, 148, 165, 170(下), 184, 186(右), 198(下), 200(上·左), 226(下), 252, 256, 263, 266, 271, 272, 292(下), 308, 314, 348, 353, 354, 355, 357, 382, 383, 384 (上·左, 下), 394, 395, 396, 399, 401, 404, 411, 414, 416, 417, 422, 424
- 대한불교조계종 민족공동체추진본부   186(左), 187(左), 238, 336
- 문화재청   26, 34, 86, 110, 112(上), 115 (上·右), 116(上·左, 下·左), 118, 119(下), 122(上·左), 132, 171, 174, 185, 192, 194, 232(下), 243, 259, 260, 283(上), 292(上), 298, 304, 305, 310, 323, 328, 331(上), 356, 405
- 삼성미술관 리움   306
- 셔터스톡   15, 16~17, 53(下), 88, 90~91, 92, 93, 96, 154, 157, 183, 204(下), 227, 258, 279, 286, 360
- 연합뉴스   173, 284(上·右), 299
- 울산박물관   236
- 위키미디어   18, 193, 204(上), 205, 206, 232(上·左), 239, 282, 312, 313(下·左)
- 유근자   33
- 통도사성보박물관   290
- 한국관광공사   169

- 이 책에 실린 모든 사진의 저작권은 각 저작권자 혹은 단체에 있습니다.

- 이외에 페이지와 위치가 표시되지 않은 사진은 불광미디어 아카이브 사진입니다.

- 사진의 소장처를 확인하지 못하였거나 잘못 기재된 경우 추후 정보가 확인되는 대로 다음 쇄에 반영토록 하겠습니다.

사찰에 가면
문득
보이는
것들

ⓒ 노승대, 2023

2023년 10월 6일 초판 1쇄 발행
2024년 9월 10일 초판 2쇄 발행

지은이 노승대
발행인 박상근(조弘) • 편집인 류지호 • 편집이사 양동민
책임편집 김재호 • 편집 양민호, 김소영, 최호승, 하다해, 정유리 • 디자인 쿠담디자인
제작 김명환 • 마케팅 김대현, 이선호 • 관리 윤정안
콘텐츠국 유권준, 김희준
펴낸 곳 불광출판사 (03169) 서울시 종로구 사직로10길 17 인왕빌딩 301호
        대표전화 02) 420-3200 편집부 02) 420-3300 팩시밀리 02) 420-3400
        출판등록 제300-2009-130호(1979. 10. 10.)

ISBN 979-11-92997-92-6 (03910)
값 30,000원